国家棉花市场监测系统

· 国家电子政务工程重点项目
· 中国棉花行业市场监测与信息发布权威渠道
· 中储棉花信息中心有限公司承担建设与运行管理任务

监测系统依托监测网络体系开展监测工作。目前监测网络体系包括国家棉花监测网络信息中心（即中储棉花信息中心有限公司）、22个区域办事机构、163个监测站及1895个监测点四个层次。为进一步提升监测工作水平，监测网络体系仍在不断扩展中。

现有监测指标体系包括棉花价格、生产、购销、库存、国际市场、进出口、纺织品市场七个方面，通过23张监测报表（包括日报、周报表、月报表和专题调查报表）及动态信息监测平台开展监测。经过不断努力，目前监测系统已经能够有效地反映市场变化，积极开展各项监测工作，形成了丰富的监测成果，监测质量在国内外同类机构中处于领先水平。监测系统在不断扩大监测范围、完善数据采集方式、强化数据应用与共享，以主动适应宏观经济环境和国内外棉花市场格局的变化。

地址：北京市海淀区紫竹院路116号嘉豪国际中心B座15层　网址：http://www.cncotton.com
电话：010-58931122-284　传真：010-58931123　邮政编码：100097

中国储备棉管理有限公司

CNCRC China National Cotton Reserves Ltd. Company

中国储备棉管理有限公司（简称中储棉公司）成立于2003年，总部位于北京，是执行国家宏观调控政策的国有独资公司，2016年11月整体并入中国储备粮管理集团有限公司，成为中储粮集团全资专业化子公司。中储棉公司具体负责国家储备棉的经营管理，承担中央直属棉花储备库建设任务，履行保护棉农利益、保障纺织供应、稳定棉花市场的职责。中储棉公司下辖25家直属企业，其中仓储类企业22家，非仓储类企业3家。公司自2003年成立以来，累计吞吐棉花总量4355万吨。2016年至2020年末，累计实现营业收入1296.81亿元，累计利润总额17.14亿元，累计净利润15.87亿元，资产总额1177.64亿元。中储棉公司自成立以来，认真落实国家下达的宏观调控任务，有效平衡了国内棉花产需供求，平稳了棉花市场价格，为国家供给侧结构性改革做出积极贡献，促进了棉花及纺织产业持续健康发展。

经营范围
BUSINESS SCOPE

中央储备棉的购销、存储、加工、进口及物流运输；仓储设施的租赁、服务；棉花储备库的建设、维修、管理；相关信息咨询服务。

经营宗旨
BUSINESS AIM

确保中央储备棉数量真实、质量良好、储存安全、调运畅通，确保国家储备棉储得进、管得好、调得动、用得上，维护国家利益，服务宏观调控；强化管理，搞活经营，不断提高中央储备棉的经营管理水平和经济效益，确保国有资产保值增值。

全资子公司
SUBSIDIARY COMPANY

中储棉徐州有限公司
中储棉漯河有限公司
中储棉九江有限公司
中储棉武汉有限公司
中储棉阜阳有限公司
中储棉盐城有限公司
中储棉绍兴有限公司
中储棉岳阳有限公司
中储棉兰州有限公司
中储棉西安有限公司
中储棉菏泽有限责任公司
中储棉山东诸城有限公司
中储棉如皋有限公司
中储棉永安有限公司
中储棉四川有限责任公司
中储棉阿克苏有限公司
中储棉乌鲁木齐有限责任公司
中储棉新疆有限责任公司
中储棉花信息中心有限公司
华远盈盛有限公司
中储棉德州有限责任公司

控股子公司
HOLDING COMPANY

中储棉库尔勒有限责任公司
中储棉广东有限责任公司
天津中储棉有限公司
中储棉青岛有限公司

地址：北京市西城区华远街17号
邮编：100032
电话：010-83326505

郑州商品交易所
Zhengzhou Commodity Exchange

郑州商品交易所简介

郑州商品交易所（以下简称郑商所）成立于1990年10月，是国务院批准成立的期货市场试点单位，由中国证监会管理。

郑商所按照《期货交易管理条例》和《期货交易所管理办法》履行职能。依据《郑州商品交易所章程》《郑州商品交易所交易规则》及其实施细则和办法实行自律性管理。遵循公开、公平、公正和诚实信用的原则，为期货合约集中竞价交易提供场所、设施及相关服务，对期货交易进行市场一线监管，防范市场风险，安全组织交易。

郑商所实行会员制。会员大会是郑商所权力机构，由全体会员组成。理事会是会员大会常设机构，下设咨询顾问委员会和品种、交易、监察、自律管理、财务与审计、技术、风险管理等7个专门委员会。目前共有会员164家；指定交割仓（厂）库292家；指定保证金存管银行14家。

郑商所内设办公室、党委办公室（理事会办公室/监事会办公室）、农产品部、非农产品部、期货衍生品部、市场服务部、会员部、交易部、结算部、交割部、市场监察部、系统运行中心、法律合规部、新闻信息部、国际合作部（港澳台办公室）、人力资源部（党委组织部）、财务部、行政部（安全保卫部）、内审部、纪检办公室等20个职能部门，北京研发中心、上海服务与发展中心和乌鲁木齐服务与发展中心等3个分支机构，易盛信息技术有限公司、郑州商品交易所期货及衍生品研究所有限公司、未来大酒店和未来商业运营有限公司等4个下属单位。现有正式员工340人。

郑商所目前上市交易普通小麦、优质强筋小麦、早籼稻、晚籼稻、粳稻、棉花、棉纱、油菜籽、菜籽油、菜籽粕、白糖、苹果、红枣、动力煤、甲醇、精对苯二甲酸（PTA）、玻璃、硅铁、锰硅、尿素、纯碱21个期货品种和白糖、棉花、PTA、甲醇、菜粕5个期权，范围覆盖粮、棉、油、糖、果和能源、化工、纺织、冶金、建材等多个国民经济重要领域。

截至2020年3月底，郑商所累计成交量为2.45亿手，成交金额为8.76万亿元，同比分别增长7.88%和9.08%。

郑商所实行保证金制、每日涨跌停板制、每日无负债结算制、实物交割制等期货交易制度。积极适应市场创新发展要求，不断优化制度安排。

郑商所拥有功能完善的交易、交割、结算、风险监控、信息发布和会员服务等电子化系统。会员和投资者可以通过远程交易系统进行期货交易。期货交易行情信息通过路透社、彭博资讯、世华信息等多条报价系统向国内外同步发布。

郑商所注重加强对外交流与合作。1995年6月加入国际期权（期货）市场协会。2012年10月加入世界交易所联合会（WFE）。2019年3月加入国际期货业协会（FIA）。先后与美国芝加哥期权交易所、芝加哥商业交易所、印度多种商品交易所、香港交易及结算所有限公司、墨西哥衍生品交易所、泰国农产品期货交易所、加拿大多伦多蒙特利尔交易所集团、德意志交易所、莫斯科交易所等多家期货交易所签订了友好合作协议，定期交换市场信息，进一步扩大了郑商所在国际上的影响力。

面向未来，郑商所将以习近平新时代中国特色社会主义思想为指导，深入贯彻党的十九大、十九届二中、三中、四中全会精神，狠抓创新发展，强化市场监管，筑牢发展保障，努力把郑商所打造成品种工具丰富、场内场外协同、运行安全高效、功能发挥充分，位居世界前列的期货及衍生品交易所。

联系方式 contact

- 通讯地址：郑州市郑东新区商务外环路30号
- 邮政编码：450018
- 电话：0371-65610069
- 传真：0371-65613068
- E-mail：czce@czce.com.cn
- 网址：www.czce.com.cn

中储棉花信息中心有限公司
CHINA NATIONAL COTTON INFORMATION CENTER LTD. COMPANY

ABOUT CNCIC

中储棉花信息中心有限公司

专注于提供世界一流的棉花综合信息服务

Devote to provide world's first-rate integrative cotton information service

中储棉花信息中心有限公司是中央直属企业中国储备棉管理有限公司的全资子企业，成立于2004年，主要业务是建设和维护国家棉花市场监测系统（该系统是国家“金宏工程”中的一个棉花专业监测信息系统），监测和研究国内外棉花市场，为国家有关部门棉花宏观调控决策提供信息参谋服务，同时为国内外涉棉企业提供市场信息、商务信息、专业咨询等服务。

信息中心全体员工始终坚持“共享价值，创新未来”的企业价值观，秉承“志向高远、脚踏实地，朝气蓬勃、胸怀宽广，勇担责任、务实创新”的企业精神，专注于提供世界一流的棉花综合信息服务。

Founded as a wholly-owned subsidiary of China National Cotton Reserves Corporation in 2004, China National Cotton Information Center (CNCIC) is mainly in charge of the construction and maintenance of National Cotton Market Monitoring System (NCMMS), the professional cotton market information monitoring system of China's Macroeconomic Management Information System. NCMMS monitors and analyzes the cotton market in and outside of China, assists Chinese government in macroeconomic regulation decision making, and provides market information, trade information and consulting service for all cotton-related entities around the world.

CNCIC's staff will always adhere to the value sense of “shared value, creative future” and persist in the corporate spirit of “lofty ideal with down-to-earth efforts, vigorous, broad-minded, responsible, practical and creative”.

中国棉花网
CNCOTTON.COM
ABOUT
CNCOTTON
中国棉花网
及时、准确、全面、权威
全球最权威的棉花专业信息服务提供者之一
Timely，Accurate，Comprehensive，Authoritative
One of the most authoritative cotton information
service provider in the world
中储棉花信息中心微信订阅号
中国棉花网APP

中国棉花网是中储棉花信息中心有限公司运营的全球权威的棉花专业信息网站和专业网络媒体，秉承“及时、准确、全面、权威”的服务宗旨，与国内外主要涉棉机构、企业均建立了长期稳定的合作伙伴关系，在国内外棉花行业颇具影响力。

中国是全球棉花生产和消费大国，生产和消费均占世界总量的三分之一左右。党的十九届五中全会提出：坚决把解决好“三农”问题作为全党工作重中之重，走中国特色社会主义乡村振兴道路。棉花关系着广大棉农收益、纺织就业和经济增长。中国棉花网作为专注于棉花的专业媒体，将亲历产业转型升级的点滴业绩，见证产业蓬勃向上的辉煌成就。

品牌优势：

※ 凝练十余年的行业口碑和品牌影响力

※ 覆盖全国的棉花市场监测网络体系

※ 详实、全面而有效的专业数据库

※ 专业团队打造独一无二的前瞻性报告

※ 遍布上下游快速而有针对性的信息传播

※ 细致入微的商务服务和个性化企划宣传

※ 不断突破的技术与持久追求的创新力

国家棉花数据中心是中储棉信息中心、国家棉花市场监测系统自主研发的大型数据终端，主要为在满足棉花市场宏观调控决策需要的基础上，更好地服务于涉棉企业。综合运用了智能监测，涵盖了宏观经济数据、行业产需数据、市场价格数据、个性化分析等内容，展现了国内外棉花全产业链各环节数据，包含棉花价格指数体系、各类棉花价格、植棉面积、棉花历史产量、消费量、库存量、进出口等重要数据。

中国棉花网联系电话：010-58931122　18510527781

2019/2020

中国棉花年鉴

CHINA COTTON ALMANAC

中储棉花信息中心有限公司 编著

Edited by China National Cotton Information Center Ltd. Company

中国纺织出版社有限公司

内 容 提 要

本书全面系统地介绍了2019/2020年度棉花行业运行情况、我国主要产棉区概况、年度报告、统计资料、大事记、政策文件等内容，具有内容丰富、重点突出、数据翔实、观点鲜明、指导性强的特点，对研究和指导棉花行业发展具有重要作用。

本书适合棉花行业及上下游产业相关专业技术及管理人员参考阅读。

图书在版编目（CIP）数据

中国棉花年鉴．2019/2020 / 中储棉花信息中心有限公司编著．-- 北京：中国纺织出版社有限公司，2022.1
ISBN 978-7-5180-8814-0

Ⅰ．①中… Ⅱ．①中… Ⅲ．①棉花－作物经济－中国－2019-2020－年鉴 Ⅳ．① F326.12-54

中国版本图书馆 CIP 数据核字（2021）第 168720 号

责任编辑：范雨昕　　责任校对：王蕙莹　　责任印制：何　建

中国纺织出版社有限公司出版发行
地址：北京市朝阳区百子湾东里A407号楼　邮政编码：100124
销售电话：010—67004422　传真：010—87155801
http：//www.c-textilep.com
中国纺织出版社天猫旗舰店
官方微博http：//weibo.com/2119887771
北京华联印刷有限公司印刷　各地新华书店经销
2022年1月第1版第1次印刷
开本：880×1230　1/16　印张：17.5
字数：380千字　定价：480.00元
京朝工商广字第8172号

前 言

2020年初，新冠肺炎疫情暴发，人类遭遇百年以来重大危机事件，世界经济和大宗商品经历了一轮断崖式下跌。面对经济衰退的严峻形势，各国央行纷纷采取了宽松的货币政策全力挽救，同时由疫情导致的中国棉花供需基本面也发生了较大的转变。年度后期，在货币政策和疫情好转的共同作用下，棉价开始稳健上涨，并逐渐走出低谷。本书全面、系统、客观地反映了2019/2020年度中国棉花市场运行情况，主要涵盖棉花行业运行情况、我国主要产棉区概况、年度报告、统计资料、大事记、政策文件等内容。

《中国棉花年鉴》（以下简称《年鉴》）是一部集中反映棉花行业年度发展与趋势的工具书，集权威性、史实性、研究性、收藏性于一体，主要面向国内外棉花加工流通、纺织企业，金融与投资、贸易与咨询、科研与教育机构以及各级政府管理部门和行业社会团体组织发行。

本书涉及大量统计数据和资料，总体上按照棉花年度计算（2019年9月1日至2020年8月31日）。除国家棉花市场监测系统外，统计数据主要来源于国家统计局、棉花主产省（市、自治区）统计局、中国海关总署、中国纺织品进出口商会、郑州商品交易所、美国农业部（USDA）、国际棉花咨询委员会(ICAC)和美国洲际交易所（ICE）等相关涉棉机构。

为增强可读性，我们在编写过程中对部分数据进行了二次整理，相应部分的原始数据以原发布单位为准，年度报告中所涉及的数据、资料、观点均由文章作者提供，政策文件部分均采用相关部门的政策原文，未标明来稿单位的文章均由本书编委会成员编撰。

在本书编写过程中，相关部门给予了大力支持，各相关单位、地方有关机构也给予了热情帮助，在此表示诚挚的感谢。

由于编写时间仓促，书中难免有不足之处，望各位读者不吝赐教，我们将认真改进，把《年鉴》做得更好，为推动中国棉花行业发展贡献微薄之力。

《中国棉花年鉴》编委会

2021年1月

目 录

第一部分

棉花行业运行情况

2019/2020年度（2019年9月1日至2020年8月31日）是极不平凡的一年，中美贸易摩擦和新冠肺炎疫情先后主导棉花行情。这一年全国人民历经磨难战胜疫情，整个棉花行业在疫情关键时期坚持生产，为保障物资供应贡献了力量。这一年，受新冠肺炎疫情影响，全球消费严重萎缩，棉花产大于需，但国内仍然存在用棉缺口。2019/2020年度初期，随着中美第一阶段经贸协议取得进展，国内纺织形势向好，支撑郑棉期货价格和现货价格上涨；而后新冠肺炎疫情暴发，棉价随之大幅下挫，随着疫情逐渐好转，各国开启超宽松货币政策，棉花价格止跌回升，整个年度棉花价格经历了大幅波动。

（1）棉花价格一波三折。2019/2020年度初期，中美经贸磋商重启，市场悲观情绪略显好转，中国加大美棉进口量，进一步支撑洲际交易所（ICE）棉花价格回升。11月，中国轮入50万吨新疆棉公告发布，棉花价格保持波动上行态势。1月下旬开始，新型冠状病毒肺炎疫情传播加速，内外棉价开启快速下跌模式。郑棉期货价格于3月24日跌至9935元/吨，ICE棉花价格于4月1日跌至48.35美分/磅，达到2009年4月以来最低点。为应对新冠肺炎疫情冲击，全球各国采取隔离封锁措施，掀起超宽松货币政策浪潮，到2020年4月底，全球确诊病例增速出现放缓迹象，棉花价格止跌回升。截至2020年8月底，郑棉主力合约反弹至13000元/吨附近，比3月底低点上涨26.4%，ICE棉花主力合约反弹至65美分/磅一线，比3月底的低点上涨35.5%。

（2）国家政策效果明显。2019/2020年度，新疆棉花目标价格补贴政策和中央储备棉去库存政策继续实施，并启动中央储备棉轮入。目标价格补贴政策充分稳定了新疆棉农的收益，新疆占全国棉花产量的比重继续提高。2019年12月2日至2020年3月31日中央储备棉挂牌轮入，共历时4个月，采用与国际市场价格联动的熔断机制，避免了因国内轮入导致内外价差加大的问题，既稳定了国内棉花价格，又保障了国内纺织企业的国际竞争力；在新冠肺炎疫情暴发以后，面对棉花价格大幅度下跌，为支持疫情下实体企业发展，中储棉公司及时向有关部门报告，适时采取浮动挂牌机制，根据市场需要适时适量增加挂牌数量，一定程度上稳定了棉花市场。2018年3~9月，中央储备棉累计出库成交251万吨，保障了棉花供应，稳定了市场预期，有效缩小了国内外棉花价差，为纺织企业注入了竞争活力。自7月1日挂牌轮出开始至9月30日结束，共历时3个月，总计成交50.3万吨，切实保证了纺织企业用棉需求，稳定新棉上市前的棉花供应，合理引导市场预期，有力地推进了棉花产业做好“六稳”工作，落实“六保”任务。

（3）全球棉花供求关系宽松。2019/2020年度，受新冠肺炎疫情影响，全球消费严重萎缩，棉花产大于需。据国际棉花咨询委员会（ICAC）数据显示，2019/2020年度全球棉花产量为2614.9万吨，消费量2253.7万吨，创2010年以来新低，期末库存为2249.0万吨，创2010年以来新高，全球棉花供应显著过剩；据国家棉花市场监测系统数据，2019/2020年度我国棉花产量为584.3万吨，消费为747.7万吨，同样创2010年以来新低，期末库存为622.9万吨，产需缺口有所收窄，中央储备棉去库存政策继续实施，保障了国内棉花供应。

1　棉花生产

2019/2020年度，我国棉花面积与单产均小幅下降，但由于有中央储备棉拍卖、国家增发滑准税配额80万吨，加上库存充足，需求受中美贸易摩擦影响而减少，棉花供给端宽松。在棉花价格持续走低的情况下，内外差价一度倒挂，并且较长时期保持在较低水平，棉花进口同比明显减少。我国服装出口量比2018/2019年度小幅减少，国内服装零售额也在萎缩，形势不容乐观。2020年1月中美签订了第一阶段经贸协议后，服装类出口量有望逐步回升。

2019/2020年度我国棉花播种面积预计为4794.3万亩，比2018/2019年度减少30.8万亩[1]。今年黄河流域主要省份棉花生长期降雨较常年偏少，采摘收购期降雨增多导致夏桃变质，棉花整体单产低于上年，品级、质量受到一定影响；长江流域持续干旱、有效降雨不足给棉花生长带来不利影响，尤其是安徽省出现30~50年一遇的特大干旱，对棉花生长影响较大，尽管棉花衣分尚可，但棉籽干瘪、质量比往年差；西北内陆新疆部分地区棉花苗期有效积温不足，棉花生长缓慢，过度使用肥料促进棉花生长，导致顶桃成熟度不够、棉桃单铃重不足，单产也略有下降。2019年中国棉花平均单产121.9公斤/亩，同比减少3.7%，预计总产量584.3万吨，比上年度产量减少26.2万吨，同比下降4.3%。

2　棉花收购

2019年是中央储备棉轮换第三年，轮储量计划100万吨，实际成交约85万吨，有效增加了市场供给量，让棉花价格平稳运行，有利于棉纺企业储备原料。但由于中美贸易摩擦，棉花价格大幅下跌，2019年底国家启动了50万吨新疆棉收储，缓解了棉花暴跌趋势，2019/2020年度新棉花收购价格低开高走。

籽棉收购价格低开高走。开秤初期，因美国对中国商品进一步加税，皮棉价格最低跌破13000元/吨，全国新籽棉期初收购价格普遍偏

[1] 1亩=666.67平方米。

低，平均跌幅均在10%以上。具体来看，全国400型棉花加工企业3128级籽棉平均收购价格为5.37元/公斤，同比下降20.44%。长江流域籽棉收购价格为5.94元/公斤，同比下降10.00%；黄河流域收购价格6.24元/公斤，同比下降11.99%；新疆籽棉收购价格5.28元/公斤，同比下降21.55%。但随着收购后期棉花价格回升，籽棉收购价格水涨船高，南疆地区最高收购价格站稳了7.10元/公斤，折合皮棉价格在14000元/吨，运到内地价格在14500元/吨。2019年籽棉收购价格走高，出乎市场意料，前期在中美贸易形势不确定的情况下，轧花厂犹豫不决、谨慎收购，价格上涨后开始抢收，许多轧花厂因收购量不足导致产能利用率较低。

新疆棉呈现“二降一升”特点。“二降”即单产降、质量降。2019年新疆地区生长初期光照不足，8～9月成熟期棉桃单铃重不足，属于农历中的小年，单产同比下降。另外，部分地区退耕亩数较大，种植面积略有减少，导致总产量减少。“一升”即价格抬升。2019/2020年度初期，市场对中美贸易形势比较悲观，皮棉价格低迷且棉纺企业订单不足，普遍不看好后市。随后中美会谈取得重大进展，棉花价格止跌，前期收购棉花的轧花厂利润较好，收购积极性提高，纷纷抢收籽棉资源，籽棉价格迅速走高。

3　棉花加工

3.1　2019/2020年度棉花加工技术现状及发展趋势

3.1.1　依托“十三五”国家重点研发计划，棉花智能提级加工技术水平取得较大提高

2019/2020年度，是国家“十三五”规划收官之年，也是“十三五”国家重点研发计划项目《棉花智能化提级加工关键技术装备研发》应用示范的关键之年，项目参与单位克服全国新冠肺炎疫情和新疆棉区两次新冠肺炎疫情的影响，经过艰苦努力，确保了科研项目的顺利实施，其科研成果对棉花智能提级加工技术水平的提高起到了较大的推动作用。

2019/2020年度，山东天鹅棉业机械股份有限公司成功研发的MYZ215智能轧花机和成套棉花打包机，在新疆生产建设兵团第六师五家渠市龙佰力棉业有限公司棉花加工生产线应用示范。MYZ215智能轧花机和成套棉花打包机的应用，由目前通用棉花加工生产线30包/小时提高到60包/小时，实现了产量的翻番，极大地缩短了加工周期，随着技术的进一步优化，为加快我国棉花加工大型化、规模化发展奠定了基础。

2019/2020年度，由中华全国供销合作总社郑州棉麻工程技术设计研究所主持，石河子大学与西安理工大学共同参与研发的棉花智能调湿控制系统在石河子市中棉华丰棉业有限公司北泉分公司得到应用示范。棉花智能调湿控制系统的应用示范，在棉花加工面临市场投资相对低迷的不利局面下，对于棉花调湿技术的发展起到了极大的推动作用。

3.1.2 棉花调湿热源技术改造加快推进，技术水平有所提高

随着棉花调湿热源环保监管力度的加大以及棉花加工高质量发展的客观需要，2019/2020年度，棉花调湿热源技术改造得到了快速发展。新疆新建棉花加工生产线50余条，调湿热源均采用电热风炉，确保棉花加工安全有序开展。另外，据不完全统计，南北疆完成百余条老旧棉花加工生产线的棉花调湿热源技术改造。通过对近两年来棉花调湿热源技术改造的调研，电热风炉以其改造成本相对较低、改造技术难度小、操作方便等特点，在棉花调湿热源改造中占据较大的市场份额。

2019/2020年度，中华全国供销合作总社郑州棉麻工程技术设计研究所研发的棉花调湿电热风炉控制系统，首次实现了棉花调湿装备运行状态、运行参数、调湿效果的远程监测、故障报警等功能，并在石河子市银冠棉业有限公司得到应用。

3.1.3 棉花水杂智能检测技术获得突破性进展

棉花含杂率与回潮率是棉花收购环节重要的检测指标，传统的“一试五定”中相关的棉花含杂率与回潮率检测方法劳动强度大、检测效率低，限制了棉花收购效率。2019/2020年度，中华全国供销合作总社郑州棉麻工程技术设计研究所和农业农村部西北农业装备重点实验室依托新疆生产建设兵团（以下简称兵团）第八师“机采籽棉收购信息采集管理系统”科技攻关项目，持续研究棉花水杂智能检测与控制技术，成功研发了籽棉水杂快速检测系统，系统在新疆生产建设兵团石河子泉水地棉花加工厂得到了应用示范，其应用效果得到了中国工程院陈学庚院士以及来自兵团市场监督管理局、兵团农机推广总站、全国棉花加工标准化技术委员会、石河子大学、新疆农垦科学院、兵团棉麻公司、石河子纤维检验所、银力集团等20余家单位的领导、专家肯定，随着科研人员继续优化升级，势必会提高我国棉花加工检测技术水平的提高与快速发展。

3.1.4 棉花自动刷唛技术及装备得到快速推广应用

长期以来，我国棉花包装信息一直在用人工刷唛的方式，人工刷唛劳动强度大、刷唛效率低、刷唛错误率高，因此，棉花自动刷唛技术势在必行。通过多年的技术积累与不断优化，北京智棉科技有限公司与河南京联四合棉花科技有限责任公司采用不同技术路线分别研发的全自动刷唛一体机、MWBS-8A型全自动棉包刷唛机逐步在棉花加工行业推广应用，特别是2019/2020年度，采用租售并重的方式，极大地推动了自动刷唛装备在行业的推广应用。截至目前，自动刷唛装备市场份额超过300台，随着自动刷唛技术与装备的进一步优化升级，市场化程度的逐渐提高，将彻底解放棉包刷唛劳动力，提高棉花刷唛效率，降低刷唛错误率，提高棉包刷唛自动化水平。

3.2 2019/2020年度棉花加工企业经营效益情况及结构变化

3.2.1 棉花加工新建生产线增多，加工资源竞争激烈

2019/2020年度，新疆棉区北疆新建棉花加工生产线50余条，再上2018/2019年度新建而未投入使用的近20条生产线，共计约70余条生产线投入使用，且近两年新建棉花加工生产线加工能力大。因此，在棉花加工资源基本保持不变的情况下，资源竞争日趋紧张，为了抢夺资源，哄抬棉价、棉田收购等方式方法频现，这将成为未来棉花加工的新常态。

3.2.2 棉花交售模式发生变化，棉花加工企业经营风险增加

长期以来，棉花交售采用“一试五定”方法确定棉花品质，按照棉花品质以“质”计价，该交收模式保障了所交售籽棉的品质，保障了棉花加工企业经济利益。

2019/2020年度，由于棉花加工新建生产线较多，棉花资源相对紧张，棉花收购竞争力度增加，棉花交售模式发生了较大的变化，棉花加工企业采用不扣水杂的籽棉收购模式，收购的籽棉高回潮、高含杂问题严重，为确保棉花加工质量，保障棉花加工安全有序开展，籽棉干燥贯穿于整个棉花加工季节，针对高回潮、高含杂的籽棉，籽棉干燥强度需求增强，籽棉干燥成本大幅提升，棉花加工企业经营风险增大。

3.3 2019/2020年度棉花加工设备销售变化

3.3.1 棉花加工设备需求旺盛，棉花加工设备销售额呈现爆发式增长

2019/2020年度，由于棉花加工新建生产线激增，棉花加工设备需求旺盛，棉花加工设备制造企业由于往年市场萎缩，生产能力、材料储备不足，致使棉花加工设备供不应求；另外，由于新建生产线增多，设备安装、管道连接、厂房建设等各个环节均出现人员紧缺、原材料紧缺等问题，即使技术工人工资呈现翻番的现象，但多数新建棉花加工企业依然出现收购棉花等待棉花加工的情况。

2019/2020年度，新疆棉区新建生产线近50余条，且生产线生产能力、设备整体技术水平较以往均有较大提升，每条生产线按照近2000万元设备与其他相关费用投入计算，2019/2020年度棉花加工行业设备销售额必将突破10亿元，与近几年持续低迷的设备销售现状相比，呈现爆发式增长的趋势，将极大地提振市场情绪。

3.3.2 高效除尘设备与棉花清洁热源设备技术改造依然是棉花加工行业主要设备销售增长点

2019/2020年度，在棉花加工环保技术改造这一大趋势下，高效除尘设备与棉花清洁热源设备技术改造仍然是棉花加工技术改造的重要内容。截至目前，在新疆生产建设兵团，第二师范围内棉花加工企业高效除尘设备基本改造完毕外，其他师市范围内尚处于改造示范阶段，市场空间巨大；另外，棉花清洁热源设备改造由于加工企业多、改造周期长等原因，仍然有较大的改造空间，因此，未来几年，高效除尘设备与棉花清洁热源设备技术改造依然是棉花加工行业重要的设备销售增长点。

4 棉花消费

2019/2020年度，中美贸易摩擦硝烟未尽，新冠肺炎疫情接踵而至，棉花消费需求锐减。根据国家棉花市场监测系统数据测算，全年度棉花消费量达747.67万吨，同比下降11%。如图1-4-1所示。

纱产量明显低于往年。2019/2020年度初期，

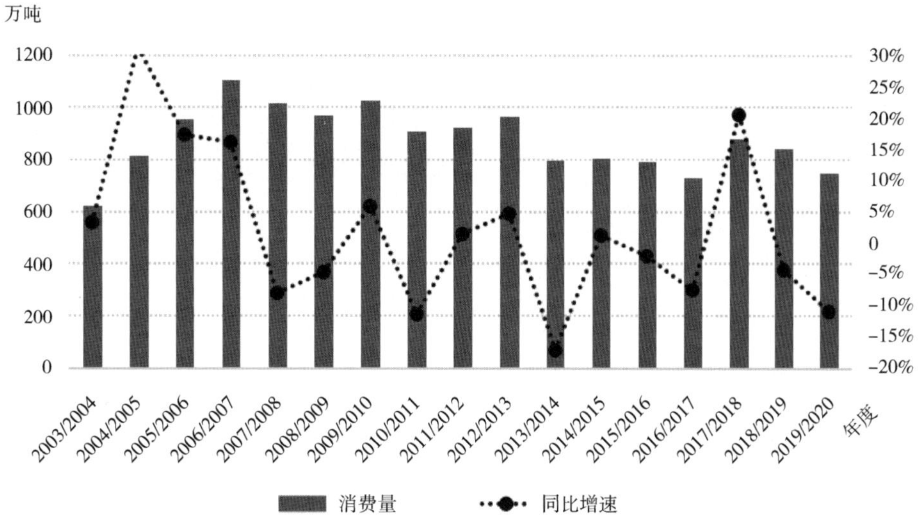

图1-4-1 2003/2004~2019/2020年度我国棉花消费量及同比变化

棉花消费黯淡，市场情绪悲观，纺纱量下降；随着中美第一阶段经贸谈判取得进展，2019年11~12月纱产量有所回升；2019年末至2020年初，新冠肺炎疫情暴发，各地采取隔离封闭措施，纺织生产基本停滞，导致2020年3月纱产量降至2009年以来同期最低。3月以后，随着国内疫情趋稳，纺纱生产逐渐恢复，纱产量稳中有升，总量仍明显低于往年。据国家统计局数据显示，2019/2020年度我国纱产量2382万吨，同比下降7.6%，较过去三年均值下降25.4%。如图1-4-2所示。

棉花消费普遍下降，分布空间稳中略有变化。据国家统计局数据显示，2019/2020年度，全国纱产量2616.4万吨，同比下降10.7%。除了江西省、湖南省和新疆纱产量出现正增长外，其余各省纱产量均有不同程度下降。从生产分布空间来看，稳中略有调整。2019/2020年度，福建省纱产量535万吨，连续两年位居全国首位，占全国纱产量20%以上；山东省、江苏省纱产量位居

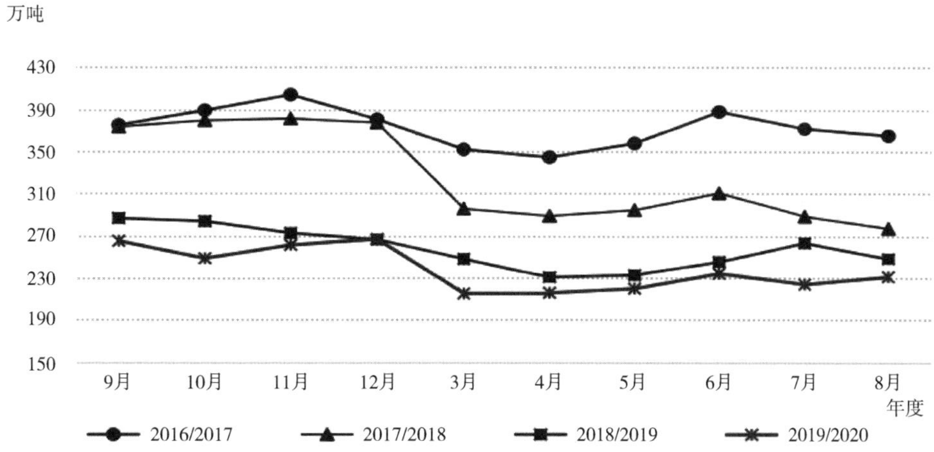

图1-4-2 2016/2017~2019/2020年度我国纱产量分月对比

全国第二、第三，分别为327.1万吨、317.4万吨，其中山东占比下降3.3个百分点至12.5%，江苏占比上升1.23个百分点至12.13%。见表1-4-1。

表1-4-1　2019/2020年度分省纺纱产量及占比情况

排名	地区	纱产量（万吨）	同比（%）	占比（%）
1	福建	535.0	−9.30	20.45
2	山东	327.1	−29.58	12.50
3	江苏	317.4	−0.88	12.13
4	河南	288.1	−1.63	11.01
5	湖北	287.7	−9.67	11.00
6	新疆	178.3	0.02	6.82
7	江西	148.8	8.97	5.69
8	浙江	138.4	−15.33	5.29
9	湖南	113.8	5.12	4.35
10	安徽	84.2	−30.13	3.22
11	河北	77.5	−19.67	2.96
12	四川	61.1	−15.49	2.34
13	陕西	32.4	−15.40	1.24
14	广东	26.4	−14.38	1.00
合计	全国	2616.4	−10.74	100

数据来源：国家统计局

纺织品出口优势凸显，服装出口表现相对较弱。受中美贸易摩擦反复影响，2019/2020年度初期，我国纺织服装出口依旧低迷；2019年末，中美经贸协议取得进展，纺织品服装出口初见曙光。但好景不长，新冠肺炎疫情暴发，使中国1~2月纺织出口快速下降20%。在我国扭转疫情局势、企业复工复产之际，海外疫情暴发，防护服、口罩等防疫物资需求紧迫带动我国纺织品出口大增，2020年4~8月我国纺织品出口同比增幅分别达到49%、77%、56%、48%、46%，全年度纺织品出口额为1456.8亿美元，同比增加21.65%。疫情导致服装消费下降，全年我国服装出口额为1361.2亿美元，同比下降10.94%。如图1-4-3所示。

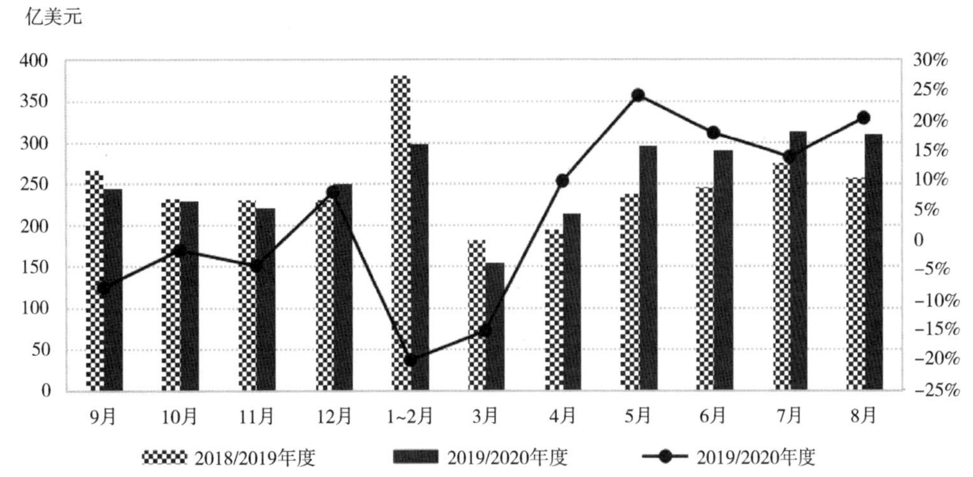

图1-4-3　2019/2020年度我国纺织品服装出口额分月统计及同比变化

5　棉花进出口

2019/2020年度，我国棉花进口量为160.34万吨，同比减少42.52万吨，减幅20.96%；出口量为2.56万吨，同比减少2.27万吨，减幅47%。

5.1　棉花进口量同比下降

5.1.1　按国家和地区统计

2019/2020年度，我国棉花进口量为160.34万吨，同比减少42.52万吨，减幅20.96%。见表1-5-1。

5.1.2　按时段统计

2019/2020年度，我国棉花进口量呈现一波三折的趋势。2019年9月至2020年3月为上升期，月均进口14.7万吨。2020年4~5月大幅回落，月均进口9.7万吨。2020年6~8月回升，月进口量12.7万吨。2019年9月至2020年8月，我国棉花月均进口量为13.4万吨，同比减少5万吨。全年度最高进口量为2020年1~3月，达到20万吨。如图1-5-1所示。

5.2　棉花出口量同比下降

2019/2020年度，我国棉花出口量为2.56万吨，同比减少2.27万吨，减幅47%。

表1-5-1 2019/2020年度中国棉花进口分地区统计

国家及地区	数量（万吨）	国家及地区	数量（万吨）
合计	160.34	马里	1.36
美国	55.96	缅甸	0.66
巴西	56.83	墨西哥	1.00
印度	13.79	多哥	0.45
澳大利亚	17.78	南非	0.29
布基纳法索	1.30	希腊	0.83
苏丹	2.38	土耳其	0.30
贝宁	1.67	其他	5.74

数据来源：中国海关总署（不含已梳的棉花）

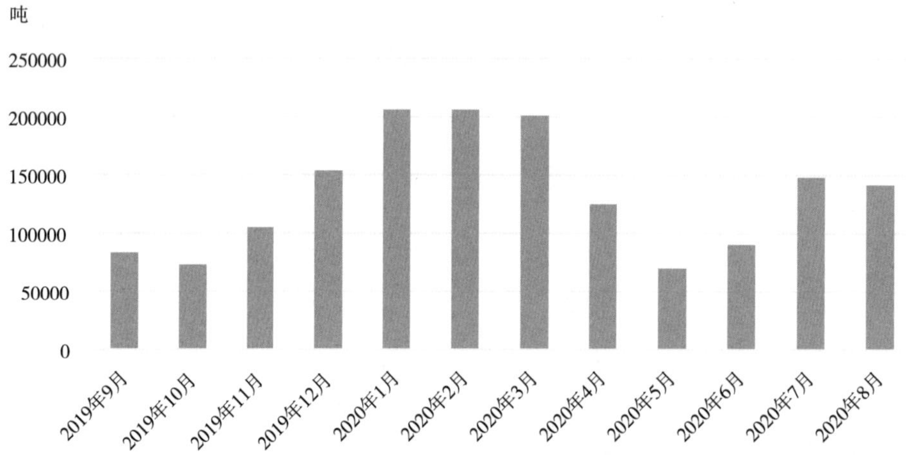

图1-5-1 2019/2020年度中国棉花进口量

6 棉花库存

棉花期末库存小幅下降。根据国家棉花市场监测系统对中国棉花产销存的预测，2019/2020年度我国棉花期初库存628.45万吨，同比下降4.78%，棉花消费量747.67万吨，同比下降11%，期末库存622.86万吨，同比下降0.89%，库存消费同比上涨83.02%，同比增加11.62个百分点。

纺织企业棉花库存先升后降。2019/2020年度，前期受中美贸易摩擦影响，纺织企业原料采购谨慎；春节期间，新冠肺炎开始快速蔓延，产业链一度停止生产，3月以后，随着国内疫情形势趋稳，纺织企业陆续复工复产，棉花库存才开始消化。据国家棉花市场监测系统监测，2020年9月初，全国纺织企业棉花库存折天数为36.85天（含到港进口棉数量），同比增加9.33天。按照2019/2020年度全国棉花消费量747.67万吨测算，全国棉花工业库存为70.82万吨，同比增加17.6%。如图1-6-1所示。

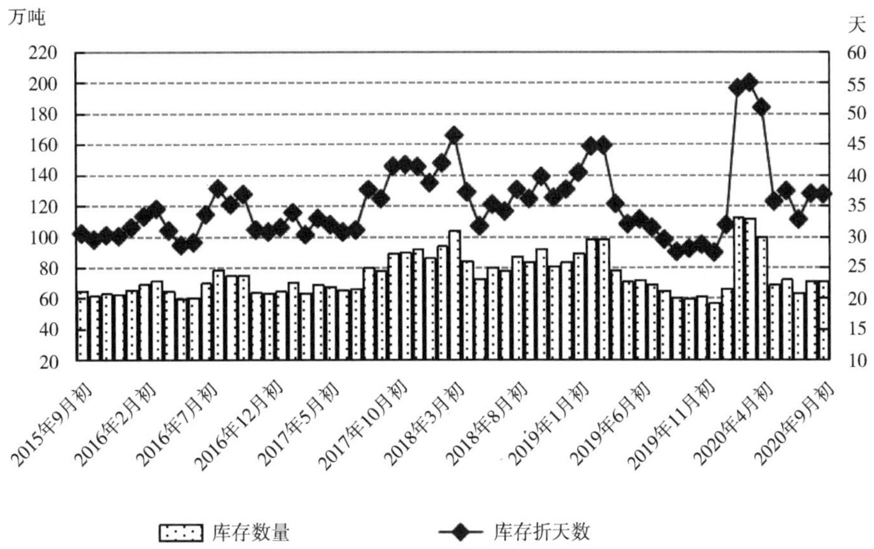

图1-6-1 2015/2016年度以来全国棉花工业库存变化

7 棉花价格

收购价格低开高走。2019/2020年度，受低温天气影响，新疆棉采摘收购时间较往年有所延迟，由于陈棉库存较高，籽棉开秤收购价格较低；2019年10月新棉大规模采收开始后，新疆棉区减产消息发酵，市场“抢收”现象依然存在，籽棉收购价格开始高走；11月，受中美贸易磋商疑虑影响，市场谨慎观望，籽棉收购价格振荡为主；12月，中美贸易关系略有好转，中央储备棉轮入开始，支撑籽棉收购价格再次上涨。据国家棉花市场监测系统数据显示，截至2019年12月30日，代表全国主产棉省（区）白棉3级籽棉折皮棉的中国棉花收购价格S指数为12525元/吨，较9月底上涨2128元/吨，涨幅20.38%。如图1-7-1所示。

棉花价格呈现上涨回落再反弹态势。2019/2020年度，中美贸易摩擦和新冠肺炎疫情先后主导棉花行情。年度初期，中美经贸磋商重启，使市场悲观情绪略显好转，中国加大美棉进口量，进一步支撑ICE棉花价格回升。2019年11月，中国轮入50万吨新疆棉公告发布，轮入时间为12月20日至3月31日，支撑ICE和郑棉上涨持续到2020年1月中旬。1月下旬开始，新型冠状病毒肺炎疫情传播加速，内外棉价开启快速下跌模式。3月11日，世界卫生组

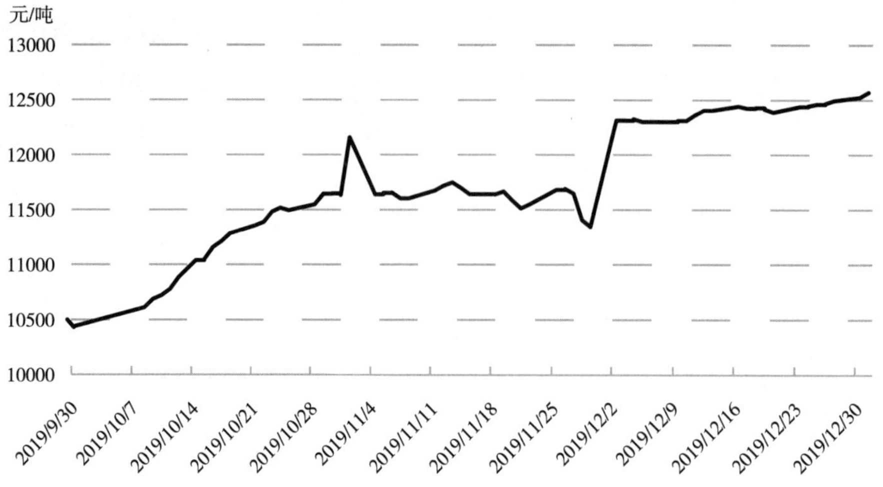

图1-7-1　2019/2020年度中国棉花收购价格指数走势

织（WHO）宣布将新型冠状病毒肺炎列为全球性大流行病，全球金融市场大幅动荡，十天时间内，美股出现四次熔断，棉价随之大幅下挫。郑棉期货价格于3月24日跌至9935元/吨，ICE棉花价格于4月1日跌至48.35美分/磅，达到2009年4月以来最低点。为应对新冠肺炎疫情冲击，全球各国采取隔离封锁措施，开启超宽松货币政策浪潮。2020年4月底，全球确诊病例增速出现放缓迹象，在疫苗研发推进以及全球流动性充裕背景下，棉花价格止跌回升。截至2020年8月31日，郑州商品交易所棉花期货主力合约结算价为13090元/吨、纽约棉花期货主力合约结算价为65.16美分/磅，分别较2019年9月初上涨4.59%和12.62%。

国内棉价高于进口棉折人民币进口成本。2019/2020年度，代表进口棉中国主港到岸均价的国际棉花指数（M）1%关税折人民币进口成本平均为12262元/吨（不含港杂费），滑准税折人民币进口成本平均为13735元/吨（不含港杂费），代表内地标准级皮棉市场价格的国家棉花价格B指数年度均价为12519元/吨，国内棉价整体高于1%关税进口棉成本257元/吨，低于滑准税进口棉成本1216元/吨。如图1-7-2所示。

图1-7-2　2019/2020年度国际棉花价格指数

8　国际市场

8.1　概述

根据美国农业部（USDA）的数据，2019/2020年度全球棉花期初库存减少1%，产量增加3%，进口量减少5.3%，消费量减少14.9%，出口量减少1.6%，期末库存增加23.9%。由于产量仅小幅增加而消费量大幅下降，全球供需由上年度的供应略小于消费变为供应远大超消费，因此期末库存大幅增加，基本面由上年度的基本平衡变为明显宽松。如图1-8-1所示。

2019/2020年度，ICE棉花期货近月合约平均价62.18美分/磅，同比下跌9.87美分/磅，跌幅13.7%；国际棉花指数（M）平均价72.07美分/磅，同比下跌9.85/磅，跌幅12%。2020年8月31日，ICE棉花期货主力合约（2020年12月合约）收盘价为65.16美分/磅，同比上涨6.33美分/磅，涨幅10.76%。见表1-8-1。

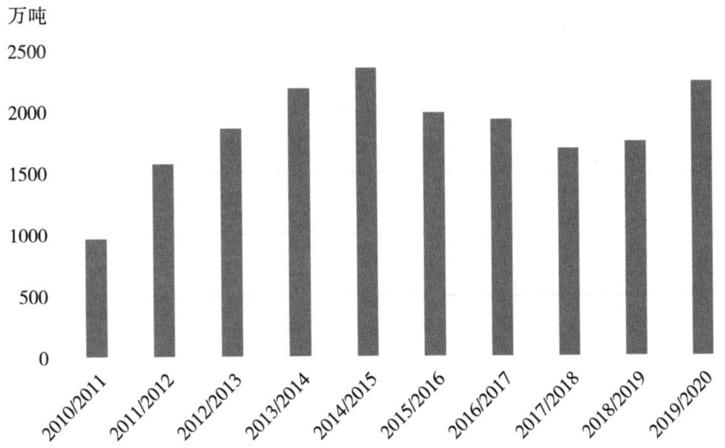

图1-8-1　2010/2011年度以来全球棉花库存变化趋势

表1-8-1　2019/2020年度全球产销存预测表

项目	期初库存（万吨）	产量（万吨）	进口量（万吨）	消费量（万吨）	出口量（万吨）	期末库存（万吨）
2019/2020年度	1747.7	2659.3	875	2225.9	892.2	2164.6
2018/2019年度	1765.9	2581.8	923.8	2616.2	906.7	1747.7
同比（%）	−18.2	+77.5	−48.8	−390.3	−14.5	+416.9

数据来源：美国农业部

8.2 产需状况

8.2.1 产量

2019/2020年度，中国、巴基斯坦、土耳其、澳大利亚的产量减少，印度、美国、乌兹别克斯坦、巴西和西非的产量增加。中国产量减少10.9万吨，为593.3万吨；巴基斯坦减少30.5万吨，为135万吨；土耳其减少6.5万吨，为75.1万吨；澳大利亚减少34.2万吨，为13.7万吨；印度产量增加80.6万吨，为642.3万吨；美国增加33.6万吨，为433.6万吨；乌兹别克斯坦增加4.9万吨，为76.2万吨；巴西增加17万吨，为300万吨；西非增加10.6万吨，为128万吨。见表1-8-2。

表1-8-2 2019/2020年度主要国家棉花产量同比对比

项目	中国	印度	美国	巴基斯坦	乌兹别克斯坦	巴西	土耳其	澳大利亚	西非
2019/2020年度（万吨）	593.3	642.3	433.6	135	76.2	300	75.1	13.7	128
2018/2019年度（万吨）	604.2	561.7	400.0	165.5	71.3	283	81.6	47.9	117.4
同比（%）	−10.9	+80.6	+33.6	−30.5	+4.9	+17	−6.5	−34.2	+10.6

数据来源：美国农业部

8.2.2 消费量

2019/2020年度，受新冠肺炎疫情的影响，全球各国的棉花消费量普遍减少，中国消费量减少141.5万吨，为718.5万吨，印度消费量减少87万吨，为435.5万吨；巴基斯坦消费量减少32.7万吨，为200.3吨；孟加拉国消费量减少15.3万吨，为141.5万吨；土耳其消费量减少6.5万吨，为143.7万吨；越南消费量减少15.2万吨，为137.2万吨；乌兹别克斯坦消费量增加4.3万吨，为65.3万吨。见表1-8-3。

8.2.3 进口量

2019/2020年度，中国、越南、印度尼西亚进口量减少，孟加拉国进口量没有变化，巴基斯坦、土耳其和印度进口量增加。中国进口量减少54.5万吨，为155.4万吨；越南减少10万吨，为141.1万吨；印度尼西亚减少11.7万吨，为54.7万吨；巴基斯坦增加24.4万吨，为86.5万吨；土耳其增加23.2万吨，为101.7万吨；印度增加10.4万吨，为49.6万吨。见表1-8-4。

表1-8-3 2019/2020年度主要国家棉花消费量同比对比

项目	中国	印度	巴基斯坦	孟加拉国	土耳其	越南	乌兹别克斯坦
2019/2020年度（万吨）	718.5	435.5	200.3	141.5	143.7	137.2	65.3
2018/2019年度（万吨）	860	522.5	233	156.8	150.2	152.4	61
同比（%）	−141.5	−87	−32.7	−15.3	−6.5	−15.2	4.3

数据来源：美国农业部

表1-8-4　2019/2020年度主要国家棉花进口量同比对比

项目	中国	孟加拉国	越南	巴基斯坦	土耳其	印度尼西亚	印度
2019/2020年度（万吨）	155.4	152.4	141.1	86.5	101.7	54.7	49.6
2018/2019年度（万吨）	209.9	152.4	151.1	62.1	78.5	66.4	39.2
同比（%）	-54.5	0	-10	24.4	23.2	-11.7	10.4

数据来源：美国农业部

8.2.4　出口量

2019/2020年度，美国、巴西、希腊的出口量增加，印度、澳大利亚、西非的出口量减少。美国出口增加15.1万吨，为338.1万吨；巴西增加63.6万吨，为194.6万吨；希腊增加2.4万吨，为31.9万吨；印度减少7万吨，为69.7万吨；澳大利亚减少49.5万吨，为29.6万吨；西非减少16.6万吨，为100.1万吨。见表1-8-5。

8.2.5　期末库存

2019/2020年度，主要国家的棉花期末库存普遍增加。中国增加26.8万吨，为803.4万吨；印度增加186.6万吨，为389.4万吨；巴西增加46.8万吨，为313.6万吨；美国增加52.3万吨，为157.9万吨；土耳其增加23.3万吨，为60.2万吨；巴基斯坦增加19.5万吨，为73.8万吨。见表1-8-6。

表1-8-5　2019/2020年度主要国家棉花出口量同比对比

项目	美国	巴西	印度	澳大利亚	西非	希腊
2019/2020年度（万吨）	338.1	194.6	69.7	29.6	100.1	31.9
2018/2019年度（万吨）	323	131	76.7	79.1	116.7	29.5
同比（%）	15.1	63.6	-7	-49.5	-16.6	2.4

数据来源：美国农业部

表1-8-6　2019/2020年度主要国家棉花期末库存同比对比

项目	中国	印度	巴西	美国	土耳其	巴基斯坦
2019/2020年度（万吨）	803.4	389.4	313.6	157.9	60.2	73.8
2018/2019年度（万吨）	776.6	202.6	266.8	105.6	36.9	54.3
同比（%）	26.8	186.8	46.8	52.3	23.3	19.5

数据来源：美国农业部

8.3 价格走势

2019/2020年度，ICE棉花期货走势分为三个阶段，第一个阶段是2019年9月1日至2020年1月中旬，这段时间ICE期货震荡上行，最后达到全年的高点；第二个阶段是2020年1月中旬至4月初，这段时间ICE期货从年度高点急速回落，至4月初已跌至不到50美分，大幅低于年度初期的价格。

2019/2020年度，ICE期货近月合约最高价是2020年1月13日的71.53美分，较2018/2019年度低12.4美分，最低价是2020年4月1日的48.41美分，较2018/2019年度低9.13美分，年度平均价为62.18美分，较2018/2019年度9.87美分。

2019/2020年度，代表进口棉中国主港到岸均价的国际棉花指数（M）与ICE棉花期货近月合约走势保持一致，最高价是2020年1月14日的80.11美分，较2018/2019年度低21.24美分，最低价是2020年4月2日的60.20美分，较2018/2019年度低19.42美分，年度平均价为71.89美分，较2018/2019年度低17.12美分。如图1-8-2和图1-8-3所示。

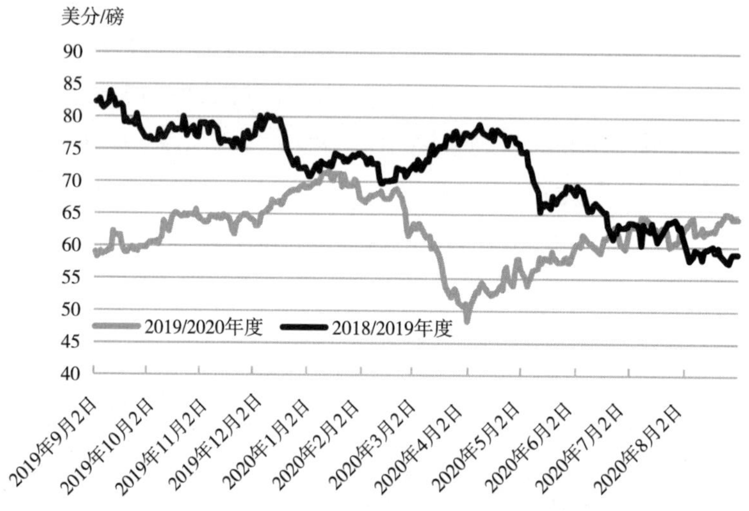

图1-8-2　2019/2020年度ICE棉花期货走势同比对比

图1-8-3　2019/2020年度国际棉花指数（M）走势及同比对比

第二部分

我国主要产棉区概况

1 新疆维吾尔自治区

1.1 棉花生产

1.1.1 种植面积、总产量和单产量

据国家统计局数据显示，2019/2020年度新疆棉花种植面积约2540.5千公顷[1]，皮棉总产量约500.2万吨，比上年同期下降2.1%，平均单产1969.1公斤/公顷，整个棉花种植、生产期间，4~5月局部地区出现低温等不利气候，6~10月天气较好，产量保持平稳。

1.1.2 种植成本和收益

根据国家棉花监测系统农户调查结果显示，2019/2020年度全区棉花种植平均成本为：手摘棉2322元/亩（含土地租赁费），比上年度增加约18元/亩；机采棉1779元/亩（含土地租赁费，比上年度增加19元/亩）。国家目标价格补贴政策的执行，使棉农收入稳定，植棉积极性提高。

地方棉花种植户棉种品种较杂、质量不一，以农户自主购买为主，造成各地区轧花厂加工皮棉指标一致性不高。随着地方企业、农业合作社对土地流转进一步加快，相关部门也逐步加大对农民植棉的引导，以提高棉花品质，机械化种植比例逐年提高，有效降低成本。

1.2 棉花收购加工

（1）新疆维吾尔自治区发展和改革委员会向社会及时公布符合资质的目标价格改革试点授牌诚信企业名单，相关部门联合加强监管力度。2019/2020年度自治区除执行棉花目标价格补贴政策外，继续进行“价格保险+期货”试点，有效保障了目标价格改革政策的顺利实施。

（2）为保障新棉顺畅及时入库公证检验，全疆已有近50家棉花专业监管库，库容达700余万吨。为适应棉花生产销售形势的不断变化和发展，郑州商品交易所在原有6家棉花交割库基础上继续增加交割库数量，方便新疆当地企业和棉花贸易商交割。

1.3 纺织生产及棉花消费

2019年，在中美贸易摩擦背景下整体外贸订单出现萎缩迹象，产品库存持续高位，皮棉销售缓慢，纺织企业开机率下降，原料采购趋于谨慎，国内中低端消费好于外销，有些企业将部分产品转为内销。2020年初，受新冠疫情影响，纺织消费出现下滑；随着国内疫情好转，纺织形势逐渐好转。

据新疆统计局数据显示，2019年1~11月，

[1] 1公顷=10000平方米。

新疆全区主营业务收入300万元以上（下同）纺织企业完成增加值93.99亿元，比上年同期增长6.3%。其中，规模以上纺织企业完成增加值91.21亿元，占97.0%，比上年同期增长5.5%。纺织企业完成增加值67.07亿元，比上年同期增长2.8%。其中，棉纺织及印染精加工61.62亿元，增长1.1%；家用纺织制成品制造3.11亿元，增长18.7%；纺织服装、服饰业完成增加值6.98亿元。

2020年1~8月，新疆全区主营业务收入300万元以上（下同）纺织企业完成增加值51.16亿元，由上年同期增长9.6%转为下降5.0%。其中：规模以上纺织企业完成增加值49.73亿元，占97.2%，由上年同期增长9.1%转为下降5.2%。纺织企业完成增加值41.68亿元，由上年同期增长4.1%转为下降0.1%。其中，棉纺织及印染精加工37.90亿元，增长1.3%；家用纺织制成品制造1.97亿元，下降25.5%；纺织服装、服饰业完成增加值4.02亿元，比上年同期下降0.8%。

1.4　2019/2020年度新疆维吾尔自治区棉花产业整体运行情况及特点

近年因国家目标价格补贴政策的执行，棉农收入稳定，加之疆内植棉土地的不断整合，提高了棉花品质的一致性，进一步优化棉花品种结构，提高棉花生产综合效益。棉花生产模式逐步向高质量、低成本、高效益转变，棉花生产规模化种植比例增加。

棉花种植机械化进一步提高，采摘、交售、加工期时间缩短。棉花加工和纺织企业大量通过期货点价方式进行销售和原材料采购。棉花中小贸易商逐步被大型期现公司取代，全年呈现棉花现货销售下滑，原料供应充足，纺织纱线库存增加，价格下降态势。北疆大部分棉花加工企业因为前期收购成本相对较低，加之中美第一阶段贸易协定取得进展，2020年春节前现货价格逐步走高，企业积极利用期现结合方式进行套保和现货销售，利润较好；但南疆部分地区收购成本较高，未能全部顺利套保或随市场价格销售，尤其年前现货涨价势头迅猛，使部分企业因惜售而出现亏损。

2　新疆生产建设兵团

2.1　棉花生产

2.1.1　种植基本平稳

2019年兵团棉花生产形势基本平稳。一是种植面积小幅上涨。2019年兵团棉花种植面积1303.16万亩，较上年增长1.7%，占新疆棉花种植面积的34.2%，占全国棉花种植面积的26%。二是总产量基本持平。2019年棉花总产量202.8万吨，较上年下降0.9%，分别占全疆棉花总产量的40.5%，占全国棉花产量的34.4%。三是单产下降。单产155.6公斤/亩，较上年下降2.6%，比全疆平均单产131.3公斤/亩高25.3公斤/亩，比全国平均单产117.6公斤/亩高38公斤/亩。四是机采率保持稳定。兵团大力推广机采棉，2019

年棉花机采面积达到1080.4万亩，机采率达到82%，较上年提升0.16%，对全疆棉花生产的机械化发挥了重要示范作用。

2.1.2 棉花质量略有下降

2019年兵团棉花加工企业累计公检皮棉197.52万吨，除轧工质量指标提升外，其他几项质量指标较上年略有下降。其中：白棉1~3级占比85.31%，较上年下降8.62%；轧工质量P1+P2比率98.67%，提高了0.75%；平均长度29.23mm，较上年下降0.13mm，28mm以上占比96.07%，较上年下降2.29%；平均长度整齐度指数82.44%，较上年下降0.1%；马克隆值A级+B级占比92.34%，较上年下降3.54%；平均断裂比强度28.78cN/tex，较上年下降0.02cN/tex。

2.1.3 棉花目标价格改革持续深化

2019年棉花目标价格改革工作进一步深化，启动棉花“价格保险+期货”试点工作。为提高棉农风险意识，稳定棉农收入预期，对8个团场开展价格“保险+期货”试点，通过期货市场规避棉价波动对棉农造成的收益风险。2019年共有6批174家棉花加工企业参与兵团棉花目标价格改革公示，按籽棉2.26元/公斤发放棉花目标价格改革补贴，棉花种植者收益得到切实保障。

2.2 棉花流通

2.2.1 收购市场主体增多

一是随着国家取消棉花加工资质行政许可及兵团深化改革持续推进，兵团放开棉花收购加工市场。2019年兵团辖区新建24条棉花加工生产线，截至2019年底兵团辖区共有377条棉花加工生产线，棉花市场主体更加多元，市场竞争机制得到有效发挥。二是棉花专业监管库布局进一步完善。2019年一师阿拉尔市和七师胡杨河市分别新建1个棉花专业监管库，填补了所在师市棉花专业仓储监管的布局空白，有利于师市辖区的棉花加工企业就近入库，提高物流效率，降低物流成本。

2.2.2 棉花销售价格波动

受新冠肺炎疫情影响，2019年棉花销售总体呈波动态势，平均销售价格在12500元/吨左右。2019年9月1日新棉花上市以来，棉花市场收购、销售价格企稳并逐步上扬，2020年1月14日销售价格上涨至14450元/吨。2~4月受突发新冠肺炎疫情影响，棉花市场价格出现大幅下滑，下游纺织企业开工严重不足，需求萎缩，棉花销售价格在4月最低跌至11690元/吨。随着国内疫情得到有效控制，棉花市场再次回温，销售价格稳步回升，2020年9月棉花销售价格在13000元/吨左右。受价格波动影响，2019年棉花销售慢于往年，随着中后期全球纺织订单向我国转移，棉花销售加快。

2.3 兵团纺织行业发展

在国家支持新疆和兵团纺织服装产业发展促进就业的政策带动下，兵团纺织服装产业加快发展。

一是，纺织规模持续增长。截至2019年底，兵团拥有规模以上纺织服装企业67家，主导产业棉纺生产能力575.36万锭，占全疆棉纺生产能力的28.8%，棉纺规模较上年增加39.23万锭，较上年增长7.3%。67家纺织服装企业中，有60家为纺织企业、5家服装企业和2家化纤企业。

二是，产业集聚发展态势初步形成。八师石河子经济技术开发区、一师阿拉尔经济技术开发区、三师草湖产业园（含图木舒克市工业园）、二师铁门关市工业园、七师胡杨河市工业园逐步成为吸纳纺织服装投资的主要平台和棉纺织产业的聚集区。

三是，纺织产值平稳增加。2019年规模以上纺织服装企业完成工业总产值210.91亿元，较上年增长11%。其中纺织业完成产值168.2亿元，较上年增长5.1%；化纤制造业完成产值34.12亿元，较上年增长34.9%；纺织服装、服饰业完成产值8.59亿元，较上年增长82.7%。三类分别占纺织服装产业规上工业总产值的79.7%、16.2%及4.1%。

四是，主要纺织工业产品产量有增有降。其中棉纱64.1万吨，较上年增长14.6%；布1.74亿米，较上年增长37%；化学纤维28.34万吨，较上年增长71.4%；服装356.29万件，较上年下降14.7%。

3 山东省

3.1 棉花生产

3.1.1 种植面积、总产量和单产量

棉花是山东省重要的经济作物和主要的纺织原料，作为国家传统棉花产业经济大省，山东棉花产量持续多年位居全国第二、内地第一。近年来，棉花种植面积呈现出逐年减小的趋势，产业发展后劲不足。2019/2020年度，山东省棉花种植面积为214.35万亩，皮棉单产85.37公斤/亩，总产18.3万吨。全国棉花种植面积为4754.85万亩，山东省种植面积占全国棉花种植总面积的4.51%。由于棉花面积、产量的减少幅度较大，山东棉花产量持续多年位居全国第二的地位变更到全国第三、内地第二。

3.1.2 2019/2020年度山东省棉花生产的主要特点

山东作为我国内地棉花主要产区，2019/2020年度，棉花种植面积继续减少，许多棉农弃棉种粮，目前，山东省棉花种植主要分布在济宁、菏泽两市为代表的围绕金乡大蒜种植为主的高附加值的片区（种植95.81万亩），以滨州、东营两市为代表的以盐碱地种植为主的片区（种植38万亩），以德州市为代表的鲁西北片区（种植54.7万亩）。三个片区呈现出如下特点：

3.1.2.1 棉花良种种植相对集中

抓住棉花品种特点，实现良种良法配套。如今市场上棉花新品种数量多，更新换代速度快。不同棉花品种之间的特征特性差异很大，适应性不一样，栽培要求也不同。棉农在使用良种上按棉花的主要特征特性对品种进行归纳、概括、分类，配套与之相应的栽培管理办法，实现良种与良法配套，充分挖掘良种的增产潜力。目前，山东主要品种有鲁棉研37号、鲁棉研28号、山农棉14号、国欣棉3号、瑞杂816、鲁H424、鲁棉研38。棉花种植品种及面积见表2-3-1。

表2-3-1 棉花种植品种及面积

品种名称	2018/2019年度种植面积（万亩）	2019/2020年度种植面积（万亩）
鲁棉研37号	63.26	54.43
鲁棉研28号	28.7	18.78
山农棉14号	17.3	5.25
国欣棉3号	12.4	28.83
瑞杂816	10.0	9.8
鲁H424	7.2	15.15
鲁棉研38	—	9.3

3.1.2.2　植棉成本基本稳定

据山东省农村农业厅信息中心棉花生产成本收益与劳动生产率基点调查显示，山东棉花生产成本稳定在上年度水平，遏制了继续上涨态势，其中增加部分主要表现在人工方面，而物化成本低于去年。

3.1.2.3　面积产量持续减少

棉花种植面积和产量持续下滑是山东省棉花产业的最大问题之一。棉花种植面积及产量见表2-3-2。

表2-3-2　棉花种植面积及产量

年度	种植面积（万亩）	总产量（万吨）
2015/2016	773	53.7
2016/2017	700	54.8
2017/2018	436	34.5
2018/2019	275	21.7
2019/2020	214.35	18.3

山东省2008/2009年度棉花种植面积为1332万亩，2014年以来，棉花种植面积和产量不断下滑，2019/2020年度棉花种植面积为214.35万亩，产量为18.3万吨，创造了历年的最低点。

3.1.2.4　棉花质量略有提高

2019/2020年度山东省新体制企业加工细绒棉综合质量与上年相比有所提升。从颜色级和轧工质量来看，颜色级指标区域化差异较为明显，白棉占比总体偏低，轧工质量主要集中在中档；从纤维长度来看，平均长度及平均长度整齐度均有所提高；从纤维内在品质来看，马克隆值A级+B级占比大幅增加，平均断裂比强度提升。但近年来，受市场、价格和自然灾害等多种因素影响，山东棉花生产形势日趋严峻，棉花种植面积和产量严重萎缩，棉花总体品质有待提高。

3.2　棉花加工

3.2.1　棉花加工企业概况

2019/2020年度，山东省新体制棉花公证检验涉及产棉市6个，加工企业86家，按照棉花质量检验体制改革方案的要求加工棉花并进行公证检验，共检验棉花48.6万包，重量10.9万吨。分别占全国的2.29%和2.28%，比上年度参加公检企业减少14家，公检量减少1.3万吨。

3.2.2　棉花加工企业生产情况

从2019/2020年度新体制棉花检验情况来看，山东省棉花的轧工质量主要集中在中档，占到99.98%，高于全国中档棉花轧工质量2.99个百分点。其中，菏泽、德州、滨州棉花轧工质量中档达到100.00%。

3.2.3　棉花品质情况

根据棉花公检情况看，山东棉花颜色级以淡点污棉、白棉类型居多，2019/2020年度山东省淡点污1级所占比例最多，其次是白棉3级、淡点污2级，2019/2020年度白棉占比较上年度上升1.7个百分点，与全国检验结果相比，山东省白棉所占比例偏低。长度在26~28毫米之间，马克隆值以C级、B级为主，断裂比强度指标明显高于全国指标，集中在中等级与很强级之间，长度整齐度指数为82.28%。整体来看，属于宜纺棉花。

山东省棉花质量不同地区间也存在较大质量差异，2019/2020年度山东省6个产棉区公检质量主要指标排名中，济宁、菏泽在纤维长度、长度整齐度指标方面表现较好，但颜色级表现较差；而德州、滨州在颜色级表现较良好，而纤维长度、长度整齐度指标方面表现较差；东营在颜色级、马克隆值、断裂比强度指标等方面表现比较均衡。

3.2.3.1 颜色级

山东省棉花颜色级以淡点污棉、白棉类型居多，2019/2020年度山东省淡点污1级所占比例最多，其次是白棉3级、淡点污2级，2019/2020年度白棉占比较上年度上升1.7个百分点。与全国检验结果相比，山东省白棉所占比例偏低。东营、德州棉区的棉花颜色级指标最好，白棉三级及以上所占比例最高，分别达到81.54%和60.47%，菏泽、济宁棉区棉花颜色级指标较差，白棉三级及以上分别仅占11.72%和11.78%，淡点污棉比例分别高达83.76%和86.75%。

3.2.3.2 长度

2019/2020年度，山东省棉花长度检验结果集中在26~29毫米，30毫米以上和25毫米以下的检验结果偏少，29毫米及30毫米占比明显低于全国检验结果。全省新体制棉花加工细绒棉检验平均长度值为28.11毫米，比全国平均值29.01毫米低0.9毫米。其中济宁棉花最长，达到28.71毫米，其次是菏泽，为28.69毫米，德州棉花最短，为27.44毫米。各棉花主产市28mm 及以上占比济宁达到91.4%，菏泽达到88.42%，德州最低为17.09%，除德州、东营、聊城外，各棉花主产市28mm及以上占比较去年都有所上升。

3.2.3.3 马克隆值

2019/2020年度，全省新体制棉花细绒棉马克隆值级 A 级占比4.19%，较上年增加0.95个百分点，A 级占比低于全国平均水平14.39个百分点；C 级占比20.87%，比去年减少39.02百分点，C 级占比高于全国平均水平4.28个百分点；B 级占比74.93%，比去年增加38.06个百分点。总体来看，山东省棉花马克隆值指标较去年有所提高，但 A 级占比偏低，B 级占比偏高，其中菏泽棉花B2档占比达到84.70%，相对其他产棉市一定程度上存在马克隆指标过高，主要表现为棉纤维较粗、过成熟的问题。

3.2.3.4 断裂比强度

2019/2020年度，全省新体制棉花细绒棉平均断裂比强度值30.55cN/tex，同比提高了0.79cN/tex，高于全国平均值2.16cN/tex。各产棉市中，济宁棉花平均断裂比强度最高，为31.32cN/tex；滨州棉花平均断裂比强度最低，为29.73cN/tex，但仍高于全国平均值1.34cN/tex，山东省棉花断裂比强度指标较好。断裂比强度集中在中等级与很强级之间，中等级及以上占99.96%，其中：中等级占11.95%，强级占49.79%，很强级占38.22%。棉花断裂比强度指标较好。

3.2.3.5 长度整齐度

2019/2020年度，全省新体制棉花细绒棉平均长度整齐度指数为82.28%，低于全国平均水平0.08个百分点。济宁棉花平均长度整齐度最高，为82.91%，高和很高两档占比达到49.94%；其次是菏泽，高和很高两档占比43.51%；滨州棉花表现较差，棉花长度整齐度指数为高和很高两档的仅占比4.90%。各产棉市中，除德州、菏泽、济宁外，各地棉花长度整齐度指数均有不同程度的降低，滨州在本年度平均长度整齐度为81.54%，比上年度降低0.18个百分点，长度整齐度指数在省内最低。整体来说，各市棉花长度整齐度指标波动较大。

3.3 纺织生产与棉花消费

2019/2020年度，山东省棉纱产量下滑至全国第三位，布产量下滑至全国第四位，整个行业在外需低迷、内需趋缓的市场大环境下保持生产。生产、效益情况均低于去年同期，产量的下降，远远高于全国水平。

本年度中美贸易战趋于缓和，但受新冠肺炎疫情以及全球各国经济下行影响，我国纺织行业面临的内外部形势更加严峻，山东省也不例外，其主要原料棉花期、现货价格整体呈V形宽幅震荡走势。一季度新冠肺炎疫情在国内外暴发时棉价出现慌性下跌，二季度开始，疫情得到控制后经济复苏，棉价得到恢复性增长。

2020年5~9月。内需逐渐恢复，期现货进入价格底部缓慢抬升阶段。国内疫情趋缓，消费逐步恢复，棉花价格跌至历史低位，基差走高，下游利润转好，纺织产业得到恢复性增长，加工企业原料采购意愿提升，市场情绪趋于回暖。2019/2020棉花年度末，现货市场供应压力逐渐缓解，加工库存较上年同期大幅好转。供应压力缓解叠加内需逐渐恢复，期现货价格持续温和上涨，期货主力合约重回13000元/吨一线。随着棉花价格的变动，棉纱及其制成品的价格也随之而动。

2020年前三季度，面对新冠肺炎疫情的巨大冲击和复杂严峻的国内外环境，我国纺织行业在常态化疫情防控条件下持续推动复工复产，生产需求稳步改善，产业循环保持顺畅，企业利润逐步修复，经济运行实现承压回升，为促进国民经济平稳向好，保持全球纺织产业链、供应链稳定运转和助力疫情防控提供积极支撑。

2020年下半年，我国纺织行业内需市场回暖趋势明显。数据显示，全国限额以上单位服装鞋帽针纺织品零售额同比降幅从2020年初超过30%逐步收窄至全年的6.6%。在实物商品网上零售额中，2020年全年穿类商品同比增长5.8%。

4 河南省

4.1 棉花生产

2019/2020年度，河南省棉花种植面积继续呈下降趋势。近些年来，河南省棉花种植面积下滑严重，已经从曾经的产棉大省发展为分散产区，突出表现棉农植棉积极性逐年降低、种植区域分散、商品率大幅降低。

据河南省统计局数据显示，2019/2020年度，全省植棉面积40万亩左右，平均皮棉亩产70公斤，皮棉总产约2.8万吨。

从2020年开始，河南省统计局不再正式发布河南省棉花生产相关数据。全省棉花种植大多分布在黄河滩地、丘陵地区，种植模式多采取麦棉套种、瓜棉套种、蒜棉套种等形式，种植比较分散，看不到成片连方的棉花大田。

4.2 2019/2020年度河南省棉花市场的特点

2020年春节后暴发的疫情对棉纺市场造成很大的负面影响，开工困难，棉纱库存较大，棉纺企业举步维艰，上半年棉花销售困难，棉花市场萎缩严重。随着国家出台多项刺激政策，纺织产业逐渐复工复产，消费渐渐复苏回暖，从下半年开始，纱线价格一路上涨，纱价涨幅大于棉价，纺织企业加工利润一直扩大，许多企业反映，棉纺织企业纱线基本没有库存，棉纺企业经营形势持续好转。下游市场的好转，带动了棉花市场，从去年下半年开始，纺织企业补库意愿强烈，棉花销售价格逐渐上移，带动棉花市场形势有所好转，棉花市场向好的方向持续发展。

4.3 河南省纺织行业经济运行基本形势

2019/2020年度，河南省棉纺织企业前期经历疫情的冲击，生产、销售、经营受到严重影响，但由于国家相继出台相关扶持政策，企业及时调整经营策略，后期棉纱市场的好转带动纺织企业持续向好。总体来看，大部分企业生产正常，棉纺织行业总体发展平稳。

据了解，2019/2020年度，河南省全年纱线产量323万吨，居全国第四位；纯棉纱299万吨，居全国第一位；布产量13亿米，居全国第九位；化纤产量55.8万吨，居全国第十位；服装年产11亿件，居全国第八位；规模以上棉纺织企业有1519家，占领全国棉纺织高地。

河南省纺织行业出现投资增长趋缓的特点。河南省纺织企业投资规模继续萎缩。部分地市县区承接产业转移，进度加快，特别是豫东地区织造设备引进速度加快，为后续投资增长增加新动能。重点企业的技术改造和规模扩张，为行业发展增加了动力。中国平煤神马集团牵头，在平顶山建设中国尼龙城，重在打造尼龙产业链；新野纺织、新乡化纤、平煤神马、恒天永安、许昌裕丰纺织有限公司等重点企业正在扩容，为行业发展增加了新动能。

在全国增速放缓的大背景下，河南由于内部结构调整优化，有发展动能，高质量发展是效益增长的驱动，纺织行业固定资产投资延续趋缓态势。

5 河北省

5.1 棉花生产

5.1.1 种植面积、总产量和单产量

2019/2020年度河北省棉花生产总体情况呈“三减”态势，即面积减，总产减，单产减。据统计部门数据，2019/2020年度河北省棉花播种面积305.85万亩，比上年减少9.73万亩，下降3.1%；单产74.35公斤/亩，比上年减少1.94公斤/亩，下降1.9%；总产22.7万吨，比去年减少1.23万吨，下降5.14%，目前种植面积和总产量均居全国第二位，内地暂居第一。

5.1.2 种植成本和收益

从调查数据来看，根据2019/2020年度对河北十县百户调研，河北省棉花产值1650.6元/亩，总成本1371.4元/亩。物资成本432.1元/亩，其中棉种42.5元/亩，地膜22.2元/亩，农药86.3元/亩，化肥130.2元/亩，水电费150.9元/亩。物资成本中，由于棉花生长期降雨较少，虫害情况较常年

偏轻，因此水费较高，而化肥和农药相对较少。2019年人工总成本520.6元/亩，主要构成为人工拾花用工费，占80%以上，其他用工为田间管理费（整地、播种、中耕、施肥、灌溉）。机械作业成本68.2元/亩，主要包括整地、播种、中耕等动力费用。土地租赁成本350.5元/亩。见表2-5-1。

表2-5-1　2019/2020年度河北省棉花种植成本与收益

单位：元/亩

项目	数值
产值	1650.6
总成本	1371.4
物质费用	432.1
机械作业费用	68.2
人工成本	520.6
土地成本	350.5
净利润	279.2

5.1.3　棉花生产特点

一是棉花生产进一步向优势区集中，位于黑龙港流域的邯郸、邢台、衡水、沧州播种面积292万亩，占全省总面积的93.9%，万亩大方18个，千亩大方124个，比去年增加8个；二是棉花主产区月份阴雨天较多，播种时间拉长，由于气温偏低，苗期病害重于常年；三是伏前桃多于常年，在棉花生长前期，大部分棉区棉花出苗后没有有效降雨，旱情普遍发生，由于光照充足，生殖生长旺盛；四是单产略低于去年，由于干旱，大部分棉田浇水两次以上，没有水浇条件的棉田或只浇一水的棉田，花已开到顶部，浇水少的棉田，早衰现象严重，棉花单产略低于去年；五是干旱高温导致棉蚜和棉蓟马发生重于常年，而且抗性较大，防治难度较大。

5.1.4　棉花补贴情况

近年来，一般在春季播种期间发放上年度的棉花种植补贴，截至发稿时，2018/2019年度、2019/2020年度棉花补贴资金暂未发放。

5.2　棉花收购及销售

5.2.1　加工企业生产情况

2019/2020年度，河北省新体制棉花公证检验涉及邯郸、邢台、沧州、衡水、唐山5个产棉地市，上报公检的加工企业37家，年检验量89121包，约合19938.7563吨，送检数量占全国总送检量的0.38%。河北省总产量22.7万吨，送检数量不足8.8%，有超过90%的棉花加工出来未送检即已直接售出。

5.2.2　收购和销售情况

河北省参与棉花收购企业总数量大幅减少，2020年春节前后受新冠疫情影响，籽棉改为收购暂停，从2019年9月开始到2020年3月底，河北唐山收购进度达80%、邢台约60%左右、邯郸约60%左右、衡水约70%左右、沧州约65%，各地收购进度虽不均衡，总体交售量60%多，尚有近40%的籽棉没有收购上来。明显特点是企业报送公检不积极，总送检验量只占总产量的8.8%。受国际棉花价格影响，尤其2020年春节后受新冠疫情影响，纺织企业暂时停工较多、纺织品出口受阻等，棉花价格一路下跌，河北地产棉3128B标准等级价格2019年9月在13000元/吨左右，2020年元旦前后涨至13900元/吨左右，春节后受疫情影响2020年3月份跌至11500元/吨左右，价格出现较大的波动。

5.2.3　棉花品质情况

据河北省纤维检验部门统计，2019/2020年度河北省有37家加工企业送检棉花合计89121包，约合19938.7563吨（送检比例较小，预计总产量22.7万吨）。从送检的棉花质量检验结果分析：

5.2.3.1　长度分布

长度分布是30毫米180包占0.2%，29毫米2851包占3.31%，28毫米33481包占37.57%，27毫米46147包占51.78%，26毫米6143包占6.89%，25毫米197包占0.22%，实际平均长度27.82毫米，加权平均长度27.38毫米。

5.2.3.2　颜色值级分布

白棉总体占50.5%，其中白棉2级占2.9%，白棉3级占44.9%，白棉4级占2.6%，近50%是白棉3级；淡点污棉占48.8%，其中淡点污棉1级占23.0%，淡点污2级占24.5%；淡黄染棉占0.5%。河北省棉花颜色级优于往年。

5.2.3.3　轧工质量

99.14%为P2档，加工质量较好。

5.2.3.4　马克隆值分布

A级（3.7~4.2）2390包占2.68%，B1档（3.5~3.6）253包占0.28%，B2档（4.3~4.9）56344包占63.22%，C1级（≤3.4）142包占0.16%，C2级（≥5.0）29992包占36.65%，马克隆值B2级和C2级是主体，河北省棉花马克隆值普遍偏高。

5.2.3.5　断裂比强度

很差（≤23.9）14包占0.02%，差（24.0~25.9）137包占0.15%，中等（26.0~28.9）18566包占20.83%，强（29.0~30.9）55783包占62.59%，很强（≥31.0）14621包占16.41%，断裂比平均强度达到29.84；强级及以上的占79.0%，中等级及以上占99.83%。河北省棉花强度值大幅优于往年。

综合来看，本年度河北省棉花内在质量特点是长度较好、强度很好、色泽较好、马克隆值普遍偏高、加工质量较好。

5.3　纺织行业2020年运行情况

5.3.1　纺织行业增加值下滑幅度收窄，主要指标增长率低速回升

1~12月累计增加值增速完成-5.87%，相比1~11月上升0.21个百分点，行业整体趋势小幅回暖。全年纺织服装行业增速低于全省规模以上工业增速近10.57个百分点，仍然是七大主导行业中累计增加值增速唯一负增长的，纺织行业增加值占全省工业比重由1~11月的4.25%调整到4.1%，下滑0.15个百分点。如图2-5-1所示。

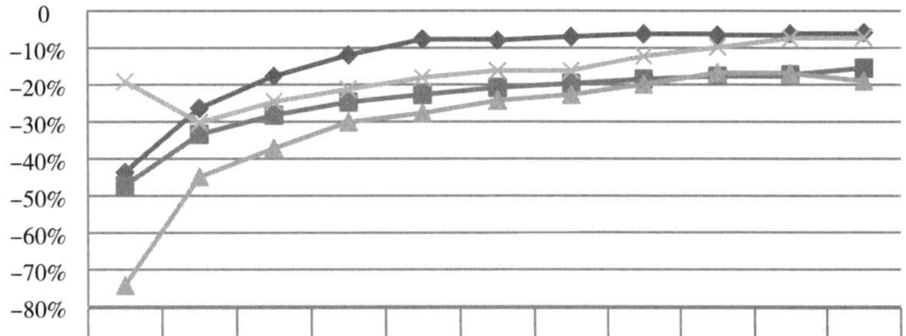

	1~2月	1~3月	1~4月	1~5月	1~6月	1~7月	1~8月	1~9月	1~10月	1~11月	1~12月
增加值增速(%)	-43.65	-26.38	-17.62	-11.87	-7.66	-7.9	-6.94	-6.19	-6.5	-6.08	-5.87
营业收入(%)	-47.2	-33.4	-28.2	-24.7	-22.7	-20.8	-19.7	-18.5	-17.7	-17.3	-15.5
利润总额(%)	-74.3	-44.9	-37.2	-30.1	-27.7	-24.3	-22.7	-19.9	-16.8	-17	-19
用电量(%)	-19.09	-30.25	-24.62	-21.25	-18.1	-16.2	-16.2	-12.24	-9.83	-7.36	-7.1

图2-5-1　2020年1~12月主要指标累计完成情况走势

四个子行业中累计增加值增速仍全部下滑，下滑幅度波动调整，纺织行业增速实际完成-12.02%，与1~11月相比加大1.11个百分点，纺织服装服饰业增速实际完成-7.95%，缩小0.16个百分点，皮革、毛皮、羽毛及其制品和制鞋业增速实际完成-0.83%，缩小1.12个百分点，化学纤维制造业增速实际完成-13.66%，与1~11月相比缩小0.04个百分点。纺织行业回升趋势缓慢，回升动力不足。

四个子行业出口交货值持续大幅下滑，相比1~10月下滑幅度略有收窄，纺织行业累计完成-11.5%，下滑减少1.3个百分点；纺织服装服饰业累计完成-36.7%，下滑减少0.8个百分点；皮革、毛皮、羽毛及其制品和制鞋业累计完成-27.3%，下滑减少6.6个百分点；化学纤维行业下滑速度累计完成-38.3%，下滑减少1.6百分点。

2020年，规模以上企业主要大类产品产量中，除新增口罩类产品外，仅印染布、绒线、非织造布、鞋保持了正增长。

纱、布、服装、轻革和化学纤维产量同比下滑，在细分38个品类中产量同比上升的有12个，占比31.58%，下降的有25个，占比65.79%，持平1个。

5.3.2 纺织行业用电量继续下滑，下滑幅度收窄

2020年纺织行业累计用电量继续下滑，全年累计用电量下降7.1%，四个子行业累计用电量也全部下滑，下滑速度收窄0.26个百分点，从全行业用电量分析，整个行业仍在缓慢回升。见表2-5-2。

表2-5-2 2020年纺织行业用电量

行业名称	用电量本月（万千瓦·时）	用电量上年同月（万千瓦·时）	本月同比（%）	用电量本年累计（万千瓦·时）	行业比重（%）	用电量上年累计（万千瓦·时）	本年同比（%）
纺织总计	84492.66	88762.02	-4.81	822399.03	100.00	885249.47	-7.10
纺织业	56388.69	59064.20	-4.53	553260.20	67.27	592298.57	-6.59
纺织服装、服饰业	6935.48	7195.46	-3.61	65487.89	7.96	71076.26	-7.86
皮革、毛皮、羽毛及其制品和制鞋业	12844.20	13457.15	-4.55	111426.73	13.55	121183.14	-8.05
化学纤维制造业	8324.29	9045.20	-7.97	92224.22	11.22	100691.51	-8.41

5.3.3 固定资产投资和技术改造投资继续大幅下滑，下滑速度持续加大，与全省平均水平差距进一步拉大

2020年纺织工业固定资产投资增速同比下降28.5%，环比下滑1个百分点，低于全省工业固定资产投资增速22.9个百分点；与全省工业固定资产投资增速差距进一步加大。占全省工业投资比重3.3%，在全省七大主导行业中增速位列最后一位。

2020年纺织工业技术改造投资下滑40.1%，低于全省技改投资增速30.2个百分点，与全省工业技改投资增速差距进一步加大，占全省工业技

改投资比重3.6%，在全省七大主导行业中技改投资增速同样位列最后一位。

在四个子行业固定资产投资中纺织业完成-20.3%，纺织服装、鞋、帽制造业-31.4%，皮革、毛皮、羽毛及其制品和制鞋业-46%，化纤业-28.2%，四个子行业固定资产投资情况非常严峻。

在四个子行业技术改造投资中纺织业完成-29.6%，纺织服装、鞋、帽制造业完成-42.8%，皮革、毛皮、羽毛及其制品和制鞋业-63.5%，化学纤维制造业完成-41.4%，纺织服装、服饰业，皮革、毛皮、羽毛及其制品和制鞋业环比有不同程度的下滑，纺织业环比小幅回升，化学纤维制造业持平。

5.3.4 运行质效下滑明显，行业收入、利润同比大幅降低，但呈逐渐收窄态势，亏损企业及亏损额大幅攀升

2020年规模以上企业总数1164家。环比持平，其中纺织业583家，纺织服装、鞋帽业166家，皮革、毛皮、羽毛及其制品和制鞋业373家，化学纤维制造业42家。

1164家规上企业2020年完成营业收入1623.24亿元，同比下降15.5%，环比回升1.8个百分点，利润总额88.45亿元，同比下降19%，下降2个百分点，销售费用和管理费用分别降低11.1%和18.4%，运行质效缓慢回升。

纺织业亏损125家，增长34.4%，亏损面21.44%；纺织服装、鞋、帽制造业39家，增长62.5%，亏损面23.5%；皮革、毛皮、羽毛业及其制品和制鞋业34家，增长100%，亏损面9.1%；化学纤维业15家，增长36.4%，亏损面35.7%。

亏损总额10.66亿元，同比增长90%，纺织业亏损3.91亿元，同比增长31.3%，纺织服装、鞋、帽制造业亏损0.87亿元，同比增长14.2%，皮革、毛皮、羽毛及其制品和制鞋业亏损3.3亿元，同比增长299.8%，化学纤维业亏损额2.58亿元，同比增长146.5%。

据调查统计，全行业从业人员28.5万人，同比下降11.8%。

5.3.5 附表

（1）2020年与2019年度增加值增长率对比情况，如图2-5-2所示。

（2）近三年纺织行业增加值增速走势，如图2-5-3所示。

（3）2020年河北省纺织行业产量汇总表，见表2-5-3。

（4）2020年河北省纺织行业主要经济技术指标，见表2-5-4。

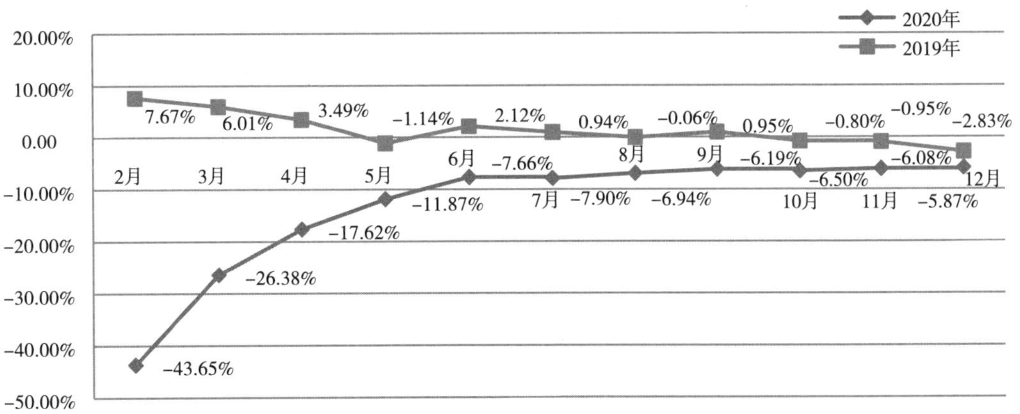

图2-5-2 2020年与2019年累计增加值增长率

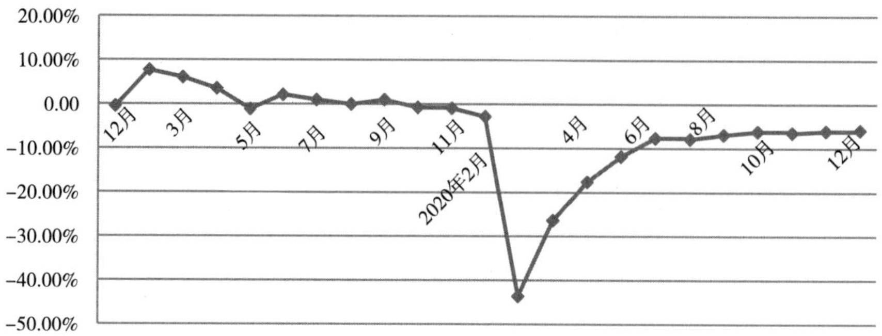

图2-5-3　近三年增加值增长走势

表2-5-3　2020年河北省纺织行业产量汇总表

名称	本月	本月止累计	本月增速（%）	累计增速（%）
纱	62598.98吨	607469.11吨	-24.2	-28.80
布	10765.64万米	97726.30万米	-4.8	-11.60
印染布	6017.44万米	51583.58万米	78	5.70
毛条	325.15吨	2970.90吨	32.70	-10.60
绒线（俗称毛线）	2428.42吨	28560.06吨	-15.20	16.60
非织造布（无纺布）	15473.50万件	186831.24万件	41.60	36.00
口罩	4142.77万个	40688.62万个	3096.60	2694.80
服装	1238.49万件	13767.76万件	-15.80	-12.00
机织服装	1167.30万件	12979.80万件	-14.20	-10.50
针织服装	71.19万件	787.96万件	-35.40	-31.00
轻革	15779895.97平方米	200727400.28平方米	45.10	-1.90
鞋	537.04万双	6711.67万双	-21.70	5.00
化学纤维	87418.40吨	965047.74吨	-5.30	-8.30
人造纤维（纤维素纤维）	72118.00吨	774288.00吨	-1.80	-8.20
合成纤维	13864.40吨	174053.74吨	-23.00	-12.70

表2-5-4　2020年河北省纺织行业主要经济技术指标

行业名称	企业数量			其中：亏损企业数量		
	本期实际（家）	去年同期（家）	累计增长（%）	本期实际（家）	去年同期（家）	累计增长（%）
总计	1164			213	145	46.9
纺织业	583			125	93	34.4
纺织服装、鞋、帽制造业	166			39	24	62.5
皮革、毛皮、羽毛及其制品和制鞋业	373			34	17	100
化学纤维制造业	42			15	11	36.4

行业名称	营业收			利润总额		
	本期实际（家）	去年同期（家）	累计增长（%）	本期实际（家）	去年同期（家）	累计增长（%）
总计	162323798	192033673	-15.5	9400074	11598947	-19
纺织业	49377989	62166541	-20.6	1132370	2028127	-44.2
纺织服装、鞋、帽制造业	15537004	16020058	-3	231027	393983	-41.4
皮革、毛皮、羽毛及其制品和制鞋业	85894639	91153122	-5.8	8230381	8439712	-2.5
化学纤维制造业	11514166	22693952	-49.3	-193704	737125	-126.3

行业名称	亏损企业亏损额			从业人员平均人数		
	本期实际（家）	去年同期（家）	累计增长（%）	本期实际（家）	去年同期（家）	累计增长（%）
总计	1066286	561209	90	28.5	32.3	-11.8
纺织业	390728	297661	31.3	6.4	7.4	-13.5
纺织服装、鞋、帽制造业	86951	76129	14.2	3.1	3.7	-16.2
皮革、毛皮、羽毛及其制品和制鞋业	330184	82593	299.8	18	19.1	-5.8
化学纤维制造业	258423	104826	146.5	1	2	-50

6 江苏省

6.1 棉花生产与成本收益

6.1.1 种植面积、总产量和单产量

据国家统计局统计，2019/2020年度江苏全省棉花面积为17.4万亩，同比下降7.5万亩，降幅30.1%，连续13年下降，再创历史新低，仅为最高年份（1984年，1082万亩）的1.6%，植棉面积占全省种植面积的0.15%，棉花种植已经从江苏农业的主力品种变成一个边缘品种。种植方式上，营养钵育苗约15.4万亩，仍是主体育苗类型，轻简育苗约1.1万亩、直播棉约0.9万亩。全省平均单产量72.1公斤，比上年度下降10.6公斤，下降12.8%，主要因为7月淮北地区发生强降雨天气，丰县等地还遭受短时间强降雨和冰雹袭击，棉花生产受损严重。总产量1.6万吨，比上年度减少0.5万吨，下降23.8%。全省已无规模植棉区域，徐州、南通、盐城传统主产区都只剩下小块零星种植，其中徐州丰县相对略多，有6万多亩，也在减少。

6.1.2 种植成本和收益

据统计数据分析，全省籽棉平均收购价约5.6元/公斤，同比下降8.2%。最低收购价约5.4元/公斤，最高收购价6.2元/公斤。受成本刚性上涨、产量下降等综合因素影响，今年植棉效益再度滑坡。在成本中，棉花种、管、采收未实现机械化，人工投入多是刚性成本支出的主要部分，占总成本的69.6%，其次是肥料、农药和种子成本，分别占15.2%、8.3%和3.5%。全年亩均种植成本约1280.5元，与上年基本持平。全年平均亩产值为1081.5元，同比减少97.6元，下降7.6%，平均亩效益-199元，同比减少121.5元，下降85.2%。另外农药、化肥、地膜投入也大于水稻、玉米等粮食作物。江苏省耕地面积相对少，又是沿海经济发达地区，城市化进程快、比例高，对时鲜蔬菜、水果的消费需求快速增加，现代高效农业发展较快，虽然棉花种植有300元/亩的政府补贴，但时鲜蔬菜、水果收益远高于传统的粮食、棉花，从近几年的发展趋势看，随着乡村振兴战略实施，资本下乡增加，土地向高收益品种流转、集中加快，棉花和传统粮食的种植面积呈持续减少趋势，棉花可能趋于消失。

6.2 棉花收购、加工及销售

6.2.1 棉花收购加工企业构成及变化

2019/2020年度，由于棉花种植面积大幅减少，缺少籽棉资源，江苏收购加工企业也逐年减少，从国家公检数据看，全年只有泰州1家企业参与公检，与上年相同，公检数量7021吨，增加2000吨，据了解这1家参与公检企业的籽棉资源大部分来自周边外省安徽、江西、湖北。一些200型企业也有参加收购加工，但收购量都很少，且是棉、粮、蔬菜、水果兼营。

6.2.2 棉花收购、加工和销售成本及利润

2019/2020年度，江苏省开秤收购普遍晚于周边地区，集中在10月中旬以后。收购主体分散，400型、200型企业都有参加。200型企业以与后道纱厂签订协议，锁定渠道、价格，以订单式收购加工为主。400型企业专门生产加工仓单棉，在期货市场价格较高时销售给期货市场，遇期货市场波动较大时做阶段性滚动套利降低成本

增加收益，操作中没有数量限制，没有资金风险，数量做得相对比较大，经营稳定收益较好。参与收购加工的中小加工企业，受资金、经营模式限制，一般经营量很小，利润极薄。

6.3 纺织生产与棉花消费

6.3.1 纺织生产及销售

据江苏省统计局数据，2019年全省纱产量360.7万吨，同比增加0.1万吨，布产量69.8亿米，同比减少4.9亿米。从国家发改委公示的配额申报企业来看，2019年江苏共有79家纺织企业参与申报，同比减少29家，79家企业自报纱锭数共计826万锭（含气纺、涡流纺折算），减少73万锭，户均10万锭左右，10万锭以下的中小企业53家占大多数，减少企业大都为经营困难的中小型企业。2019/2020年度受中美贸易战和新冠疫情影响，棉纺织品服装出口内销双下降，棉花价格大幅波动，江苏棉纺企业经营困难，倒闭一部分，外迁一部分，总量持续减少。

6.3.2 棉花消费

2019/2020年度，江苏省纺织企业用棉主要以外购新疆棉、中央储备棉、进口棉为主，地产棉份额很少，可以忽略。江苏省是相对发达地区，劳动力市场整体缺口较大，纺织行业由于行业盈利能力差，工资水平低（8小时3000~4000元/月）、劳动强度大、工作环境差，纺织企业普遍存在招工难、用工难，员工普遍以40岁以上群体为主，棉纺织规模在逐渐萎缩，主要是自然关停，少量转移新疆、甘肃。在消费结构上，棉花被价格便宜的涤纶、黏胶替代量在持续增加，整体向高支纱发展，用棉量相对减少，2019/2020年度用棉量在90万吨左右，棉花消耗总量延续下降趋势。

6.3.3 纺织行业经济运行特点

江苏远离新疆棉花主产区，用棉运输成本相对较高，但拥有强大的后道织造加工产业链，生产的棉纱主要销往本省内或出口，运输成本低。江苏地处后道加工中心，床上用品、服装等后道产业聚焦度高，可以及时掌握后道需求信息，开发新特品种，抢得先机。江苏棉纺行业普遍不求规模效益，充分发挥技术、设计、信息优势，立足“新、特、高”，注重“附加值”，走出了一条适合自身生存发展之路。

7 江西省

7.1 棉花生产

7.1.1 种植面积和产量

江西省地形以山地和丘陵为主，盆地、谷地广布，属于亚热带季风气候。作为长江流域五个棉区之一的江西棉区，全省近五年棉花种植面积、单产量及总产量对比见表2-7-1。

表2-7-1 全省近五年棉花种植面积、单产量及总产量对比

年份	种植面积（千公顷）	单位面积产量（公斤/公顷）	总产量（万吨）
2016年	76.4	1472.0	11.2
2017年	50.6	1516.2	7.7
2018年	45.6	1495.7	6.8
2019年	42.6	1546.7	6.6
2020年	35.0	1511.5	5.3

资料来源：国家统计局

7.1.2 收购加工、成本及收益

2019/2020年度，受洪涝灾害影响，江西棉花质量一般，籽棉平均单产量220公斤，同比减少8.3%，种植面积同比减少17.8%。皮棉等级以白棉四级为主，全省皮棉加工企业以200型小包企业为主，籽棉收购量200万~800万斤，统花平均收购价格约3.4元/斤（衣分39%~41%）。

棉花种植成本较去年有所增加。分类来看，生产资料成本400~470元/亩；人工采摘500元/亩；棉田管理成本200元/亩。综上所述，本年度棉花（籽棉）平均出售价6.8元/公斤，产值合计1496元/亩，总成本1170元/亩，亩均纯收益326元，同比下降23.7%。

7.2 纺织行业经济运行特点

2020年全球疫情蔓延之时，外贸阵地损失惨重。不少纺织、服装贸易商介绍，受疫情影响，2019/2020年度外贸订单减少了50%以上，个别达到70%~80%，江西本省纱线价格全线下跌500~600元/吨。越来越多的企业无单可做。各企业在保单和抢单之中，形成激烈的恶性竞争，导致行业内的大洗牌、大淘汰。

据江西省统计局数据，2020年7月，全省纺织业产成品存货周转天数为18.8天，同比增加了3.6天。随着国内疫情得到持续有效的控制，江西省纺织业也逐渐恢复正常。

预计到2023年，江西省纺织服装产业主营业务收入将达到5000亿元级，其中规模以上企业营业收入达到2500亿元；纺织服装产业集群经济总量占比65%以上，年主营业务收入过500亿元的产业集群达到3个；年主营业务收入过10亿元的企业达到15家，其中50亿元以上企业达到2家。

8 湖南省

8.1 棉花生产

8.1.1 种植面积和总产量

近年来，受国家产业政策和区域发展导向的影响，湖南省棉花种植面积急剧下降。2019/2020年度棉花种植面积59.5千公顷，比上年下降5.6%，棉花产量7.4万吨，减产9.0%。湖南省棉花主要集中在洞庭湖区和衡阳盆地，常德、岳阳、益阳、衡阳四市集中了全省93%以上的植棉面积，产量也在95%以上。（数据来源：湖南统计局）

8.1.2 种植品种

当前湖南棉种市场中依旧延续着“多、乱、杂”的特点，据统计，目前在售棉种将近20多种，包括湘农大棉1号、荆杂棉142、鄂棉23号、鄂杂棉10号等；另外，还发现普遍存在农户自制毛棉籽交易的情况，并呈上升趋势。整个湖南棉种市场的品种更新滞后，这也体现了棉花产业的衰落对棉花育种科研成果转化造成了影响。

8.2 棉花收购加工及销售

近年来，湖南省400型大型棉花加工企业因籽棉收购加工无法上量，大部分已经基本停摆或转型，目前湖南市场上以200型小型轧花企业为收购主体。

8.3 纺织生产及销售

2020年全省棉纺纱规模为200万锭，以竹节牛仔纱、粗支纱为主导品种，全省年用棉量在60万吨。棉纱主要销往广东、江浙等沿海地区。

9 浙江省

9.1 棉花生产

9.1.1 种植面积、总产量及单产量

根据国家统计局统计，2019/2020年度浙江省棉花种植面积5.6千公顷，上年为4.20千公顷；总产量0.8万吨，上年为0.6万吨；平均单产1454.8公斤/公顷，较上年度的1402.3公斤/公顷增加3.7%。

作为零星产区，棉花依然是在黄土丘陵、河滩沙地（盐碱地）等土壤质量相对较差的区域种植。

9.1.2 种植品种、成本及收益

2019/2020年度，全省棉花主要种植品种为湘杂棉8号、中棉所87、中棉所63，还有少量农民上年度自留种籽。

相对于其他经济作物，种棉效益偏低；甚至与种粮（水稻、鲜食大豆、鲜食玉米）、蔬菜相比，种棉的亩收益也相当低，仅是不计工本的一些老年人在参与种棉。

9.2 棉花收购及加工

2019/2020年度，浙江省多数市县的棉花加工企业因加工数量不能达到规模化生产的要求，全省没有一家加工企业按照棉花质量检验体制改革方案的要求加工棉花并进行公证检验。

由于棉花数量少、皮棉加工水平低，全省没有形成完善的收购市场。浙江省加工企业中尚有部分皮辊棉加工，呈散、小、弱的特征，由于生产量小且分布在多个市县，并且浙江省棉农的植棉收入占总收入的比例较小，据估计全年的棉花

产值也仅约一个亿。

9.3 纺织行业经济运行

据浙江省统计局统计数据显示，2019年规模以上纺织行业总产值6671.2亿元，较上年的6384.3亿元增长4.5%。其中：纺织行业总产值4494.6亿元，较上年的4319.7亿元，增长4.0%。全年规模以上纺织服装、服饰业总产值2176.6亿元，较上年的2064.6亿元增长5.40%。

从产量上来看，2019年全省纱产量149.09万吨，较上年的159.97万吨同比减少6.8%；布产量76.36亿米，较上年的80.10亿米同比减少4.6%；化纤总产量2822.84万吨，较上年的2282.30万吨增长23.6%。

2019年纺织服装出口交货值4912.46万亿元，较上年的4727.51万亿元，同比增加3.9%。其中纺织纱线、织物及制品出口2913.61万亿元，较上年的2686.05万亿元，同比增加8.5%；服装及衣着附件出口1998.85万亿元，较上年的2040.70万亿元，同比下降2.1%。出口总值仅次于机电产品，依然居浙江省的出口商品货值第二位。

2019年进口纺织纱线、织物及制品126.45亿元，同比减少8.46%。进口服装及衣着附件18.02亿元，同比增长16.32%。

综上所述，2019年纺织行业运行情况如下：

（1）在2018年产值大幅下降的情况下，2019年出现恢复性增长，行业景气度有所回升。

（2）行业盈利压力显著增加，规模以上纺织企业营业收入利润率继续下滑，但行业亏损面有所收窄。

（3）出口交货值总体持平。2019年总体贸易环境更趋复杂，从出口国别（地区）看，受美国对中国企业的打压，对美出口出现较大幅度的下降，企业转而通过开拓欧洲、东南亚市场来弥补、保持市场规模，其中尤其以对越南的出口增长最大。

2017~2019年纺织服装行业总产值、行业效益及出口交货值见表2-9-1~表2-9-3。

表2-9-1　2017~2019年纺织服装行业总产值

项目	2017年	2018年		2019年	
	总产值（亿元）	总产值（亿元）	较上年同比（%）	总产值（亿元）	较上年同比（%）
纺织业	4875.00	4319.70	-11.4	4494.60	4.0
纺织服装、服饰业	2248.20	2064.60	-8.2	2176.60	5.4
合计	7123.20	6384.30	-10.4	6671.20	4.5

表2-9-2　2017~2019年纺织服装行业效益

年度	项目	亏损企业数量（家）	总企业数量（家）	亏损企业数占比（%）	工业总产值（亿元）	利润总额（亿元）	利润总额/总产值（%）	平均用工人数（万人）
2018年	纺织业	45	447	10.07	1641.9	205.61	12.52	27.16
	纺织服装、服饰业	43	274	15.69	1043.86	142.53	13.65	20.62
	合计	88	721	12.21	2685.76	348.14	12.96	

续表

年度	项目	亏损企业数量（家）	总企业数量（家）	亏损企业数占比（%）	工业总产值（亿元）	利润总额（亿元）	利润总额/总产值（%）	平均用工人数（万人）
2019年	纺织业	41	438	9.36	1759.07	119.01	6.77	26.73
	纺织服装、服饰业	37	254	14.57	1150.6	83.37	7.25	19.62
	合计	78	692	11.27	2909.67	202.38	6.96	

表2-9-3 2017~2019年纺织服装行业出口交货值

项目	2017年	2018年		2019年	
	总产值（亿元）	总产值（亿元）	较上年同比（%）	总产值（亿元）	较上年同比（%）
服装及衣着附件	1960.85	2040.70	4.1	1998.85	-2.1
纱线、织物及制品	246.11	268.61	9.1	291.36	8.5
合计	2206.96	2309.30	4.6	2290.21	-0.8

10 四川省

10.1 纺织生产构成及变化

由于四川山地为主、多雨气候等因素，不适宜种植棉花，因此区域内已经多年没有棉花收购加工环节，目前产业链中有纺纱、织布和印染环节。其中，上游纺纱环节主要以纯棉纺纱厂、涤棉纺纱厂和混纺企业为主，织布企业主要为纯棉坯布厂，混纺坯布厂和涤棉坯布厂，部分规模大一点的企业集纺纱织布于一体，主要集中在遂宁、宜宾、雅安、绵阳等地区。其中纯棉坯布主要用于床上用品，涤棉和混纺坯布主要用于工装面料，主要分布在乐山、雅安地区。印染以佳联和佳禧印染公司为龙头，主要集中在绵阳和遂宁地区。

2020年初，四川屏山县经济开发区成立，纺织产业成为开发区的主导产业。目前已有山东恒丰、宜宾丝丽雅、浙江浪莎等24家纺织企业入驻，签约总投资141.3亿元，产能达到376万锭、9万吨长丝、1亿米机织布、5000吨针织布、3000万件工装、28.4亿米粘扣带等，预期年产值200亿元。

四川三台工业园区是发改委批准命名的省级开发区，被中国纺织工业联合会认定为“全国纺织产业转移试点园区”，是绵阳市重点打造的“绵阳高端纺织服装产业园”。纺织服装产业在三台工业园区占比27.3%，纺织服装企业33家，规模以上企业12家，2019年纺织服装业产值达到30亿元以上。三台已经形成以中西部极具规模的印染企业——佳联和佳禧印染公司为龙头的纺纱、织布、印染、服装的产业链。

三台工业园以佳联、佳禧印染为依托，发挥鸿星尔克等知名运动品牌商带动效应，逐步完善“纺纱（缫丝）—织布（绸）—印染—鞋服生产”的鞋服纺织产业链及相关配套产业发展。2020年实现鞋服纺织产业工业总产值50亿元，2025年预期实现鞋服纺织产业工业总产值100亿元。

10.2 纺织生产及销售

2020年春节过后，随着郑棉05合约从1月的14450元/吨下跌至3月底的9935元/吨低点，再到9月新疆棉的抢收，2020年区域内棉纺企业生产运行和郑棉期货合约走势一样，走出了一个V形曲线，经历了1月的订单的紧俏和春节后的疫情反复。纺织企业从2月中旬陆续开工，到3月初全面复工，受劳动力紧缺及突发事件影响，“五一”前整体订单严重不足。另外在政策方面，国家为中小企业提供了金融优惠政策，地方银行执行也不到位，造成企业融资困难，面对节前高成本的原料库存，棉纱、坯布企业全部亏损销售，“五一”和“十一”后，棉花期货大幅上涨，纱厂和布厂趁机消化囤积库存，通过市场调研发现，整个2020年，纱厂和布厂全年能保证经营不亏不挣即为经营尚可。

棉花消费上，区域内纺织企业主要原料有棉花、化纤、黏胶，棉花使用主要集中在纯棉企业和部分CVC混纺企业。从调研数据来看，四川省内企业在化纤及替代性纤维使用量上远超棉花用量。

10.3 纺织行业经济运行特点

2020年以来，纺织行业景气度总体保持扩张，生产形势稳步回升，出口实现超预期增长，部分纺织企业在熔喷布、口罩、防护服等防疫物资上建立和扩张生产线，在一二季度提升了销售业绩，纺织行业出口规模创2015年以来新高。海关数据显示，2020年我国纺织品服装出口总额为2912.2亿美元，同比增长9.6%，增速高于上年11.1个百分点。纺织品出口金额为1538.4亿美元，同比大幅增长29.2%。伴随着内外市场需求逐步回暖以及国家大规模减税降费等助企纾困政策措施显效，纺织企业经济效益在经历年初的大幅下滑后，呈现稳步修复、逐季改善的态势。经济运行指标实现回升向好，充分体现了产业体系完整、供给能力稳定的优势，对于支撑国民经济和社会发展、保障国际纺织供应链协调运转发挥了重要作用。

11 甘肃省

11.1 棉花生产

11.1.1 种植面积、总产量和单产量

2019年甘肃棉花种植呈现“两减一增”的发展态势。据甘肃省统计局统计，2019/2020年度全省棉花种植面积29.0万亩，比上年减少3.3万亩，下降10.22%；总产量3.27万吨，同比减少0.26万吨，下降7.36%；单产112.76公斤/亩，同比增加3.43公斤/亩，增长3.14%。

11.1.2 种植成本和收益

2019/2020年度，甘肃棉花生产总体呈现生产成本、土地成本、产值收益“两增一减”的特点。据甘肃省发展和改革委统计，2019/2020年度甘肃棉花种植总成本平均1942.89元/亩，同比增加65.94元，增长3.51%。其中，生产成本1734.89元/亩，同比增加64.67元，增长3.87%；土地成本208元/亩，同比增加1.27元，增长0.61%。棉花主产品产值1404.79元/亩，同比减少427.31元，下降23.32%；副产品产值341.10元/亩，同比减少68.53元，下降16.73%。

11.2 棉花销售

由于受中美贸易摩擦不确定性上升、原材料价格频繁大幅波动、新冠肺炎疫情冲击、纺织市场需求不足等因素的综合影响，2019/2020年度甘肃棉花市场价格呈现先涨后跌再逐步回升的发展趋势，但与上年度相比下降幅度较大。2019年10月14日，2020年1月14日、4月14日、6月15日、8月14日，甘肃3128B皮棉价格分别为12650元/吨、13700元/吨、11400元/吨、11900元/吨、12300元/吨，分别同比下降20.19%、11.04%、25.97%、15.00%、9.63%。

11.3 纺织经济运行特点

2019/2020年度，甘肃纺织行业总体呈现规模、产值和利润“两减一增”的发展态势。2019年，甘肃纺织行业规模以上工业企业9家，比上年度减少3家，实现工业总产值8.20亿元，比上年度减少1.09亿元，下降11.73%；工业销售产值7.63亿元，减少2.27亿元，下降22.93%，其中出口交货值4079万元，减少1615亿元，下降28.36%；全省纺织行业规模以上工业企业实现利润总额4099万元，同比增加3916万元，增长21.40倍。

2019年甘肃纺织行业规模以上工业企业总资产贡献率3.89%，比上年提高1.58个百分点；产品销售率93.07%，比上年下降13.50个百分点。

中储粮 SINOGRAIN

华远盈盛有限公司

华远盈盛有限公司是中国储备棉管理有限公司的全资子公司，于2013年10月16日正式成立。公司以执行国家棉花宏观调控任务为基础，坚持储备棉轮换经营服务，通过国际和国内两个市场、两种资源，拓展经营方式和渠道，围绕服务国家棉花宏观调控、服务储备棉轮换、服务集团管控，不断增强中储棉公司服务国家宏观调控的能力，保障纺织企业需求，促进棉花行业可持续发展。

联系电话：010-83030505

公司地址：北京市海淀区学院南路62号中关村资本大厦2层208-210室

中储粮
SINOGRAIN

中储棉广东有限责任公司

中储棉广东有限责任公司，是国家发改委2001年批准立项50万吨棉库建设项目之一。2010年8月项目建成并投入使用，2011年8月注册成立广东公司，是中国储备棉管理有限公司控股的独立法人单位，产权归属中央。经营范围为国家储备棉的储存、仓储、货物装卸、代办货物运输手续、批发和零售贸易、货物进出口、技术进出口。

公司地处广州市黄埔区，占地面积150亩，建有库房15栋，设计库容5万吨，有铁路专用线1条，线长1375米，西距广深铁路下元站1.8公里，南距黄埔港码头5公里、新沙港10公里，地理位置优越，交通便利。

地址：广东省广州市黄埔区（萝岗区）宏达路33号
电话：020-82060252

中储粮
SINOGRAIN

中储棉德州有限责任公司

中储棉德州有限责任公司（以下简称“德州公司”）于2012年9月4日正式投入运营，是隶属于中国储备棉管理有限公司（以下简称“中储棉公司”）的全资子公司，注册资金6013.76万元，主要从事国家储备棉的储存保管、商品棉代储代运等业务。公司整体占地面积14万平方米，建筑面积3.6万平方米，其中生产生活辅助设施4000平方米，现有库房16栋，设计仓容五万吨。公司现设三个科室，分别为安全与业务管理科、综合科、财务科，现有员工42人，平均年龄37岁，其中党员13人，大专以上学历员工人数占84%。

运营至今，公司以党建为引领，坚持聚焦主业主责，坚定不移履行“两个确保”责任，不折不扣完成好国家棉花宏观调控任务。建库9年，累计吞吐国储棉20余万吨，忠诚履行国家储备棉管理职能，并实现了业务零差错、客户零投诉的既定目标。公司严格贯彻执行安全生产全员责任制，强化安全动态管控和安全生产保障，持续加大安全管理费用投入力度，每年在安全管理方面的投入金额平均达到30万元，最大限度保障在库储备棉绝对安全及人员绝对安全。不断创新管理理念，全面深化企业改革，努力提高企业效益和工作效率，公司管理基础水平持续提升，全面完成了中储棉公司赋予的各项工作任务。

2017年11月，德州公司接管山东、河北两地15家社会承储企业的监管指导工作，储棉量共计90余万吨，工作量之大、任务之重前所未有。经过连续三年去库存，片区承储企业数量减至5家、26.88万吨，但监管压力依然艰巨。为确保片区时刻处于安全稳定运行状态，公司派驻骨干力量到辖区各社会承储企业24小时驻库监管，每月定期进行全面安全业务检查，发现隐患立即督促整改落实到位，高标准和严要求，换来了建库至今，片区安全生产零事故的目标，用实际行动践行了听党话、管好粮、不出事、效益好的总体要求和目标，真正做到了让员工放心，让领导放心，让国家放心，向着“主业突出、调控有力、机制完善、管理严格、安全可靠”的高质量发展目标持续迈进。

地址：德州市湖滨北大道北首
电话：0534-7062215

中储粮
SINOGRAIN

中储棉九江有限公司

公司基本情况：公司总占地面积243.98亩，拥有库房26栋（建筑面积50028.02平方米），其中砖混结构库房25栋，钢结构库房1栋，铁路专运线264米，一次可对10节车皮，棉花实际仓容量达8.5万吨。

公司组织架构：公司下设三个科，即：综合科、财务科、安全与业务管理科，现有员工42人，党员20人。

公司地理位置：九江公司位于江西省九江市濂溪区新港镇，所在地为九江市城东港区,距九江市中心约12公里。库区北临长江，距江西煤炭储备中心5000吨级(丰水期万吨)码头约2公里，西南距铜九铁路线上的琵琶湖站约8公里，南距杭瑞高速公路入口约1.8公里，库区东接九湖公路，水、陆交通条件较为优越。

公司设施设备：公司配有作业设备夹包机17台、高空作业平台1台、移动式登车桥4台；库区设有安防监控探头，每栋库房安装可视光截面感烟红外烟报警器、公司配有墙壁式消火栓166个、地上式消火栓27个、灭火器508具；地下式消防水池3座，蓄水量达1800立方米；设有专用消防泵房和配发电室，有发电机组及3台消防水泵等完善的安全设施。

地址：江西省九江市濂溪区新港镇

联系电话：0792-8734600、8734688

中储粮
SINOGRAIN

中储棉库尔勒有限责任公司

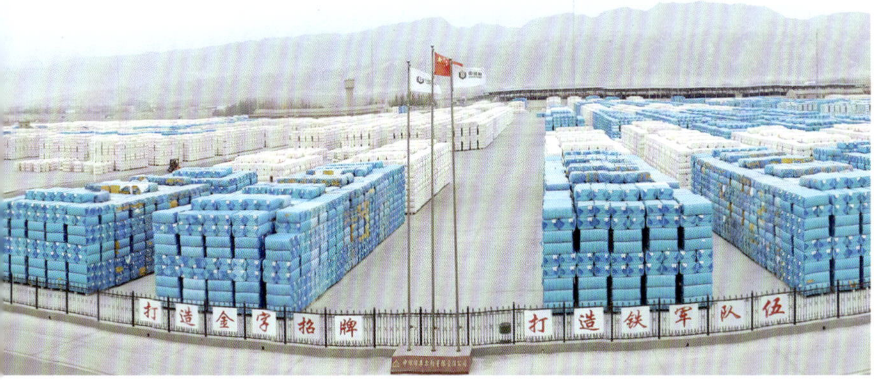

中储棉库尔勒有限责任公司位于新疆库尔勒市火车西站，是由中国储备棉管理有限公司和新疆农资（集团）有限公司共同出资设立的专业棉花仓库。注册资本1000万元，其中中储棉公司占55%，新疆农资（集团）占45%。

主要经营项目：棉花收购，批发零售：棉花、化肥、塑料薄膜、其他化工产品、其他农畜产品，仓储服务，机械设备租赁，铁路运输代理服务，货物进出口业务，经济贸易咨询。

公司于2011年9月建成并投入运营，占地348.09亩，有4幢共8000平方米的钢结构库房，2条铁路专用线，1.5万平方米的钢罩棚站台，9万平方米的混凝土场坪和5万平方米的观察场。可露天存放棉花15万吨，室内存放1.6万吨，年货物吞吐量达25万吨。公司下设5个职能部门，即储运部、财务部、安保部、设备部和办公室。现有员工47人。

作为目前在新疆建成的储备棉中转储备库，承担着国家储备棉在新疆地区的收储和中转任务，在中储棉公司和有关部门的大力支持下，认真落实国家棉花宏观调控政策，特别是在临时收储和储备棉去库存工作中，主动作为，较好地完成了储备棉入库、储存和出库等任务，稳定了棉花市场，保护了棉农和涉棉企业的利益，发挥了市场“压舱石”作用。在国家2014年对新疆地区实施棉花目标价格改革以来，库尔勒公司申请成为全国棉花交易市场监管仓库，2019年又成为郑州商品交易所棉花交割仓库，开展了代储代运、期货交割、棉花中转等多项业务，与国内外众多贸易商和纺织企业建立密切合作关系，持续保持着与棉花供应链上下游诸多企业的良好互动。

目前公司发展势头良好，各项工作稳步推进，为保障国家粮食安全、服务经济社会发展稳定大局积极作出贡献。

地址：新疆库尔勒市火车西站大二线原农资二级站院内
联系人：窦超美
联系电话：0996-6878088　　13070009393

中储粮
SINOGRAIN

中储棉漯河有限公司

中储棉漯河有限公司，系中国储备棉管理有限公司全资子公司。主要职责是承担国家储备棉的储存保管、履行保护棉农利益、保障纺织供应及稳定棉花市场的“两保一稳”的宏观调控任务。

公司位于河南省漯河市孟南工业区纬三路中段，具有区位优越、交通发达的交通优势，漯河市是国家二类交通枢纽城市。距郑州新郑国际机场不足一小时车程，京广高铁、京广、漯宝（丰）、漯阜（阳）4条铁路和京港澳高速、宁漯高速、107国道及5条省道贯穿全境，构成河南省重要的铁路和高速公路“双十字”交通枢纽。铁路专用线距京广铁路线上孟庙车站约2公里，是全国棉花重要集散地之一。其前身漯河直属库是国家计委于2001年3月批准立项，由国家财政预算内拨款4000多万元兴建的棉花专用储备库。仓库于2003年12月开工建设，2004年底完工，占地面积194.12亩，库房29栋，铁路专用线长度1200米，可同时装卸一个专列。高低货位站台面积近10000平方米，钢罩棚面积3100平方米，库区道路及停车场面积30000多平方米，棉花仓储能力达10万余吨。

中储棉漯河有限公司在现在储存量的基础上，又在平顶山舞钢市购置一个新库区，计划在2021年9月份投入使用，新购置的库区占地面积328亩共219113平方米，可存放棉花12万余吨。新购置库区位为舞钢市产业聚集区，地理位置优越，库区周边有纺织企业近20家，生产规模120万枚纱锭，年用棉量达10万余吨。新购置库区投入使用后，中储棉漯河有限公司总库存量将达到近20万吨。

联系方式： 万峰　13683956677
公司地址： 漯河市郾城区嫩江路与祁山路交叉口

中储棉徐州有限公司

公司规模

公司占地310.5亩，有标准库房31栋，仓容总量11.6万吨，加上室外观察场和钢罩棚，共可存放棉花13万吨。其中，一期工程于2001年3月开工建设，12月建成，建有标准库房18栋；二期工程于2013年9月开工建设，2014年7月建成，建有标准库房13栋。公司注册资金3000万元。

组织机构及人员配置

公司目前有员工47人，其中：本科学历20人，大专学历12人，高中、中专学历15人；男38人，女9人；党员20人。公司经理室成员3人，下辖综合科、安全科、业务科、财务科四个部门。

听党话 · 管好粮 · 不出事 · 效益好

运营情况

徐州公司以党建为引领，不断推进公司“精细化管理”进程。制定了涵盖所有工作岗位、所有工作流程、所有管理环节的系列规章制度，逐步形成了部门配合协调、工作责任明确、员工行为规范的良好局面。在历次国储棉大规模收储或抛储工作中，徐州公司坚定不移地执行上级下达的国储棉保管和轮换任务，切实担负起棉花宏观调控的主力军作用，2011年以来储备棉吞吐量40余万吨，最多时辖区有12家社会承储库，存放国储棉近30万吨，均保持了“安全零事故、业务零差错、客户零投诉”的良好纪录。在确保国家储备棉安全存储、快速调运的前提下，徐州公司牢固树立过“紧日子”的理念，以“青穗”志愿者活动为抓手，不断培养员工自主作业能力，储备棉补包、场地刷漆、设备维修等工作坚持自己动手。积极开展创效业务，实现国有资产的保值增值，十多年商品棉吞吐量60多万吨，创效利润2000余万元，营利能力一直排在中储棉直属企业前列。

通讯地址：　徐州市铜山新区华夏路7号　　联系电话：0516-66665958

第三部分
年度报告

1 2019/2020年度棉花市场前瞻报告

中储棉信息中心总经济师 冯梦晓

2019年度，全球棉花市场供求关系显著宽松，中国产需缺口略有收窄。剧烈变化的外围经济环境重塑了近年来棉花供求关系走向。2019年度国际贸易形势依旧波谲云诡，全球央行货币政策迎来宽松潮，棉花市场将面临供给更为宽松、企业竞争加剧和资本市场激荡等多重挑战。

1.1 2018年度棉花市场供求关系由收紧转为宽松

2018年度，全球棉花消费下滑，强力扭转了近4个年度持续收紧的全球棉花供求关系走向。价格降至2015年度以来中央储备棉轮出之初的水平。

1.1.1 全球棉花消费量下滑

2017年4月，美国运用《1962年贸易扩展法》第232条款，对进口钢铁和进口铝启动调查。2017年8月18日美国正式对中国发起“301调查”。2018年全球贸易环境不稳定性急剧上升。连续多年不断增加的全球棉花消费出现下滑。2018/2019年度，全球棉花消费量为2626万吨（美国农业部2019年8月报告），比上年下降1.68%，为近7年来首次下降。中国棉花消费量为799万吨（国家棉花市场监测系统2019年8月报告），比上年下降6.8%。如图3-1-1所示。

1.1.2 供求关系发展方向逆转

2018年8月美国农业部预计2018年度全球棉

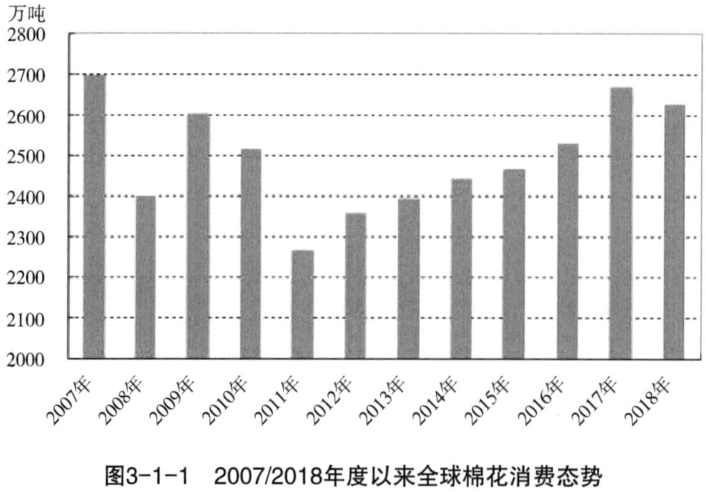

图3-1-1 2007/2018年度以来全球棉花消费态势

数据来源：2019年8月美国农业部数据

花消费量为2778.6万吨，2019年8月该机构则将这一数据下调至2626万吨，下降了152.6万吨，降幅超过5%；库存消费比由60.4%大幅提高到66.6%，增幅超过10%。年度之间全球棉花供求关系发展方向由此逆转。2018年8月发布的数据显示，2018年度期末库存消费比较2017年度收缩了8.4个百分点。2019年8月该机构则将2018年度期末库存消费比调整为较2017年度宽松了0.5个百分点。见表3-1-1，图3-1-2。

表3-1-1　2019年8月、2018年8月对近年来全球棉花期末库存消费比的不同预测

年度	2018年8月预测	2019年8月预测
2015	82.5%	79.6%
2016	72.6%	69.1%
2017	68.8%	66.1%
2018	60.4%	66.6%

数据来源：美国农业部

1.1.3　国内外棉花市场价格下跌

2015年11月中央提出供给侧结构性改革。2016年5月3日国储棉轮出政策启动。随着中央储备棉出库量不断扩大，棉花产业摆脱了近5年低迷不振的“泥潭”。棉花、棉纱及棉布市场活跃程度显著提高，相关主要市场价格整体呈现上行态势，棉花产业焕发生机。遗憾的是，市场环境的恶化，引发国内外棉花市场大幅下跌。2018年5月末、6月初，国内外棉价触及近5年行情峰值后震荡下跌。2019年4月中旬棉价开始暴跌。2018年度最后一个交易日（2019年8月30日），国内棉花现货价格（国B指数）为12994元/吨、郑棉主力合约为12500元/吨、国际棉花现货价格（M指数）为70.24美分/磅、ICE棉报收58.83美分/磅，与年度之初相比分别下降了3301元/吨、4220元/吨、21美分/磅、24美分/磅，降幅分别为20%、25%、23%、29%。行情下降至国储棉轮出之初的水平。如图3-1-3所示。

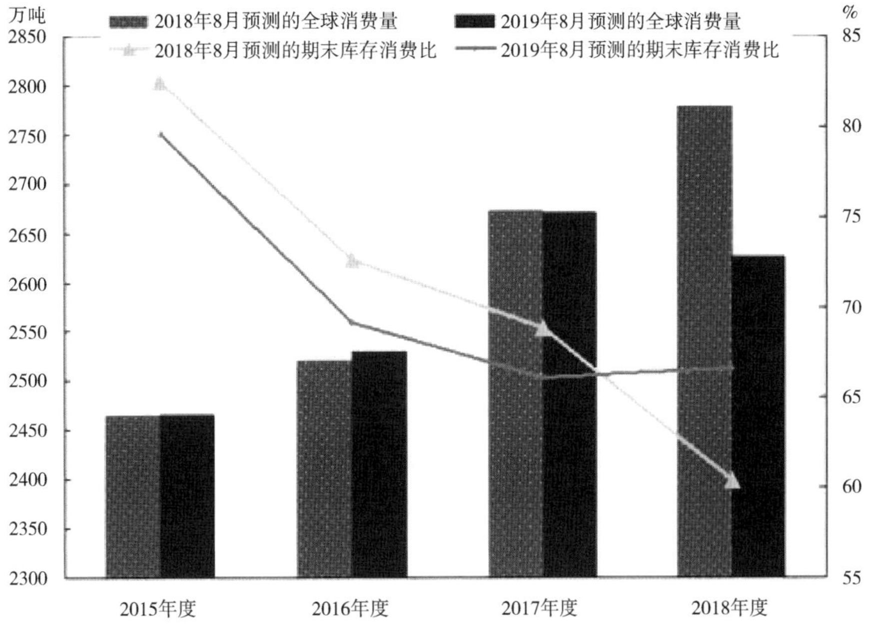

图3-1-2　2015年度以来全球棉花消费与库存消费比对照
数据来源：2018年8月及2019年8月美国农业部

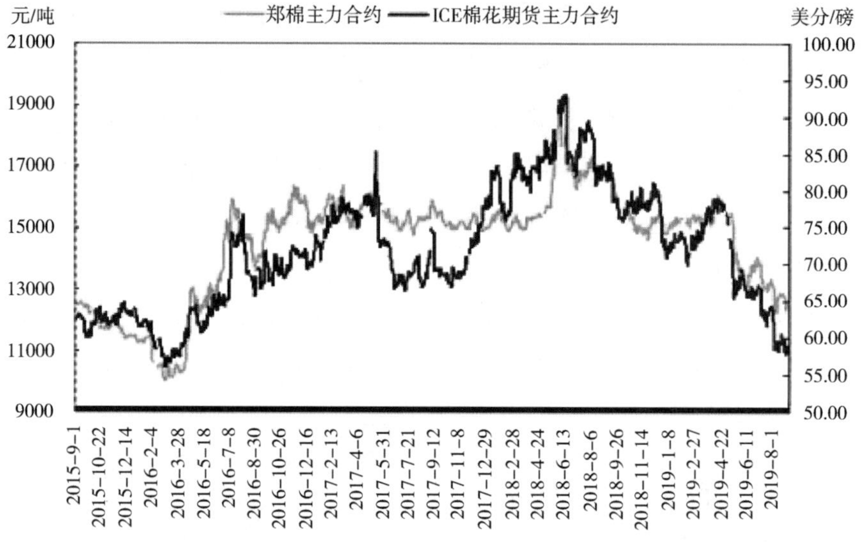

图3-1-3　2015年度以来国内外棉花期货价格走势对比

数据来源：国家棉花市场监测系统

1.2　2019年度国内外棉花供求格局分析

目前，2019年度全球棉花产量将明显增加，消费则相对悲观，市场供求水平显著宽松。中国棉花产需缺口或将略为收窄。

1.2.1　全球棉花市场极为宽松

根据美国农业部10月发布的报告，2019年度，全球棉花产量扩大至2716.6万吨，比上年增加4.8%；消费量达2647.8万吨，比上年增加1.1%，为近13年来新高；产大于需68.8万吨；期末库存消费比为68.8%，比上年扩大1.7个百分点。从主产棉国来看，美棉产量扩张明显。印度棉花产量扩大至664万吨，较上年增加15%；中国产量604.2万吨，与上年持平；美国产量扩大至473万吨，较上年增加18%；巴西棉花产量253万吨，较上年下降9%。另外，美国新的补贴政策将有助于美棉产量恢复至历史较高水平。2018年12月，美国签署了《2018年农业提升法案》，该法案改用籽棉价格作为计算价格损失补贴和农业风险补贴的依据，加大对陆地棉的生产补贴力度。

1.2.2　中国棉花市场层面“温差”明显

新年度收购关键阶段，传来中美贸易谈判利好消息，随后棉花减产呼声不绝于耳，棉花收购快速升温。期货市场、现货市场“温度”则渐次下降，纺织采购谨慎。当下，新疆棉花收购逐步进入尾声。籽棉收购价格从前期的约4.3元/公斤，上涨至10月下旬的5.1元/公斤左右，涨幅18.6%。南疆籽棉，特别是手摘棉价格更高。考虑到棉籽价格下降，收购成本升温明显。其次是期货市场。郑棉期货主力合约由9月末的12015元/吨，到10月29日的13025元/吨，上涨8.4%。再次是皮棉销售市场。10月8日，国棉B指数为12660元/吨，10月29日为12764元/吨，涨幅0.8%。这是在期货市场上涨，对冲了较大一部分新花供给压力，取得的微弱涨幅。相对而言，纺织企业采购较为谨慎。纺织企业短期订单、小规模订单略有好转，但中期订单尚需观察，棉花采购仍旧随用随买，并未跟随籽棉收购市场升温放量采购。据国家棉花市场监测系统10月发布的数据，2019年度，中国棉花产量为616万吨，消费量为775万吨，产需缺口159万吨，较上年收窄30万吨。

1.3 2019年度棉花市场风险前瞻

2019年4月中旬以来，大国博弈升级，全球贸易环境更为复杂多变，国际金融市场动荡不安，经济衰退风险加大，宏观政策步入防御阶段。市场环境要求企业做出中长期战略定位。

1.3.1 全球经济增长仍在降温

1.3.1.1 国际贸易增速显著走弱，主要经济体增速继续放缓

当前，贸易摩擦及贸易战引发的全球产业链重构仍在持续，经济前景悲观预期仍未收敛。中美贸易摩擦不断升级，美欧经贸摩擦、英国脱欧悬而未决，韩日贸易摩擦持续发酵。全球技术供应链遭受重创。投资和需求市场焦虑不安，经济活动明显降温。世界贸易组织（WTO）10月预测2019年全球商品贸易增速仅为1.2%，大幅低于2018年3%的增速，增速显著走弱。此次预测是在4月预测2.6%基础上的进一步调低。6月世界银行下调2019年全球经济增长预计至2.6%，比上年下降0.4个百分点。国际货币基金组织（IMF）10月15日发布《世界经济展望报告》，将2019年世界经济增速下调至3%，为2008年国际金融危机爆发以来最低水平。这是IMF连续第五次下调2019年世界经济增长预期。尽管近日发布的数据显示，美国9月失业率为3.5%，创1969年12月以来新低，但这并不足以改变其经济增速放缓的趋势。全球主要经济体国家经济增长明显放缓。见表3-1-2。

表3-1-2 2019年主要经济体GDP增速

国家及地区	一季度	二季度	三季度
美国	3.10%	2.10%	1.9%
中国	6.40%	6.20%	6.0%
欧元区	1.20%	1.10%	1.10%
日本	2.80%	1.80%	—

数据来源：Wind国家棉花市场监测系统

1.3.1.2 制造业疲弱，主要经济体PMI连续下滑

摩根大通9月全球制造业采购经理人指数（PMI）为49.3，仍然处于50枯荣线以下。美国

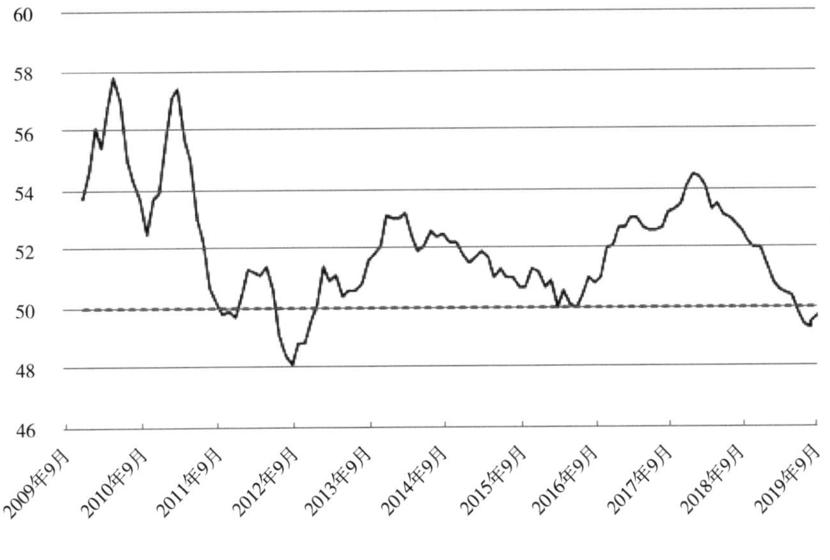

图3-1-4 2009年度以来摩根大通全球制造业PMI对比

数据来源：Wind 国家棉花市场监测系统

供应管理协会（ISM）8月的全国工厂活动指数降至49.1，为2016年8月以来首次跌破50关口，创2016年1月以来新低。欧元区制造业收缩进一步加深，9月制造业PMI指数从上月的47.0下降至45.6。其中产出指数从上月的47.9下滑至46.0；新订单指数从上月的45.9下滑至43.1，下滑幅度较大。日本9月制造业PMI从上月的49.3降至48.9。如图3-1-4所示。

1.3.1.3　宏观政策步入防御阶段，欧美重启量化宽松货币政策

8月14日，10年期美债收益率早盘一度比两年期美债收益率低2.1个基点，为2007年以来首次。以往的七次经济衰退前，金融市场均出现美国10年期国债收益率低于2年期国债收益率现象。8月14日，英国2年期与10年期国债利率也出现了自2008年金融危机以来首次倒挂，加拿大短、长期国债也出现全面倒挂。资金在安全性和回报之间，选择了前者。出于对全球经济衰退担忧的不断加剧，近半年来，美国、印度等二十余个国家下调政策利率。美、欧启动量化宽松货币政策。欧洲央行9月12日宣布下调欧元区隔夜存款利率至-0.5%，维持欧元区主导利率为零、隔夜贷款利率为0.25%不变。同时，欧洲央行改变利率政策指引，宣布重启量化宽松政策（QE），将从11月1日起每月购买200亿欧元债券，对到期债券的投资将持续2~3年。9月18日，美国联邦储备局宣布再次减息25点，同时注入75亿美元流动性进入隔夜回购市场，将持续隔夜回购操作至少到明年1月。自10月15日起，美联储每月购买600亿美元短期国库券，持续到2020年第二季度。

1.3.2　中国棉纺织产业链运行不畅

2018年二季度全球经济触顶，经济大环境的变化犹如一双无形之手强烈塑造了棉花产业态势。2019年以来，中国纺织品服装内外需求明显降温，5月之后纱布库存积压、价格下跌。改革开放以来从未有过的外贸环境突变，对多年来中国棉花下游产业链高效运行格局造成了巨大破坏。

1.3.2.1　纺织品服装出口下滑，国内消费降温

根据中华全国商业信息中心监测数据，2019年1~9月重点大型零售企业服装类零售额同比下降4.0%。另据国家统计局发布的数据，2019

图3-1-5　限额以上服装鞋帽针纺织品类零售额增速对比

数据来源：Wind国家棉花市场监测系统

年9月限额以上服装鞋帽针纺织品类零售额增长3.6%，比上年同期下降5.4个百分点。2019年9月，我国纺织品服装出口额245.20亿美元，同比下降7.9%。如图3-1-5所示。

1.3.2.2 棉纱库存积压，棉布库存增加

根据国家棉花市场监测系统发布的数据，2019年以来，棉纱库存出现增加态势。2019年1~5月被抽样调查企业棉纱库存在20~22天之间，平均20.8天，比上年同期增加3.6天。6月以后，销势再度明显降温，企业棉纱库存大幅积压。6~9月棉纱库存平均达29.4天，比上年同期增加14.5天，增幅超过97%；棉布库存平均为49.9天，比上年同期增加15.5天，增幅为45.1%。

1.3.2.3 纱布市场脆弱，价格下降

2018年5月以来棉纱、棉布市场价格走下三个台阶。以棉纱为例，前面两个台阶相对舒缓，2018年5月至2019年4月下旬历时1年棉纱价格下跌1400元/吨，跌幅5.8%。第三个台阶，2019年4月下旬至9月上旬的4个半月棉纱价格下跌超过2600元/吨，跌幅11.7%。如图3-1-6所示。

1.3.3 加强战略定力，积极防御才是真防御

上年度棉价大幅下跌，价格风险明显释放，不过，本年度，疲弱性动荡有可能成为国际金融市场一大特征，全球棉花消费仍旧存在下调压力，国内外棉花产业链实体企业竞争加剧。2019年度，美国开始对我输美商品大面积提高关税，应对美国遏制进入重要阶段。国家对实体企业、小微企业的关心和支持明显提高。实体企业应从长计议，增强战略定力，切实降低运营风险。

1.3.3.1 引发棉价动荡的潜在因素增加

多重因素表明，目前棉花正在成为热钱重点关注目标。其一，随着全球主要经济体国家降息、降准以及量化宽松货币政策启动，将进一步压低资金成本，国际金融市场资金将变得愈发充裕，需要警惕由此引发的金融市场大幅波动。其二，主要经济体和国家宏观经济降温已持续一年多，金融市场投资机会大为减少。其三，较为冗长的产业链增加了信息不对称风险、农产品生产受制于时空的固化与下游大工业流水线自由流畅

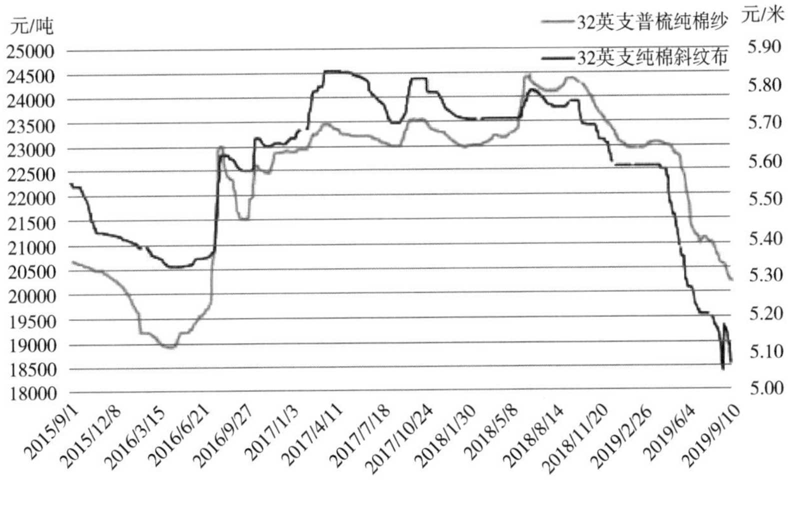

图3-1-6 2015年度以来棉纱、棉布价格走势

数据来源：国家棉花市场监测系统

之间的强烈反差，相关因素的叠加效应赋予了棉花强烈的价格弹性潜质。其四，严峻复杂的经贸前景及波谲云诡的市场环境提高了棉价大幅动荡的概率。例如，近期不少棉花收购企业反映，他们加工出来的新花大部分交给了金融资本，而不是纺织企业或者棉花贸易商。期货市场10月这波上涨的主要推动力量，一是中美贸易谈判向好的消息以及新疆产量可能低于预期的担心，均促使市场情绪有所舒缓。二是资金发挥了实实在在的作用。

1.3.3.2 警惕黑天鹅和灰犀牛风险

市场一片悲观氛围下，警惕黑天鹅事件。一方面，国内外棉花及下游纺织市场价格暴跌，从2019年4月中旬至9月中旬近5个月时间，花、纱、布环节处于缓慢去库存阶段。北半球新花规模上市即将到来，市场压力重重。另一方面，某些突发事件的不期而至有可能迅速扰动市场、掀起行情波澜。例如，9月15日沙特阿拉伯石油设施突然遭到袭击，16日油市开盘大幅上涨，如果沙特无法迅速恢复供应，油价面临推高的压力。进而带动化纤等相关产品涟漪效应，可能导致棉价突发性行情。比如受非洲猪瘟影响，生猪饲养量大幅下降，猪肉价格暴涨。需要留意后期可能引发豆粕、棉粕等价格异动，波及棉价行情。警惕灰犀牛风险。目前美国贸易政策不确定性正在造成全球经济放缓、美国制造业和资本支出疲软等问题。即使启动宽松货币政策，其应对成效也显得勉为其难。美国股市在经历了十年超级大牛市之后，其稳定性不断受到侵蚀，灰犀牛特征越发明显，"高悬"的势能一旦转化为下跌动能，势必对包括棉花期货在内的广大金融产品构成冲击。此外，特朗普已宣布2020年的竞选口号为"保持美国伟大"，并通过推特警告，"如果2020年除了我之外的任何人接管美国，将会出现前所未有的股市崩盘。"若爆发时间位于2019棉花年度后期，势必重创棉花市场。

1.3.3.3 2019年度国内外棉花产业链实体企业之间的竞争加剧

从产量来看，2019年度全球棉花产量将明显扩大。消费方面，目前美欧贸易摩擦升级在即，大国博弈有增无减。具有里程碑意义的科技革命仍在路上，全球经济着陆在短期内实现的难度较大。在经济增速边际降温背景下，市场主体不得不直面存量博弈的残酷现实。全球棉花消费量要维持上年水平缺乏足够支持力量。供求关系层面，按照2019年10月美国农业部发布的2019年度期末库存消费比，68.8%已创近三年新高。供给结构方面，在中国中央储备棉库存大幅下降背景下，走高的库存消费比，意味着2019年度自由贸易市场棉花供给十分充裕。下游竞争层面，为降低生产成本、追逐投资效益最大化，目前全球纺织产业链仍处于一定力度的重构进程中。对于竞争壁垒偏低的广大纺织产能，其存量产能与新增产能、中国产能与海外产能、内地产能与新疆。建议广大涉棉企业树立底线思维，坚持积极防御战略思想，把压力转化为动力，切实以高质量发展为目标，从长计议，制定必胜战略方案，加紧修炼内功，加快前沿技术研发，提升品牌影响力，掌握市场主动权。

2 2019/2020年度中央储备棉轮出情况概述

9月30日，2020年中央储备棉轮出圆满收官。本次中央储备棉轮出自7月1日挂牌交易开始至9月30日结束，共历时3个月，合计挂牌销售中央储备棉50.4万吨，其中新疆棉28.3万吨，地产棉22.1万吨；累计成交50.3万吨，成交率99.9%，其中新疆28.3万吨，地产棉22.0万吨。

2.1 轮出政策符合市场预期

此次中央储备棉轮出政策无论从量、价、轮出周期上均符合市场预期，竞买企业表现出很高的竞拍积极性，参与竞买的企业合计264家，其中纺织企业165家，贸易商99家。轮出期间，受全球新冠疫情以及中美经贸不稳定等因素影响经济形势整体下行、国内棉纺市场行情低迷，为了全力维护市场平稳，有力推进棉花产业做好“六稳”工作，落实“六保”任务，中央储备棉轮出通过时间窗口规划、价格机制设计以及保护市场措施等，稳定了棉花市场价格。见表3-2-1。

2.2 轮出价格维护市场平稳

此次中央储备棉轮出底价延续随行就市进行调整，轮出期间国内市场棉花现货价格维持在11864~12836元/吨区间，中央储备棉轮出底价由第一周的底价11837元/吨上涨至最后一周的12339元/吨，与市场行情形成联动。此次中央储备棉成交均价11789元/吨，折标准级（3128B）价格13099元/吨，成交最高价13030元/吨，成交最低价10440元/吨，平均加价1036元/吨。其中，新疆棉成交均价11989元/吨，平均加价1187元/吨；地产棉成交均价11533元/吨，平均加价841元/吨。如图3-2-1～图3-2-3所示。

表3-2-1 2020年中央储备棉竞买企业成交重量排名前十（截至9月30日）

序号	企业名称	成交重量（吨）
1	浙江四邦实业有限公司	41060.6528
2	上海棉联电子商务有限公司	17046.669
3	中国国投国际贸易南京有限公司	15710.1674
4	北京中棉华泰国际贸易有限公司	15015.377
5	中国供销集团南通供销产业发展有限公司	14677.1585
6	北京中棉通泰经贸有限公司	12704.151
7	山东岱银纺织集团股份有限公司	11201.1164
8	冠县鑫昌纺织有限责任公司	10889.53
9	湖北金安纺织集团股份有限公司	10401.061
10	中国国投国际贸易广州有限公司	9972.2858

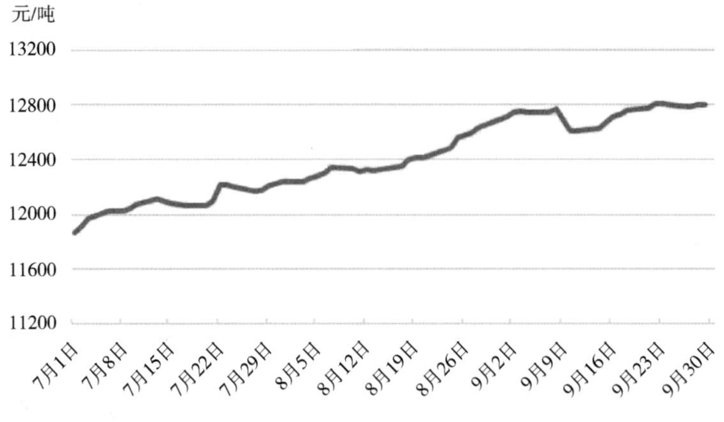

图3-2-1　2019年国内市场棉花现货价格

注：国内市场棉花现货价格指数=[国家棉花价格指数（3128B品种）+中国棉花价格指数（3128B品种）]/2

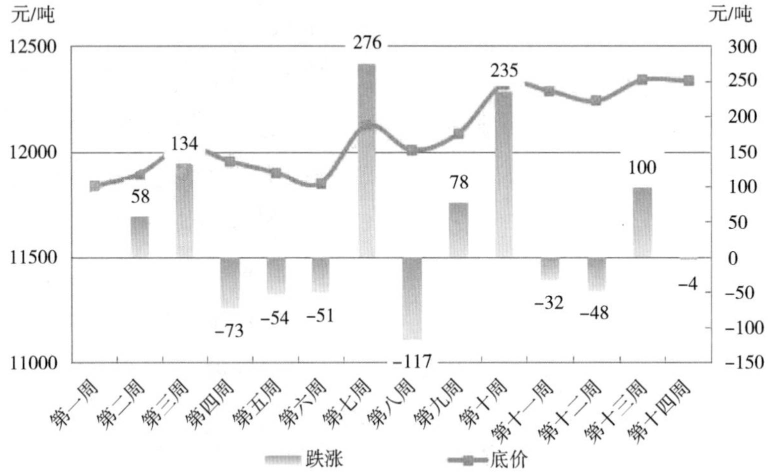

图3-2-2　2020年中央储备棉轮出底价走势图

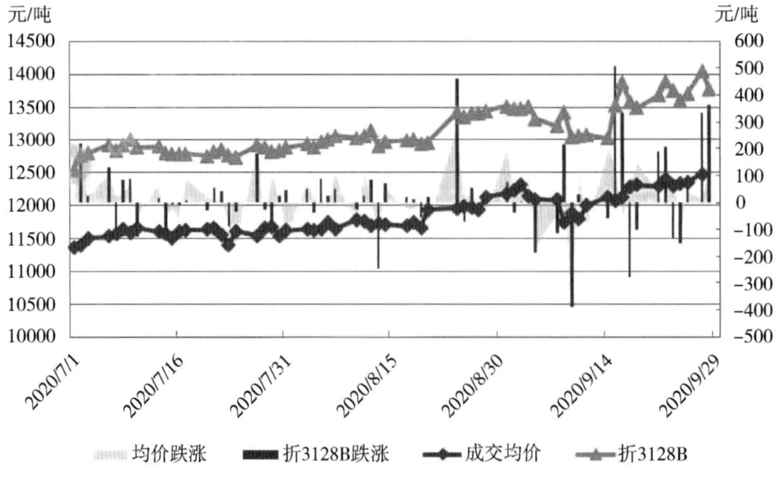

图3-2-3　2020年中央储备棉轮出成交价格走势图

2.3 轮出时间确保新旧棉花年度平稳过渡

为了切实保证纺织企业用棉需求，稳定新棉上市前棉花供应，合理引导市场预期，以确保新旧年度棉花市场平稳有序过渡，此次中央储备棉轮出结束时间为9月30日。2020年，中美经贸不稳定等因素导致我国纺织品服装外贸出口产生不利影响，棉花市场波动频繁，纺织品消费市场出现结构性变化，众多出口型纺织企业转向国内市场。在外贸需求下降、内需订单增加的情况下，中央储备棉凭借性价比优势深受市场欢迎。此次中央储备棉轮出结束之后，新年度棉花正式“接棒”保证市场供应，有效疏通棉花产业链，激活棉花市场上下游，在促进启动我国棉花与纺织国内市场发挥内需潜力、构建国内国际双循环相互促进的新发展格局上发挥了积极作用。

3 2019/2020年度中央储备棉轮入情况概述

2019年度新疆棉轮入是临时收储结束六年后首次启动，主要目的是，为加强中央储备棉管理，进一步优化储备结构、提高储备质量。此次轮入自2019年12月2日挂牌交易至2020年3月31日结束，共历时4个月。

3.1 轮入成效，符合预期

2019年新疆棉轮入累计交储企业103家，成交量前三名的企业分别为中棉集团廊坊储运有限公司、阿克苏利华新创棉业有限公司、中纺棉国际贸易有限公司。共有25个承储库参与轮入。本次轮入有效优化了国家棉花储备结构，提高了储备质量。

3.2 定价机制，尊重市场

此次轮入首次采用市场化定价机制，按市场价上浮一定比例制定最高限价、向下竞价的定价方式，既给交储企业留出适量竞价空间，又能保证交储企业的成本。2019年度新疆棉轮入竞买最高限价在第八周（1月19~23日）达到最高14197元/吨，累计成交均价13089元/吨，成交最高价14197元/吨，成交最低价11550元/吨。本次轮入期间，代表3128B级棉价的国家棉花价格B指数（CNCotton B）均价13133元/吨，与轮入成交均价基本持平。由此可见，轮入定价机制充分彰显市场化原则，维护了市场正常秩序。

3.3 熔断机制，注重联动

根据国家有关部门规定，轮入交易期间，当国内棉花价格连续3个工作日高于国际棉花价格（按1%关税）800元/吨时，于第4个工作日起暂停轮入交易。此次轮入期间，因内外棉价差连续3个工作日超过800元/吨触发两次交易熔断，时间分别在2月底（暂停2天交易）和3月中旬（暂停1天交易）。此次轮入设计的与国际市场价格联动的熔断机制，避免了因国内轮入导致内外价差加大的问题，既稳定了国内棉花价格，又保障了国内纺织企业的国际竞争力。

3.4 逐包检验，确保质量

为确保中央储备棉调控能力，实现优化中央储备棉质量的目标，按照中央储备棉轮入需实行强制公检的有关要求，本次轮入采取入库扦样、逐包检验的方式，入库公证检验的重量和品质结果，作为交储企业提供的棉花是否符合轮入质量要求及结算货款的依据。有效加强了轮入棉花质量管理，确保了中央储备棉质量。

3.5 精准调控，稳定市场

2019年度，面对中美贸易摩擦对纺织服装产业的不利影响以及突如其来的新冠肺炎疫情，棉花市场波动频繁，产业链从棉花、棉纱直至下游现货交易整体处于低迷状态。新冠肺炎疫情暴发以后，棉花市场出现大幅波动，一度大幅下跌。为支持疫情下实体企业发展，中储棉公司及时向有关部门报告，适时采取浮动挂牌机制，在年度轮入总量原则范围内，根据市场需要适时适量增加挂牌数量，轮入日挂牌数量从7000吨一度最高上调至20000吨，在一定程度上缓解了行业企业销售压力，稳定了市场。轮入政策对市场的迅速反应得到了市场及产业界积极响应，轮入成交量和活跃度大幅提升。

3.6 应对疫情，保障安全

2020年2月1日，中国储备棉管理有限公司发布公告，为切实贯彻党中央关于防控新型冠状病毒性肺炎疫情的决策部署，将新冠疫情防控期间的新疆棉轮入进行调整，延迟重启中央储备棉轮入，2月3日起暂停中储棉武汉公司轮入挂牌交易，对武汉公司2020年1月15日至23日（均含）成交的棉花，交货期限统一延长至2020年4月30日。统一延长其他各库1月15日（含）以后成交棉花的交货期限，由现行的“合同签署后45日内到库并完成初验”暂时调整为“合同签署后75日内到库并完成初验”。针对企业交储中面临的问题，中储棉公司全系统加大了对企业的服务支持力度，尽最大可能协助企业解决实际困难，坚定支持产业企业应对疫情，也获得市场的广泛赞誉。经过有关单位的不懈努力，2019年度新疆棉轮入交易圆满结束。

通过此次实践，新疆棉轮入政策的科学性、前瞻性、规范性及灵活性等众多优势得到逐一体现，为今后不断完善轮换机制积累了宝贵经验。

4 2019/2020年度中国棉花生产形势分析

农业农村部农村经济研究中心 翟雪玲

2019/2020年度，全国棉花种植面积、产量双下降。棉花生长期间，部分地区发生自然灾害，棉花长势一般，棉花质量整体正常。棉花生产成本继续增长，其中人工成本由于机械化的推进有所降低，但土地成本上涨较为明显。受中美贸易摩擦影响棉花收购价格下降，农户植棉效益和现金收入同比下降。

4.1　2019/2020年度全国棉花生产情况

4.1.1　种植面积、产量“双下降”

按照国家统计局统计数据，全国棉花播种面积3169.9千公顷（4754.8万亩），比上年度减少169.4千公顷（254.1万亩），下降5.1%。全国棉花单位面积产量1864.5公斤/公顷（124.3公斤/亩），比上年增加100.9公斤/公顷（6.7公斤/亩），增长5.7%。全国棉花总产量591.0万吨，比上年增加2.1万吨，增长0.4%。根据现代棉花产业技术体系全国棉花生产监测显示，受植棉比较收益低和消费预期下降等因素影响，2020年全国棉花种植面积为4817万亩，较上年度下降2.7%。全国棉花监测县折合皮棉单产量为107.9公斤/亩。其中长江流域、黄河流域和新疆棉区皮棉单产量分别为79.2元/公斤、90.0元/公斤和131.2元/公斤。2020年棉花总产量约为580万吨，比上年度下降1.5%。

4.1.2　全国棉花长势一般

4.1.2.1　全国棉花品种较多

从监测来看，全国棉种品种较多。其中长江流域填报了80个品种，使用率排在前三位的分别是中棉所系列14个、鄂杂棉系列9个品种和国欣棉系列8个品种。黄河流域棉填报了47个棉种品种，使用率排在前三位的分别是邯棉系列棉种11个品种、冀丰9个品种、中棉所系列棉种5个品种，其余22个品种分布在不同地区。新疆维吾尔自治区棉种相对集中，填报了29个品种，89.7%使用了新陆（新陆早、新陆中）系列棉种，共有26个。从棉种价格来看，不同区域间棉种价格差异较大。长江流域每亩平均用种量为0.5斤，棉种平均价格为166.2元；黄河流域每亩平均用种量为2.0斤，棉种平均价格为28.1元；新疆维吾尔自治区棉区每亩平均用种量为1.8斤，棉种平均价格为23.0元。

4.1.2.2　一类苗比重较高

根据监测县统计，截至2020年8月，全国一类苗比例为52.8%，二类苗比例为28.6%，三类苗比例为18.6%。区域之间苗情比例差异大，黄河流域和新疆棉区棉花长势明显好于长江流域棉区。其中，黄河流域棉区一类苗占比61.1%，新疆棉区一类苗占比52.0%，长江流域棉区一类苗占比34.8%。监测县棉花平均收获密度为4355.4株/亩，其中长江流域为1687.8株/亩，黄河流域4161.9株/亩，西北内陆为11833.4株/亩。

4.1.2.3　棉花成铃少于上年度

9月15日前后，监测县棉花平均成铃数为22.1个/株，比上年度同期少2.4个/株。其中长江流域为30.3个/株，比上年度同期少1.2个/株；黄河流域为15.2个/株，与上年度同期基本持平；新疆棉区平均为6.8个/株，比上年度同期少0.1个/株。

4.1.3　棉花生产区域气候整体正常，病、虫灾害发生较轻

2019/2020年度，全国棉花主产区生长期内气候整体正常，但部分地区遭受自然灾害影响。新疆维吾尔自治区在棉花生长期间，光温度条件良好，自然灾害轻度发生，总体生长条件好于上年度同期。长江流域降水偏多，影响棉花长势，产量受到一定的不利影响。黄河流域光热总体适宜，部分棉区出现阶段性多雨寡照天气，造成棉花蕾铃脱落或发生烂铃，但总体影响有限。病害轻度发生，以苗病和黄萎病为主，苗病发生面积

为52.9万亩，占监测县面积的3.3%，其中45.7%发生在长江流域；黄萎病发生面积为14.4万亩，占监测县面积的0.9%，其中49.3%发生在新疆维吾尔自治区。另外，枯萎病发生面积为6.1万亩。虫害轻度发生，以棉蚜虫、红蜘蛛为主。棉蚜虫、红蜘蛛发生面积为44.7万亩和18.3万亩，分别占监测县面积的2.8%和1.1%。这两种虫害主要发生在新疆维吾尔自治区，新疆维吾尔自治区发生面积分别占总发生面积的85.9%和63.3%。另外，部分地区也出现了盲椿、棉铃虫和蓟马。

4.2 棉花生产成本及收益分析

4.2.1 籽棉价格下降，收购进度正常

2019/2020年度，全国棉花生产监测县籽棉平均收购价为6.4元/公斤，同比上涨0.9%。其中，2020年9~12月，手摘棉平均价格为6.5元/公斤，新疆机采棉平均价格为6元/公斤。后期籽棉质量下降，价格也随之下降。新棉收购进度正常。截至2020年12月底，监测县棉花收购进度达到90%以上，收购进度正常。

4.2.2 农户植棉总成本十年来首次下降

据《全国农产品成本收益资料摘要2020》数据分析，全国棉花平均总成本继续小幅下降，每亩2260.4元，同比减少0.65%。新疆棉花生产总成本为每亩2178.1元，同比增加0.85%，较全国平均成本低82.2元，详见表3-4-1。

根据《全国农产品成本收益资料汇编》分类，棉花生产总成本划分为物质与服务费用、人工成本和土地成本三大部分。

4.2.2.1 物质与服务费用大幅增加

2019年全国棉花生产物质与服务费用每亩835.13元，同比增加10.53%。与全国相比，新疆棉花物质与服务费用每亩1016.81元，同比增加2.91%，比全国高出181.68元。物质与服务费用主要是指在棉花生产过程中投入的各类农业生产资料和固定资产折旧、保险费等服务费用。分类别看，2019年机械作业费、排灌费、水费、燃料动力费、工具材料费、修理维护费、固定资产折旧、保险费、销售费等支出增幅均超过了10%。其中，技术服务费同比增长56.67%、修理维护费同比增长28.75%、财务费同比增长35.71%。间接费用的支出增幅超过30%，详见表3-4-2。

表3-4-1 2019年棉花全国平均和新疆棉区生产成本变化

项目	全国平均（元/亩）	同比（%）	新疆（元/亩）	同比（%）
总成本	2260.4	−0.65	2178.1	0.85
物质与服务费用	835.1	10.53	1016.8	2.82
人工成本	1071.7	−10.31	756.7	−3.89
土地成本	353.5	8.87	404.6	4.75

数据来源：《全国农产品成本收益资料汇编2019》《全国农产品成本收益资料汇编2020》

表3-4-2 2019年全国平均和新疆棉花生产物质与服务费用变化

项目	全国平均（元/亩）	同比（%）	新疆（元/亩）	同比（%）
每亩物质与服务费用	835.13	10.53	1016.81	2.91
（一）直接费用	733.72	9.35	874.61	2.68
1.种子费	56.04	-1.51	56.06	-4.33
2.化肥费	233.22	6.15	256.7	1.74
3.农家肥费	15.84	2.19	19.35	7.50
4.农药费	75.34	4.20	75.89	4.82
5.农膜费	42.77	3.81	54.61	-6.17
6.租赁作业费	256.44	17.69	336.67	6.44
机械作业费	146.95	17.56	190.37	8.47
排灌费	109.22	17.82	146.28	4.04
其中：水费	33.63	14.78	46.23	2.51
畜力费	0.27	-10.00	0.02	-90.00
7.燃料动力费	6.84	10.32	9.05	-1.63
8.技术服务费	0.94	56.67	1.37	37.00
9.工具材料费	39.62	10.98	56.18	-4.46
10.修理维护费	6.18	28.75	8.02	16.23
11.其他直接费用	0.49	390.00	0.71	255.00
（二）间接费用	101.41	19.87	142.2	4.33
1.固定资产折旧	28.35	15.71	38.99	2.34
2.保险费	57.02	20.81	79.96	4.93
3.财务费	4.75	35.71	6.92	15.33
4.销售费	11.29	18.84	16.33	1.43

数据来源：《全国农产品成本收益资料汇编2019》《全国农产品成本收益资料汇编2020》，管理费为0，已剔除。

4.2.2.2 人工成本明显下降

2019年，种植棉花人工成本全国平均为每亩1071.7元，同比减少11.49%；新疆每亩756.7元，比全国平均水平低315元，同比下降3.7%。雇工费用同比增加16.1%，雇工天数同比增加13.2%，雇工工价同比上涨3.7%。由于机械化的快速推进，新疆地区人工投入下降，每亩家庭用工天数同比减少1.4%，雇工工价上涨4.1%。详见表3-4-3。

表3-4-3　2019年全国平均和新疆棉花生产人工成本变化

项目	全国平均	同比（%）	新疆	同比（%）
每亩人工成本	1071.7元	-11.49	756.7元	-3.74
1.家庭用工折价	795.2元	-21.09	362.3元	-9.32
家庭用工天数	9.2天	-22.75	4.2天	-10.77
劳动日工价	86.4元	1.71	86.4元	1.74
2.雇工费用	276.5元	16.10	394.4元	2.02
雇工天数	2.4天	13.22	3.5天	-1.43
雇工工价	114.3元	3.74	114.3元	4.12

数据来源：《全国农产品成本收益资料汇编2019》《全国农产品成本收益资料汇编2020》。

4.2.2.3　土地成本同比上涨

2019年，种植棉花土地成本全国平均为每亩353.5元，同比增加8.9%。流转地租金同比下降22.4%，自营地折租同比增加14.4%。新疆土地成本为每亩404.62元，比全国平均水平高51.15元，同比增长5.0%，流转地租金同比下降31.8%，自营地租金增长12.8%，详见表3-4-4。

表3-4-4　2019年全国平均和新疆棉花生产土地成本变化

项目	全国平均（元）	同比（%）	新疆（元）	同比（%）
土地成本	353.49	8.87	404.62	4.99
1.流转地租金	38.43	-22.36	46.08	-31.83
2.自营地折租	315.06	14.44	358.54	12.78

数据来源：《全国农产品成本收益资料汇编2019》《全国农产品成本收益资料汇编2020》。

4.2.3　农户植棉净收益为负

2019年棉花种植每亩产量同比增长2.7%，为108.65公斤。亩均产值下降，为1600.8元，同比减少11.8%。新疆每亩主产品产量为122.4公斤，同比减少1.7%，每亩产值合计1717.9元，同比减少16.9%，产值降幅均较大。全国棉花总体利润为负。2019年，全国平均每亩净利润为-659.5元，同比亏损扩大198.6元。成本利润率为-29.2%，同比下降9个百分点。不计家庭劳动成本，现金收益每亩450.73元，同比减少42.1%。2019年，新疆平均每亩净利润为-460.2元，同比减少368.7元，成本利润率为-21.1%，下降16.9个百分点。不计家庭劳动成本现金收益为每亩260.6元，同比减少58.4%，详见表3-4-5。

表3-4-5 2019年全国平均和新疆棉花生产收益

项目	全国平均	同比	新疆	同比
每亩主产品产量	108.65公斤	2.69%	120.36公斤	-1.67%
产值合计	1600.82元	-11.77%	1717.9元	-16.93%
主产品产值	1315.62元	-14.64%	1424.73元	-20.49%
副产品产值	285.20元	4.47%	293.17元	6.07%
总成本	2260.36元	-0.65%	2178.12元	0.86%
净利润	-659.54元	43.10%	-460.22元	402.97%
现金成本	1150.09元	10.91%	1457.3元	1.04%
现金收益	450.73元	-42.01%	260.6元	-58.36%
成本利润率	-29.18%	-8.9%*	-21.13%	-16.9%*

数据来源：《全国农产品成本收益资料汇编2019》《全国农产品成本收益资料汇编2020》，*表示“2019年成本利润率-2018年成本利润率”。

4.3 相关政策建议

4.3.1 加快内地机采棉推广和相关配套措施的支持力度

棉花采收已成为阻碍内地棉花生产的首要因素，推广机采棉是内地棉花产业发展的必由之路。建议加强适宜机采棉品种研发的支持力度，强化简化配套栽培技术研究以及相应农机装备研发的支持力度，促进农机农艺相结合。加大对采棉机和棉花收购加工企业的支持力度，增设清花设备，为棉花全程机械化生产创造条件。

4.3.2 尽快落实内地棉花补贴政策

建议国家尽快落实内地棉花补贴政策，完善补贴方式，稳定农户植棉预期。改革方向关注以下几个方面：一是加强棉田基础设施建设，加大对棉田滴灌、喷灌的支持力度；二是补贴政策向植棉大户倾斜。扩大生产规模，实行棉花生产的集约化、规模化、机械化、标准化，是保证纤维品质一致，降低棉花生产成本，提升棉花质量的重要举措。建议补贴政策向植棉大户倾斜，按照谁生产、谁受益原则进行补贴。

4.3.3 对传统的优质棉区和部分生态脆弱棉区加大补贴力度

传统的优质棉区农户有种植棉花的传统和技术，且棉花是当地农户重要的收入来源。此外，包括华北地下水漏斗区及部分盐碱地等生态脆弱区，棉花在节水、保护环境方面具有明显的优势，是这些区域比较适宜的种植作物。建议对这些传统优势棉区及生态脆弱区生产棉花进行环境保护补贴。

4.3.4 企业、行业协会和政府协调配合，化解“涉疆法案”的不良影响

面对美国“涉疆法案”的不断升级，我国纺织企业和行业组织要充分发挥桥梁和纽带作用，积极跟进“涉疆法案”进展，评估行业影响，创造各种沟通平台，与相关国际组织和品牌商充分沟通、交流，将真实、客观、全面、公正的信息传递给全球，以增强国际社会和国际众多品牌商

对我国新疆地区经济社会的发展成就、人权真实状况的了解，构建客观友好的合作伙伴关系。同时，建议将“涉疆”问题纳入政府间谈判，通过谈判解决问题。

5 2019/2020年度中国棉花加工行业运行现状

中华全国供销合作总社郑州棉麻工程技术设计研究所 史书伟

5.1 2019/2020年度棉花加工技术现状及发展趋势

5.1.1 依托“十三五”国家重点研发计划，棉花智能提级加工技术水平取得较大提高

2019/2020年度，是国家“十三五”规划收官之年，也是“十三五”国家重点研发计划项目“棉花智能化提级加工关键技术装备研发”应用示范的关键之年，项目参与单位克服全国新冠肺炎疫情和新疆棉区两次新冠疫情的影响，经过艰苦努力，确保了科研项目的顺利实施，其科研成果对棉花智能提级加工技术水平的提高起到了较大的推动作用。

2019/2020年度，山东天鹅棉业机械股份有限公司成功研发的MYZ215智能轧花机和成套棉花打包机，在新疆生产建设兵团第六师五家渠市龙佰力棉业有限公司棉花加工生产线应用与示范。MYZ215智能轧花机和成套棉花打包机的应用，由目前通用棉花加工生产线30包/小时提高到60包/小时，实现了产量的翻番，极大地缩短了加工周期，随着技术的进一步优化，为加快我国棉花加工大型化、规模化发展奠定了基础。

2019/2020年度，中华全国供销合作总社郑州棉麻工程技术设计研究所主持，石河子大学与西安理工大学共同参与研发的棉花智能调湿控制系统，在石河子市中棉华丰棉业有限公司北泉分公司得到应用与示范。棉花智能调湿控制系统的应用示范，在棉花加工面临市场投资相对低迷的不利局面下，对于棉花调湿技术的发展起到了极大的推动作用。

5.1.2 棉花调湿热源技术改造加快推进，技术水平有所提高

随着棉花调湿热源环保监管力度的加大以及棉花加工高质量发展的客观需要，2019/2020年度，棉花调湿热源技术改造得到了快速发展。新疆新建棉花加工生产线50余条，调湿热源均采用电热风炉，确保棉花加工安全有序开展，另外，对于老旧棉花加工生产线，据不完全统计，南北疆完成百余条生产线的棉花调湿热源技术改造。通过对近两年来棉花调湿热源技术改造的调研，电热风炉以其改造成本相对较低、改造技术难度小、操作方便等特点，在棉花调湿热源改造中占据较大的市场份额。

2019/2020年度，中华全国供销合作总社郑州棉麻工程技术设计研究所研发的棉花调湿电热风炉控制系统，实现了棉花调湿装备运行状态、运行参数、调湿效果的远程监测、故障报警

等功能，并在石河子市银冠棉业有限公司得到了应用。

5.1.3 棉花水杂智能检测技术获得突破性进展

棉花含杂率与回潮率是棉花收购环节重要的检测指标，传统的“一试五定”中相关的棉花含杂率与回潮率检测方法劳动强度大、检测效率低，限制了棉花收购效率。2019/2020年度，中华全国供销合作总社郑州棉麻工程技术设计研究所和农业农村部西北农业装备重点实验室依托新建生产建设兵团第八师“机采籽棉收购信息采集管理系统”科技攻关项目，持续研究棉花水杂智能检测与控制技术，成功研发了籽棉水杂快速检测系统，系统在新疆生产建设兵团石河子泉水地棉花加工厂得到应用示范，其应用效果得到中国工程院陈学庚院士以及来自兵团市场监督管理局、兵团农机推广总站、全国棉花加工标准化技术委员会、石河子大学、新疆农垦科学院、兵团棉麻公司、石河子纤维检验所、银力集团等20余家单位的领导、专家肯定，随着科研人员继续优化升级，势必会提高我国棉花加工检测技术水平的提高与快速发展。

5.1.4 棉花自动刷唛技术及装备得到快速推广应用

长期以来，我国棉花包装信息一直在用人工刷唛的方式，人工刷唛劳动强度大、刷唛效率低、刷唛错误率高，因此，棉花自动刷唛技术势在必行。通过多年的技术积累与不断优化，北京智棉科技有限公司与河南京联四合棉花科技有限责任公司采用不同技术路线分别研发的全自动刷唛一体机、MWBS-8A型全自动棉包刷唛机逐步在棉花加工行业推广应用，特别是2019/2020年度，采用租售并重的方式，极大地推动了自动刷唛装备在行业的推广应用。截至目前，自动刷唛装备市场份额超过300台，随着自动刷唛技术与装备的进一步优化升级，市场化程度的逐渐提高，将彻底解放棉包刷唛劳动力，提高棉花刷唛效率，降低刷唛错误率，提高棉包刷唛自动化水平。

5.2 2019/2020年度棉花加工企业经营效益情况及结构变化

5.2.1 新建棉花加工生产线增多，加工资源竞争激烈

2019/2020年度，新疆棉区北疆新建棉花加工生产线50余条，再上2018/2019年度新建而未投入使用的近20条生产线，共计约70余条生产线投入使用，且近两年新建棉花加工生产线加工能力大。因此，在棉花加工资源基本保持不变的情况下，资源竞争日趋紧张，为了抢夺资源，市场出现哄抬棉价、棉田收购等现象，这将成为未来棉花加工的新常态。

5.2.2 棉花交售模式发生变化，棉花加工企业经营风险增加

长期以来，棉花交售采用“一试五定”方法确定棉花品质，按照棉花品质以“质”计价，该交收模式保障了所交售籽棉的品质，保障了棉花加工企业经济利益。

2019/2020年度，由于棉花加工新建生产线较多，棉花资源相对紧张，棉花收购竞争力度的增加，棉花交售模式发生了较大的变化，棉花加工企业采用不扣水杂的籽棉收购模式，收购的籽棉高回潮、高含杂问题严重，为确保棉花加工质量，保障棉花加工安全有序开展，籽棉干燥贯穿于整个棉花加工季节，针对高回潮、高含杂的籽棉，籽棉干燥强度需求增强，籽棉干燥成本大幅提升，棉花加工经营风险增大。

6　2020年中国棉纺织行业运行情况及展望

中国棉纺织行业协会　盖丽轩

2020年是极不平凡的一年。受新冠肺炎疫情的冲击，世界经济出现深度衰退，国际环境严峻复杂。在党中央的坚强领导下，我国疫情防控和经济社会发展取得重大成果。国内经济运行持续稳定恢复，在世界主要经济体中率先实现正增长，经济总量迈上百万亿元新台阶。棉纺织行业作为我国传统优势行业，在面临新冠肺炎疫情和全球经济下行的双重压力与挑战下，沉着应对，砥砺前行，彰显出强劲韧性和巨大潜力。

6.1　2020年行业运行基本情况

6.1.1　生产

2020年，新冠肺炎疫情严重冲击世界经济，棉纺织企业生产受到较大影响。随着国家扩大内需、促进消费等政策措施逐步落地见效，消费市场稳步复苏，棉纺织企业开工情况逐步改善，纱布产量持续回升。分月来看，2月，国内新冠肺炎疫情全面暴发，物流不畅，企业开工率不高，纱布产量降幅较大；3月，国内疫情得到有效控制，国际疫情暴发，外贸订单大幅下降，纱布产量降幅依然较大；进入4月中下旬，随着各项政策措施的协同发力，国内疫情防控形势好转，企业生产逐步走向正轨，下游需求回暖，纱布产量降幅逐步收窄。如图3-6-1所示。

根据中国棉纺织行业协会（以下简称“中棉行协”）会商统计，2020年全行业纱产量1641万吨，同比下降10.3%；布产量460亿米，同比下降17.9%，其中色织布产量24亿米，牛仔布产量17.5亿米，分别同比下降28.4%和22.2%。

6.1.2　原料保障

6.1.2.1　原料供需

2020年我国棉纺织行业用棉纤维主要来自三个方面：国产棉、进口棉和中央储备棉。根据中国棉花协会数据，2020年全国棉花总产量592.37

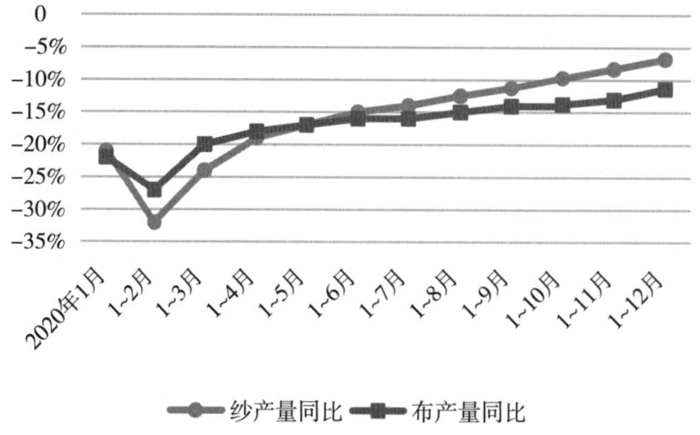

图3-6-1　2020年跟踪企业纱布产量累计同比情况

数据来源：中国棉纺织行业协会

万吨，同比增长0.3%；全年共发放配额129.4万吨，除关税内棉花配额外，增发了40万吨加工贸易进口棉花滑准税配额；2020年国家继续对部分中央储备棉进行轮换，全年共投放中央储备棉50.40万吨。由于国内棉花价格始终高于国际棉花价格（按1%关税）800元/吨，2020年中央储备棉轮入挂牌交易暂停。非棉纤维应用主要来自两方面，粘胶短纤和涤纶短纤。2020年我国粘胶短纤产量378.97万吨，涤纶短纤产量1053.47万吨。

在全球经济下行的压力下，市场需求萎缩，我国棉纺织行业纱布生产产量下降，原料使用量较2019年减少。根据中棉行协会商统计，2020年，我国棉纺织行业棉纤维用量600万吨，同比下降13.0%；非棉纤维用量1127万吨，同比下降8.4%。随着市场需求的不断变化与化纤产业的快速发展，棉纺行业原料的消费结构发生了变化，非棉纤维逐渐占据了重要份额，2020年非棉纤维占棉纺织原料用量比重为65.3%，较2019年提升了1.2个百分点。见表3-6-1。

表3-6-1　我国棉纺织行业原料使用情况

项目	用量（万吨）	同比（%）
棉纺织行业原料用量	1727	-10.1
其中：棉纤维用量	600	-13.0
非棉纤维用量	1127	-8.4

数据来源：中国棉纺织行业协会

6.1.2.2　原料价格

2020年，棉花价格的波动幅度大于化纤短纤价格，如图3-6-2所示。

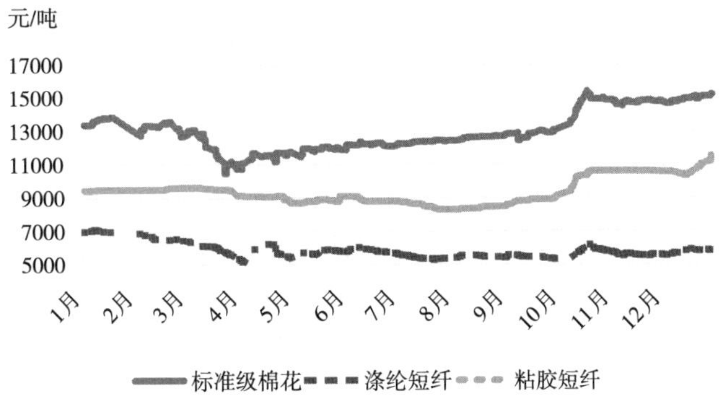

图3-6-2　2020年主要棉纺织原料价格走势

数据来源：中国棉纺织行业协会

棉花价格波动主要分三个阶段：第一阶段（1~3月），受疫情传播风险影响，金融市场动荡，棉花价格整体下行，3月底跌破11000元/吨；第二阶段（4~10月），国内疫情防控形势持续向好，为稳定国内经济，推动企业复工复产，国家打出政策“组合拳”，助力国内市场恢复，棉花价格开始回升。10月初，下游消费热情回暖，棉价快速上涨至15000元/吨左右；第三阶段（11~12月），在短暂回暖后，市场逐步趋于冷静，棉价维持平稳运行。

与棉花相比，化纤短纤的市场化程度较高，价格的变动主要受市场供需影响。近两年粘胶短纤产能不断释放，供应充足，2020年受疫情影响，下游需求疲软，粘胶短纤生产企业库存压力较大，价格持续下跌至9000元/吨以下。8月，随着下游市场逐渐好转，粘胶价格止跌回升，10月粘胶短纤价格反弹至10000元/吨以上，之后趋于平稳。临近年底，下游市场订单充足，粘胶短纤价格涨势明显，达11500元/吨。涤纶短纤则受上游石油价格影响，价格波动幅度略大于粘胶短纤。从全年看，涤纶短纤价格呈下行态势，年初最高价约7000元/吨，年内虽有回升，但反弹幅度低于棉花和粘胶短纤，年末价格约5800元/吨，较年初下降17%。

6.1.3 进出口

6.1.3.1 棉花

由于国内棉花产需存在缺口，因此我国棉花进出口贸易主要以进口为主，出口数量极少。根据海关数据，2020年我国共进口棉花215.8万吨，同比增长16.7%。

从棉花进口市场来看，自美国进口的棉花数量最高，达97.7万吨，同比增长170.9%，占比45.3%，美棉比重再次跃升至第一位，这主要得益于中美第一阶段经贸协议的逐步落实；排在第二位的是巴西棉，2020年我国自巴西进口棉花61.8万吨，同比增长22.3%，占比28.6%；自澳大利亚进口的棉花同比下降幅度较大。见表3-6-2。

表3-6-2　2020年我国棉花进口情况

国家及地区	数量（万吨）	同比（%）	占比（%）	2019年占比（%）
全球	215.8	16.7	—	—
美国	97.7	170.9	45.3	19.5
巴西	61.8	22.3	28.6	27.3
印度	25.3	22.7	11.7	11.1
澳大利亚	11.7	−70.5	5.4	21.5

数据来源：中国海关总署

6.1.3.2 棉纱线

我国是世界第一大纱线生产国，但仍需进口一定量的纱线。根据海关数据，2020年我国进口棉纱线190万吨，同比下降2.7%。

从棉纱线进口市场来看，越南因其至中国运距短、零关税等优势，在我国进口纱市场占据份额依然最大，进口量88.5万吨，同比下降2.0%，占比46.6%；其次是巴基斯坦，全年进口巴基斯坦棉纱线25.5万吨，同比增长125.7%，增幅明显，主要因为自2019年12月1日起巴基斯坦棉纱出口中国实行零关税；受新冠肺炎疫情、中印边境冲突、中印棉纱价格倒挂等影响，我国自印度进口棉纱线同比降幅较高，比重较2019年下降3.4个百分点。见表3-6-3。

表3-6-3　2020年我国棉纱线进口情况

国家及地区	数量（万吨）	同比（%）	占比（%）	2019年占比（%）
全球	190.0	−2.7	—	—
越南	88.5	−2.0	46.6	46.2
巴基斯坦	25.5	125.7	13.4	5.8
印度	24.5	−23.0	12.9	16.3
乌兹别克斯坦	18.8	4.9	9.9	9.2
印度尼西亚	11.2	−21.2	5.9	7.2

数据来源：中国海关总署

6.1.3.3 棉织物

根据海关数据，2020年我国出口棉织物68.3亿米，同比下降13.9%。出口的棉织物产品主要包括坯布、色织布、印染布、印花布四大类。

我国棉织物出口市场分布广泛，主要出口地为东南亚地区，约占总出口量的40%以上。孟加拉国是我国棉织物出口的最大市场，2020年全年出口量7.61亿米，同比下降25.3%，占比11.1%；

出口尼日利亚增幅最高，达85.6%，出口菲律宾增同比增长10.3%。见表3-6-4。

表3-6-4　2020年我国棉织物出口情况

国家及地区	数量（亿米）	同比（%）	占比（%）
全球	68.30	-13.9	100
孟加拉国	7.61	-25.3	11.1
尼日利亚	6.45	85.6	9.4
越南	6.38	-13.1	9.4
菲律宾	6.16	10.3	9.0
多哥	2.77	-13.2	4.1

数据来源：中国海关总署

6.1.4　经营质效

根据中棉行协跟踪重点企业数据，2020年主营业务收入同比下降8.62%，利润总额同比下降13.83%，出口交货值同比下降19.59%。

2月，由于市场需求严重不足，跟踪重点企业主营业务收入、利润总额大幅下降；3月，企业基本全面实现复工复产，但海外疫情肆虐，纱布价格快速下跌，企业生产经营备受打击。为稳定生产运行，企业快速进行战略调整，率先顺应“双循环”新发展格局，纱布价格止跌回升，行业运行逐步回暖。如图3-6-3、图3-6-4所示。

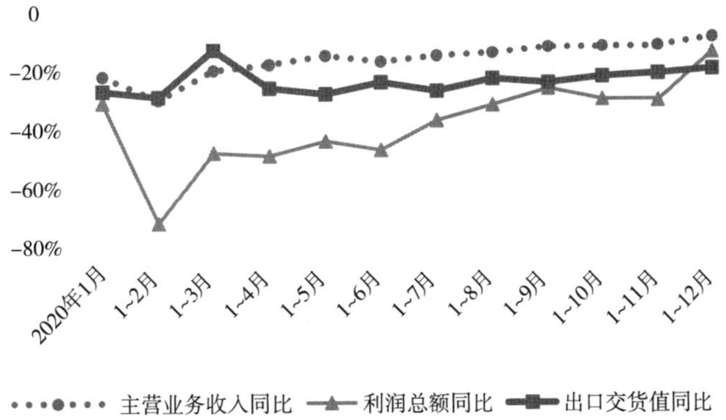

图3-6-3　2020年跟踪企业主要经济指标累计同比情况

数据来源：中国棉纺织行业协会

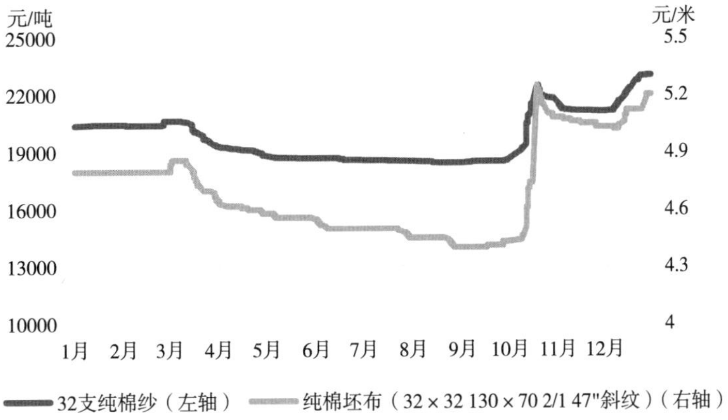

图3-6-4　2020年纱布产品价格走势

数据来源：中国棉纺织行业协会

6.1.5 行业景气

自2014年开始，中棉行协向全社会发布中国棉纺织行业景气指数。指数采集自全国近500家棉纺织企业，按月度发布，当指数高于50，表示棉纺织行业本月景气程度好于上月，低于50则表示本月景气程度不及上月。

2020年我国棉纺织行业景气指数整体呈上升趋势。分阶段来看，1~2月，正值国内疫情较为严重时期，景气度不高；3月，企业产销逐步恢复，景气指数回升；4月在外贸订单大幅减少的影响下景气指数再度下降，5月开始，景气指数回升；9~12月，下游市场复苏，纺织企业积极践行“双循环”新发展格局，把握发展机遇，景气指数连续保持在50以上的扩张区间。如图3-6-5所示。

6.2 2020年行业关注热点

6.2.1 原料政策

2020年国家继续深化棉花体制改革，努力构建我国纺织企业全球供应链竞争新优势，主要表现在以下四个方面：

（1）继续在新疆完善棉花目标价格政策，引导新疆棉花生产提质增效；

（2）继续实施中央储备棉轮换政策，根据棉花市场供需情况，适时安排储备棉轮出和轮入，稳定国内棉花市场；

（3）为保障出口型纺织企业用棉需求，增发40万吨棉花进口滑准税配额，全部为非国营贸易配额，且限定用于加工贸易方式进口；

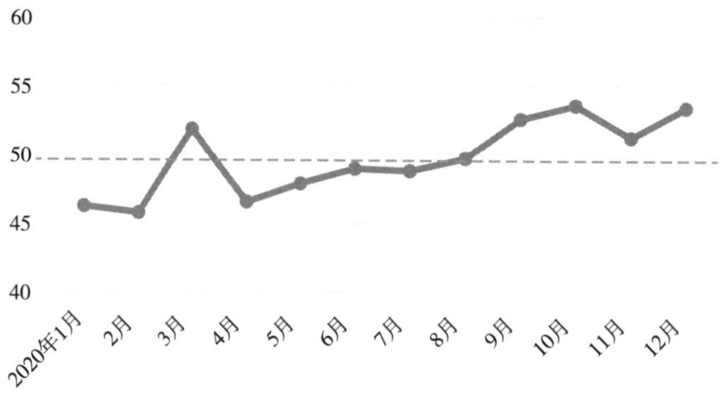

图3-6-5 2020年中国棉纺织行业景气指数

数据来源：中国棉纺织行业协会

（4）对棉花进口滑准税率从基准价、从量税和税率计算公式三方面进行了调整，降低棉纺织企业进口用棉成本；

（5）废止三项棉纱线加工贸易单耗标准，棉花加工贸易监管改革取得初步成效。

6.2.2 棉花质量

2020年新疆棉花质量的下降，引发纺织企业的不满。调研显示，机采棉马克隆值明显增高、含杂率较高、白棉颜色级下降、棉花短绒率高等是纺织企业反映尤为突出的问题。高等级棉花数量大幅减少，严重影响了纺织产品整体的品质。要着力引导棉花内在品质指标满足高质量棉纺织产品的需求，减少异纤含量，促进新疆棉花的可持续发展，并在此情况下，加快将棉花含杂率和短绒率指标纳入棉花升贴水标准。与此同时，期货方面要增加对棉花含杂率和短绒率指标的关注。

6.2.3 化纤短纤

随着我国化纤行业的快速发展及需求层次的多样化，化纤短纤在我国棉纺织行业的使用量不断增加，在棉纺用原料中的占比由2010年48%上升至2020年的65.3%。我国是世界棉花消费大国，更是棉纺大国，国家对棉花配额的限制导致部分生产高品质纱线的企业在原料使用上得不到满足，倒逼企业加大非棉产品开发。化纤短纤不仅在产量上满足棉纺企业的需要，其市场化价格、“随用随买”的特点、功能的多样性等更是减少了企业的生产成本，降低了企业的资金压力，丰富了企业的产品结构，深受我国棉纺织企业的青睐。另外，2018年以来，中美贸易摩擦导致我国纺织品服装出口受到影响，尤其棉类制品。因此，棉纺织企业加大产品结构调整速度，化纤类产品有所增加。

6.2.4 研发投入

科技是第一生产力，创新是引领发展第一动力。随着我国纺织产业全球化发展，纺织企业技术创新意识持续增强，研发能力不断提升。近年来，国家出台的一系列减税降费政策在助力企业盈利水平提升的同时，也激发了企业加大研发投入的力度，为企业转型升级和高质量发展增添活力。根据中棉行协跟踪重点企业数据，2020年行业研发投入资金同比增长6.31%。

6.3 2021年展望

2021年是“十四五”开局之年，是我国现代化建设进程中具有特殊重要性的一年。1月，我国多地接连发生局部聚集性疫情，部分纺织企业生产经营暂时受到一定影响，在各地政府及有关部门的积极应对、科学防控、精准施策下，疫情防控成效显著，企业生产经营稳定恢复。

国内各地区已陆续开启新冠疫苗接种工作，国外疫苗接种也在有序推进，全球经济复苏进程或将加快。然而，新的形势下，供需两端传导还并不平衡，核心竞争优势发挥还并不充分，2021年依旧是风险与机遇并存的年份。

（1）原料方面。受国内棉花产需存在缺口、棉花配额未完全放开、化纤产业不断发展、市场需求多样化等影响，未来非棉纤维应用将更加广泛，占棉纺织原料比重进一步提升。

（2）纱布产量方面。受宏观环境和资金情况影响，2021年企业扩大产能的意愿不高，未来投资将以技术改造和智能化新装备替代落后产能为主。因此，纱布产量将维持在一个较为稳定的水平。

（3）纱布产品方面。随着消费者需求的不断提高，未来棉纺织企业将从产品的外观、功能性和舒适性等方面积极创新，加大研发力度，生产市场需求的纱布产品，新型结构、不同组分混合纱布产品将有更大市场空间。

7 2019/2020年度郑州棉花期货市场运行情况

弘业期货股份有限公司棉花研究员 王晓蓓

2019/2020年度是郑州商品交易所棉花期货（以下简称“棉花期货”）上市的第15个年度。本年度，棉花期货更加有效地发挥价格发现和套期保值功能，继续为涉棉企业管理现货价格风险提供有效工具。随着我国棉花目标改革政策的继续深入，国内棉花价格市场化程度进一步加深，国内外棉花价格关联更加紧密，全年度国内外棉花期货价格继续维持高度相关，相关系数为0.9。受新冠疫情影响，国内乃至全球经济发展严重受损，现货企业经营更加举步维艰。棉花产业链也未能幸免，棉花期货价格剧烈波动，涉棉企业对于利用棉花期货规避风险的需求更加强烈。2019/2020年度，棉花期货日均持仓量和成交量分别为70.9万手和51.4万手，其中，日均成交量同比大幅增加32.4%，为近四个年度新高。良好的市场流动性为涉棉企业参与套期保值创造了有利条件，同时，棉花期货价格发现功能的精确性继续保持，全年度棉花期现货价格相关性达到0.955。郑棉期价与现货价格高度相关，一方面，为涉棉企业提供可靠的价格参考；另一方面，能够更好地发挥套期保值功能，从理论上降低涉棉企业管理现货价格风险的成本。

规则制度上，郑州商品交易所对棉花交割仓库进行了调整，同时对棉花期货合约规则进行了小幅修订，进一步改善了期货服务现货的功能发挥情况。

7.1 2019/2020年度棉花期货市场运行情况

7.1.1 价格触底回升，先抑后扬

2019/2020年度初期，棉花期现货价格呈震荡上升走势。2020年2月开始，棉花期货价格极速下跌，该暴跌行情一直延续2个月。进入4月，棉花期货价格触底回升，温和上涨，这一趋势一直延续到2019/2020年度末仍未结束。2020年1月20日，棉花期货市场近月合约结算价达到年度内最高13880元/吨，随后大跌，在2020年4月2日跌至年度内低点10340元/吨，最大跌幅3040元/吨；2020年4月，国内棉花期现货价格开始温和上升，至年度末达到下半个年度以来最高12430元/吨，该阶段累计上涨2090元/吨。

2019/2020年度，棉花期货市场近月结算价累计上涨420元/吨，最终涨幅仅有3.5%，最大波幅3630元/吨，波动幅度较上个年度收敛但波动频率有显著增加。2019/2020年度棉花现货价格整体走势与期价较为一致，全年度整体回落274元/吨，跌幅2.1%，最大波幅2905元/吨，期现货价格相关性为0.955。如图3-7-1所示。

7.1.2 日均成交活跃，流动性良好

近两个年度，受中美贸易以及新冠疫情影响，郑棉波动幅度较大，日均持仓量维持较高水平。2019/2020年度，棉花期货的日均持仓量为70.9万手，是棉花期货上市以来仅次于2018/2019年度的次新高；日均成交量为51.4万手，为近

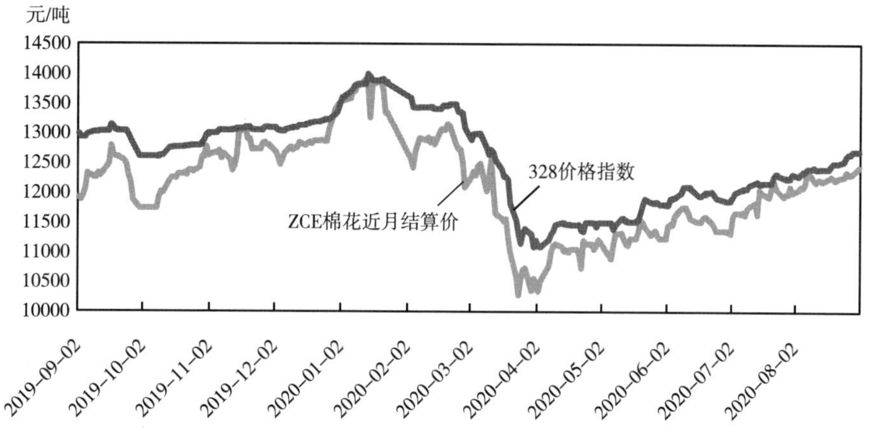

图3-7-1　2019/2020年度棉花结算价和价格指数

四个年度的最高量，较前一个年度大增32.4%。棉花目标价格改革实施以来，市场流动性显著增加，为涉棉企业管理价格风险提供了优良的环境。

本年度初期，中美贸易紧张关系得到缓解，国内看涨情绪高涨，恰逢新棉上市，郑棉持仓量和成交量处于全年度最活跃的阶段。9~12月，日均持仓量为10.53万手，日均成交量为6.52万手。1月、2月，国内迎来传统节日，叠加新冠疫情暴发，日均成交量跌至全年度最低3.94万手，较9~12月日均成交量下降近40%。在下游复工复产和传统消费旺季的3~5月，国内郑棉日均成交量又有明显的恢复；进入夏季，再加上年度末期的缘故，日均成交量有所回落，不过回落幅度不明显。从整个年度来看，2019/2020年度棉花期货月度日均持仓量和日均成交量分两个时段，2019年9~12月和2020年1~8月，在两个阶段内，月度日均持仓量和日均成交量波动均较平稳。如图3-7-3所示。

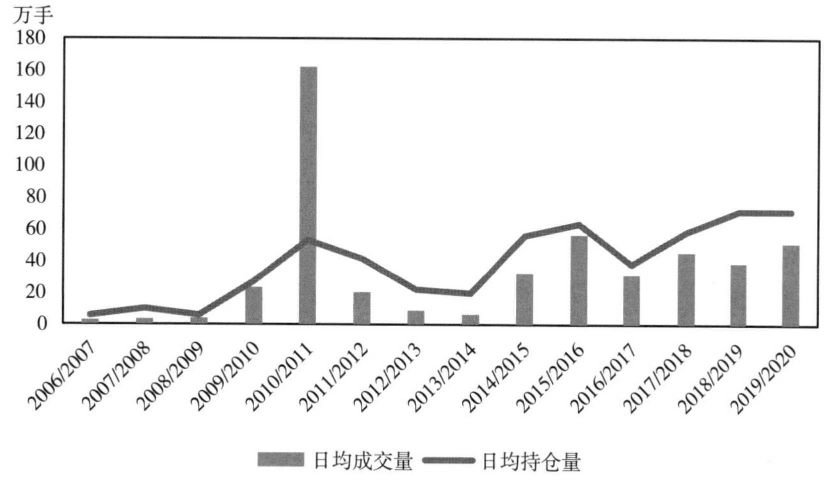

图3-7-2　2006~2020年日均持仓量

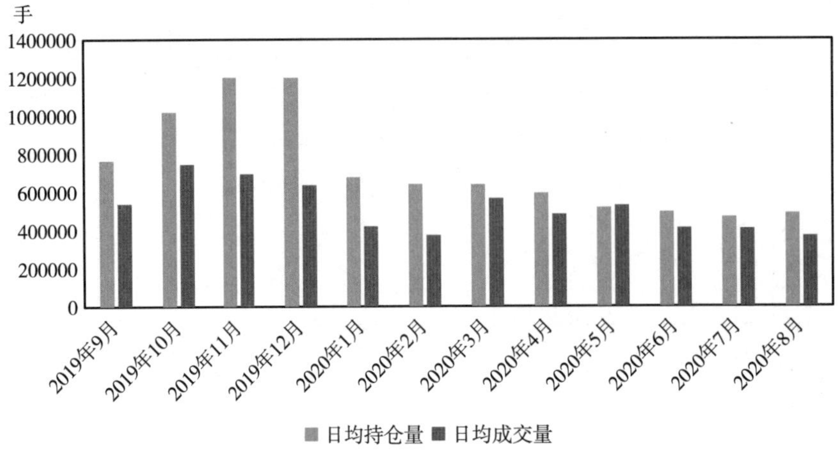

图3-7-3　2019年9~12月和2020年1~8月日均持仓量

7.1.3　仓单量再创历史新高，期货销售平台作用继续较好发挥

2019/2020年度棉花交割数量继续增长，期货市场辅助棉花现货销售的平台作用继续发挥良好。全年度棉花期货仓单峰值为37438张，折合棉花149.8万吨，较上年度峰值大幅增长87.99%，继续刷新历史纪录；棉花交割和期转现量共计174.7万吨，较上一年度同比大增85.46%。从基差情况分析，棉花期现货基差正负转换频率显著增加，但整体上期货贴水现货的时间略长于升水的时间。12月30日，棉花期现货基差达到本年度正向市场极值687元/吨，较上年度正向市场极值扩大220元/吨。随着期货市场价格的暴跌，棉花期现货基差逐渐转为反向市场，并于3月24日达到本年度反向市场极值962元/吨，较上年度的反向市场极值收敛806元/吨。如图3-7-4所示。

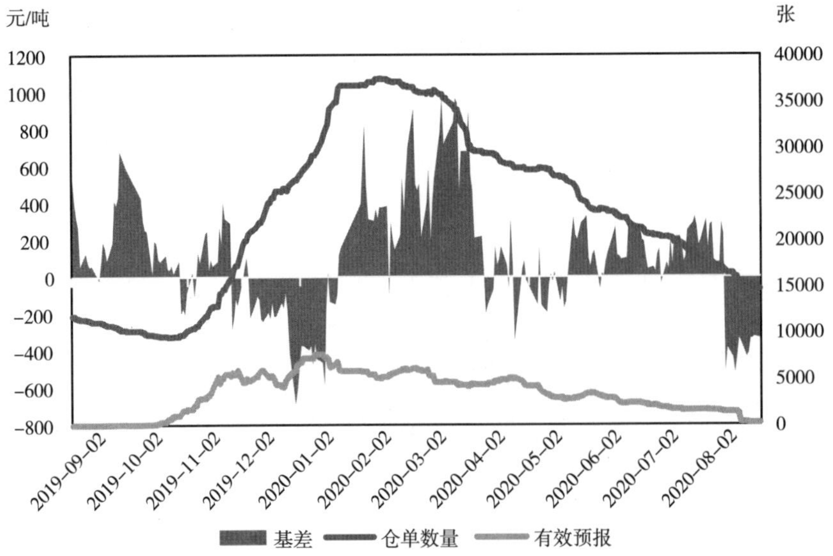

图3-7-4　2019年9~12月和2020年1~8月棉花期现货基差及仓单数量

7.2 2019/2020年度国内外棉花市场影响因素分析

7.2.1 国内棉花市场行情

2019/2020年度，整体上受中美贸易关系和新冠疫情影响呈上涨—暴跌—上涨走势，盘中创近三个年度以来新低。现按照不同阶段，将影响棉花期现货价格运行的主要因素总结如下：

2019年9月~2020年1月。随着中美贸易关系的积极发展以及中美贸易第一阶段协议的签署，市场对棉花需求保持乐观态度。该上涨行情一直维持至中美签署第一阶段协议。因临近国内传统春节假期，下游着手放假，中美第一阶段协议利，市场看多情绪暂停发酵，不过，当时市场普遍预期节后这一涨势延续的概率较大。这个阶段，国内棉花期货价格涨幅超1500元/吨。

2020年2月~2020年3月。该阶段，国内外新冠疫情暴发，停产停工等严重阻碍国内乃至全球经济的发展，棉纺产业链的生产消费几乎处于停滞阶段，市场对下游消费的悲观情绪暴发，郑棉几度跌停。至3月底，国内郑棉创出近年新低，短短两个月跌幅高达4500元/吨左右。

2020年4月~2020年8月。3月底，国内疫情得到良好控制，下游陆续复工复产，叠加传统的消费旺季，郑棉底部回升。但疫情的余威仍在，再加上已经造成的既定消费损失，棉价呈温和上涨走势，这一温和走势一直持续至2019/2020年度结束仍未有止步迹象。与3月底的底部价相比，郑棉主力收涨2800元/吨左右，涨幅近28%。

在国内棉花期现货价格上涨的同期，因市场看好后市，加之中央储备棉的相对价格优势，截至2020年8月31日，中央储备棉轮出以100%成交率全部成交。

7.2.2 国际棉花市场

2019年9月~2020年1月。进入9月，美棉在生长优良率下降、美棉产量预估下调的情况下先于国内反弹。随后，叠加中美经贸磋商进展良好等因素一直呈震荡上涨走势至2020年1月。整个期间，美棉连续合约从58美分/磅左右最高涨至71.96美分，最大涨幅超过24%，反弹幅度强于国内。

2020年2月~2020年3月。新冠疫情影响，ICE美棉连续合约在今年2、3月暴跌，连续合约最低跌至48.35美分/磅，创新低。

2020年4月~2020年8月。进入4月，人们对新冠的恐慌情绪有所减退，各国纷纷出台宏观政策刺激经济，ICE美棉低位回升。在天气以及中美贸易第一阶段协议实施的利好支撑下，美棉连续合约一路震荡上扬，较为顺利地涨至65美分/磅左右。4~8月年度结束，该合约涨幅约35%。

7.3 2019/2020年度棉花期货市场政策调整情况

2019年10月11日，郑商所发布《关于调整指定棉花交割仓库的公告》。经研究决定，郑州商品交易所对指定棉花交割仓库进行调整，自2019年10月14日起执行。增设新疆汇锦物流有限公司、新疆伊犁州陆德棉麻有限责任公司、中储棉武汉有限公司、中储棉如皋有限公司、中储棉菏泽有限责任公司为指定棉花交割仓库。新疆汇锦物流有限公司的期货交割棉注销提货时，如选择铁路出库，由新疆汇锦物流有限公司承担仓库至库西站台的短驳费用。暂停南阳红棉仓储有限公司、安徽芜湖棉麻有限公司指定棉花交割仓库期货入库业务。终止新疆农资集团北疆农佳乐有限公司指定棉花交割仓库资格。

2019年11月11日，郑商所发布《关于调整棉花合约替代交割品升贴水的公告》。经研究决定，现对棉花合约替代交割品升贴水进行调整公告，自2020/2021年度生产的棉花开始实施。

2020年1月10日，郑商所发布《关于调整棉花等期货品种近月非主力合约手续费标准的通知》。根据《郑州商品交易所期货结算细则》第二十七条规定，经研究决定，自2020年1月31日当晚夜盘交易时起，对棉花等10个期货品种交割月份在［*N*+2，*N*+5］（*N*为当月月份）区间内的非1、5、9合约手续费标准进行调整。棉花交易手续费调整为2元/手，平今仓手续费为0。

2020年3月24日，郑商所发布《关于调整棉花、棉纱期货合约交易保证金标准和涨跌停板幅度的通知》。根据《郑州商品交易所期货交易风险控制管理办法》第十条规定，经研究决定，自2020年3月25日结算时起，棉花期货合约的交易保证金标准调整为7%，涨跌停板幅度调整为6%。按规则规定执行的交易保证金标准和涨跌停板幅度高于上述标准的，仍按原规定执行。

2020年7月28日，郑商所发布《关于发布棉花期货、期权合约规则修订案的公告》。经郑州商品交易所（以下简称郑商所）第七届理事会第三次会议审议通过，并报告中国证监会，郑商所对棉花期货合约及《郑州商品交易所期货交割细则》《郑州商品交易所标准仓单及中转仓单管理办法》《郑州商品交易所期货交易风险控制管理办法》《郑州商品交易所保税交割实施细则》棉花期货相关内容进行了修订，现将修订案予以公布，自2021年9月1日起施行。

2020年7月31日，郑商所发布《关于取消指定棉花交割仓库资格的公告》。经研究决定，取消湖南银华现代农业物流股份有限公司指定棉花交割仓库资格，自公告之日起实施。

8　2019年度中国纺织行业经济运行报告

中储棉花信息中心有限公司研究室主任　郗今

2019年，世界经济经历了前所未有的挑战，贸易摩擦、地缘政治紧张局势带来的不确定性因素将全球经济拖入了同步放缓境地，不少经济指标甚至创下2008年国际金融危机以来新低，全球经济微弱复苏步伐更显沉重，全球贸易整体呈疲弱状态。在外部风险挑战明显增多的复杂形势下，2019年我国宏观经济增长总体也呈现放缓态势，仅在2019年11月、12月主要宏观经济指标出现部分积极变化，略有弱复苏迹象。在市场需求趋弱和贸易风险上升的背景下，我国纺织行业供需两端持续放缓，企业投资增长动力偏弱，行业整体效益水平下滑，主要经济运行指标总体呈现放缓态势。在国内宏观经济弱复苏的支撑下，行业指标在2019年底有部分有微向好迹象。进入2020年，突如其来的新型冠状病毒感染肺炎疫情在全国各地蔓延。受疫情影响，国内经济面临阶段性掣肘。纺织企业也因员工难以返岗、交通物流受阻、上下游供应链受损、经营成本高企等问题而造成一定的经济损失，行业开局压力继续加大。

8.1 2019年纺织行业经济运行基本情况

2019年，我国纺织行业发展面临的国内外风险挑战明显增多，全行业坚持深化供给侧结构性改革，持续加快推动转型升级。但在内外市场需求放缓、贸易环境更趋复杂、综合成本持续提升等多重压力下，企业投资增长动力偏弱，效益水平下滑，主要经济运行指标均呈现放缓态势。

8.1.1 国内外市场压力较大

2019年，我国纺织服装内销增速较2018年明显放缓。根据国家统计局数据，2019年，全国限额以上服装鞋帽、针纺织品类商品零售额为13517亿元，同比增长2.9%，增速较上年放缓5.1个百分点，低于同期限额以上单位商品零售增速0.8个百分点；全国居民衣着类商品消费支出18733亿元，同比增长4.2%，增速较上年放缓0.4个百分点，低于同期全国居民消费商品支出增速4.8个百分点；网上零售仍保持较好增长势头，但自2019年6月之后也有逐月放缓迹象，2019年全国网上穿着类商品零售额同比增长15.4%，增速较上年放缓6.6个百分点。

纺织品服装出口压力仍较明显，仅在年底出口增速的降幅较之前有所收窄。2019年，受国际经济复苏减弱、贸易环境不确定性增多等因素影响，我国纺织行业出口压力较上年有所增加，产品结构、市场结构加快调整。根据我国海关数据，2019年纺织品服装累计出口（美元计）2807.1亿美元，同比下降1.5%，降幅较1~11月收窄0.8个百分点。其中，纺织品出口1272.5亿美元，增长1.4%；服装出口1534.5亿美元，下降4.0%。从出口市场来看，我国对传统发达国家市场出口规模下降，而对新兴市场出口较为积极。2019年1~12月，我国对美国、欧盟、日本出口纺织品服装同比分别下降6.6%、4.4%和4.6%；对“一带一路”沿线国家纺织品服装出口总额增长3.7%；对非洲纺织品服装出口额同比增长8.4%。

8.1.2 行业生产保持低速增长

2019年，我国纺织行业工业增加值保持低速增长水平。根据国家统计局数据，2019年我国规模以上纺织企业工业增加值同比增长2.4%，增速同比放缓0.5个百分点。产业链各环节中，除化纤行业、长丝织造行业增加值保持较快增长外，其余均增势放缓。终端产品承压较大，产业用及服装行业增加值增长出现不同幅度放缓迹象，同比分别增长6.9%和0.9%，增速较上年分别放缓1.7个和3.5个百分点；家纺行业增加值甚至呈现负增长，同比下降1.2%，较上年下降4.9个百分点，体现出国内外消费市场需求压力加大。而前道化纤行业受生产增长较快等因素支持，增加值增速有所加快，同比增加11.9%，增速高于上年4.3个百分点。2019年，受订单下滑和纺织产业链投资周期性调整等因素影响，纺机行业增加值增速持续走低，同比减少7.5%，增速较上年大幅放缓17个百分点。

从主要大类产品产量情况来看，规模以上企业纱、布产量增速分别为-1.9%、-6.0%，均较上年同期有所放缓；服装产量同比下降3.3%，但降幅较上年略收窄0.1个百分点；化纤、非织造布和印染布产量增长平稳，同比分别增长12.5%、9.9%和2.8%。

8.1.3 行业投资表现低迷

2019年，受国内外需求不足、贸易环境风险上升、全球产业布局调整等因素影响，我国纺织行业国内投资意愿低迷，投资降幅自6月之后逐步加深，直到12月降幅略有收窄。根据国家统计局数据，2019年1~12月，我国纺织行业固定资产投资完成额同比下降5.8%，降幅较1~11月收窄1.5个百分点。其中，纺织业固定资产投资完成额同比下降8.9%；服装业固定资产投资完成额同比增长1.8%；化学纤维制造业固定资产投资完成额同比下降14.1%。分地区来看，我国中部的河南省、安徽省、江西省、湖北省、湖南省分行业投资均呈现正增长的良好态势，是全行业投资增长的区域亮点，其余省区均有不同程度回落。

8.1.4 运行质效压力加大

纺织企业盈利压力有所增加，运行质量提升难度加大。据国家统计局数据，2019年，全国3.5万户规模以上纺织企业实现营业收入49436.4亿元，同比下降1.5%，增速同比放缓4.4个百分点；实现利润总额2251.4亿元，同比下降11.7%，增速同比回落19.7个百分点；亏损企业亏损额达298.8亿元，同比增加45.3%。

从分行业来看，化纤行业前期投资增长快，产能提升明显，但受市场需求下滑影响，其利润总额大幅下降，也拉低了纺织行业利润总额的增长。根据国家统计局数据，2019年，化纤行业利润总额仅为311.0亿元，同比下降19.8%，对全行业利润负向拉动作用明显。

行业运行效率有波动。2019年，全国规模以上纺织企业营业收入利润率为4.6%，低于上年同期0.5个百分点，企业盈利能力较上年同期有所下降；全国规模以上纺织企业产成品库存周转率为14.9次/年，同比下降1.8%，库存压力较上年有所增加；总资产周转率为1.2次/年，与上年同期基本持平；三费比例为6.9%，较上年同期略有提升，企业管理压力也有所加大。

8.2 当前我国纺织服装行业存在的主要问题

8.2.1 国内行业投资压力较大

2019年，我国纺织投资规模有所下降，国内行业投资压力较大。从投资行业结构来看，主要与化纤行业投资受需求带动回落关联较大，致使纺织全行业呈现投资走低的态势。但综合全行业而言，整体市场需求放缓、投资谨慎度提升、贸易环境紧张、环保监管日趋严格等都是重要影响因素。近年来，我国环保监管要求更趋严格，不仅污染物排放标准不断提高，使企业环保投入大幅增加，成本压力巨大，而且排污权管控严格，印染企业基本没有条件扩大生产能力。尤其是东部沿海地区一些印染产业集聚地甚至禁止印染项目环评，企业连装备升级改造都无法进行；中西部地区大部分也无法给予新建印染企业排污权许可，产业转移无法有效推进。

2019年以来，中美贸易摩擦加大贸易环境风险，增加了企业对行业的前景判断的不确定性，进而导致投资更趋谨慎。根据中纺联调研了解的情况，为规避贸易环境风险，纺织企业在海外投资的进度有所加快。特别是服装行业，由于对美出口规模较大，一些国际品牌采购商已经开始提前布局，逐步减少在我国的纺织服装产品采购比例，纺织行业中一些有境外投资的企业也开始将出口订单更多转移到海外工厂进行加工出口。

8.2.2 国际市场下行压力加剧

全球经济下行态势及前景恶化的判断更加明确，中美贸易摩擦加税清单覆盖全部纺织服装产品，行业出口压力明显加剧。国际货币基金组织在2019年内4次调降全球经济增速，基于制造业势头严重减弱和贸易、地缘紧张局势，判断全球经济可能进一步大幅放缓；基于走弱的市场需求，世界银行已经下调全球大宗商品价格预期。超过30个经济体也先后宣布降息以应对经济下行压力，货币宽松潮在宽裕流动性的同时也将推高债务风险，新兴经济体金融脆弱性上升，货币贬值风险增加，企业财务状况及盈利预期均将下调，在总需求放缓的背景下，“一带一路”国家纺织品服装产能及出口缺乏大幅增长基础，不利于我国产业链配套纺织品出口增长。虽然中美第十三轮高级别经贸磋商初步达成“第一阶段”协议，部分涤纶制品在加征关税排除产品清单中，但主要出口产品服装仍然加税，贸易风险依然存在，行业出口下降态势难有明显改善。

8.2.3 新冠肺炎疫情对行业影响较大

2020年初，突如其来的新型冠状病毒感染肺炎疫情在全国各地蔓延。受疫情影响，国内经济面临阶段性掣肘。此次新型冠状病毒传染性强、潜伏期长，导致疫情波及范围远远大于2003年“非典”，全国各地为抗击疫情也采取了最严厉的快速停摆生产和生活等经济活动的措施，纺织企业因员工难以返岗、交通物流受阻、上下游供应链受损、经营成本高企等问题而造成的直接经济损失持续扩大。

第一，纺织企业复工延迟，蒙受经济损失。受复工时间限制、员工实际返工困难、复产中的防护标准和物资条件限制等问题影响，纺织企业生产活动普遍被动推迟。为有效防控疫情扩散，各省市分别发布了企业复工时间通知。虽然各地都给出了“不早于”的安排，但是实际开工情况仍取决于疫情的防控进展。由于停工、低负荷开工时间延长，纺织企业生产及销售均大幅下滑。骨干企业普遍预计到2月底，企业生产及销售将同比减少50%以上。在企业产销停滞的情况下，工人工资、社保费用、厂房租金、贷款利息、基础水电费等运营成本仍在持续产生，原料及产成品库存积压占用资金，企业负担沉重，资金周转压力加大。

第二，物流渠道面临阻滞，产业链上下游运转不畅。为了控制疫情，除了实施在高速公路进行通道管控和体温检测工作外，还有些地方实施封闭管理，阻断道路，甚至有挖断公路的做法，致使交通受阻。除此之外，受物流运输公司复工延迟影响，物流运力难以满足运输需求。从而造成货物无法正常运输，库存快速累积，上下游供应链受损等问题凸显。纺织产业链不同环节还存在复工节奏不同步的情况。上游企业普遍规模较大，资金实力较强，生产自动化、数字化水平较高，用工人数少，复工复产情况好。但纺织产业链中游织造、针织以及下游服装、家用纺织品行业，由于中小企业居多，用工人数相对较多，受到工人短缺、防疫管理能力不足、终端需求仍未启动等因素影响，开工率相对较低。受疫情影响，已复工的上游企业面临着下游需求不足、销售不畅的问题。如果复工不同步问题持续时间较长，可能引发已复工的企业再度停产的风险。

第三，出口订单流失将更为突出。新型冠状病毒肺炎疫情被宣布为PHEIC后，国内纺织企业面临无法拜访海外客户、接洽订单、出口货柜到达目的国后无法靠岸入关或者检验检疫手续烦琐、国内会展全部延期、企业出境参展行程大部分取消等问题，造成订单大量流失。更为重要的是，受到疫情影响，我国出口企业大量延迟交货或无法接单，造成海外采购商货源短缺，很多采购商认为供应商过于集中在中国存在较高风险，也开始有意识地扩大在中国以外的采购。此次疫情将在一定程度上加快出口订单转移的进度，加大国内出口企业压力。

当然，疫情对经济活动的冲击是短期的，疫情过后经济活动必然会出现补偿性恢复。但受到疫情控制情况、疫情期间及疫情过后的政策力度和效果等因素影响，经济恢复的速度和修复程度都存在不确定性。针对新型冠状病毒感染肺炎疫情的影响国家目前已开始出台多项扶持政策，也将帮助企业逐步缓解经营压力。结合目前各方面的信息来看，肺炎疫情在一季度内得到有效控制的概率较大，预期国内宏观经济基本面有望在二季度逐渐恢复。我国纺织行业也将随宏观经济修复逐步企稳。

总体来看，我国宏观经济长期向好的基础不会改变，中央经济工作会议提出2020年将做好稳增长、促改革、调结构、惠民生、防风险、保稳定工作，并将完善中小民营企业发展政策环境放在更加重要的位置，将为我国纺织行业进一步推动高质量发展提供有利的政策支持环境。

8.3 推进我国纺织服装行业发展的相关建议

为了实现纺织行业平稳健康发展，行业仍需持续推进供给侧结构性改革，优化发展动能，克服下行压力，积极激发内需市场，努力稳定国际市场份额，也需要国家政策适当给予扶持，以确保行业发展总体平稳。

8.3.1 引导和支持企业加快转型升级

一是继续发挥好财政资金的示范带动作用。继续利用好国家现有财政专项资金，对纺织绿色制造、智能制造、纺织新材料等重点领域关键技术研发应用给予扶持，充分发挥行业示范与带动作用，着力补齐行业技术短板，有效破解绿色环保瓶颈。改变财政专项过于集中在高性能纤维材料及产业用制成品领域的现状，加大对差别化、功能性通用纤维，传统纺织优质、先进制造技术，高品质、环保染整技术等领域的重点支持与示范，带动量大面广的产业链环节加快改造升级。支持行业性、区域性公共服务平台升级，推动重点产业集群信息化服务体系建设。

二是加强税收激励。进一步扩大研发费用、品牌宣传费用税前加计扣除比例，提升企业创新与技改投入积极性。简化企业办理相关优惠政策的手续，确保企业切实享受到政策支持。研究进一步扩大所得税税前抵免项目范围的可行性，如将技改投资、产品开发费用等纳入抵扣范围。

三是强化落实国家对实体经济的融资扶持政策。对于符合资信要求的纺织企业与投资项目给予充分信贷支持。推动产融合作对接，加强对纺织行业改造提升资金需求及融资现状的调查研究，协调金融、证券等管理机构资源，加强对制造企业和项目融资风险判断的指导，推动金融机构与重点制造企业对接融资需求等。

8.3.2 持续完善企业发展环境

一是妥善应对贸易摩擦。引导地方政府对本地区受到美国加税影响较大的出口企业适当给予税收返还或优先支持技改升级等方面的财政扶持，缓解企业压力。如果涉税产品范围过大，对就业产生较大影响，建议研究措施允许相关企业缓交、减额缴纳社保，或出台税收返还等措施，对出口企业给予适当扶持，以稳定企业生产和就业。

二是开拓多元消费市场。深化与“一带一路”沿线国家的双、多边经济贸易合作，加快自由贸易区建设，畅通对外贸易通道，减少关税负担。扩大产业用纺织品内需应用。运用好政府采购措施，扶持自主品牌结构增强、土工、建筑等纺织产品参与采购竞争。完善应急产品政府采购以及实物储备和产能储备机制，增加救灾帐篷、防洪抗汛土工模袋等特殊纺织品需求。推动将一次性医用纺织品纳入医保项目。研究对生物质纺织农膜等生态环保农业用纺织品给予应用补贴，鼓励在果蔬、花卉等高价值经济作物的种植中应用。

三是完善印染行业投资监管措施。对印染企业技术改造项目实施分类管理，企业在不增加产能的前提下进行自动化、智能化改造，应予以环评和备案。环保督查中实施精细化管理，对印染集控区内排放不达标的企业采取停产措施，不对符合排放要求的企业采取强制停产限产措施。

四是进一步优化棉花配额管理。2019年，国家棉花进口配额管理制度做出重大改革，纺织企业可以公平、公开申领配额，对于优化纺织行业原料供给结构、稳定行业生产运行具有十分重要的意义。但一些大型棉纺企业反映，由于过去企业使用较多加工贸易配额，在新制度下申领到的配额数量显著减少，造成出口规模缩减。现行棉花进口配额管理制度有利于建立行业公平竞争环境，制度改革造成部分企业配额减少也属正常情况。但如考虑“稳出口”的宏观目标，也可以适当增发加工贸易项下棉花进口配额，由企业按需申领，申领加工贸易配额的企业应当相应扣减一般贸易配额申领数量。

五是优化国内产业转移环境。建议各级政府部门进一步完善中西部地区政策环境与投资环境，鼓励和引导先进、优质纺织制造产能优先选择国内产业转移，鼓励纺织企业通过产业区域转移加快技术装备更新升级，更好化解环境、成本压力。加强政策协调，针对中西部地区研究更为有力的税收、土地、财政支持以及排污指标倾斜等激励措施，增强企业投资积极性。加强政府服务功能，解决基础设施、人才短缺、投资政策不连续等制约产业转移的基础性问题，改善投资环境。支持相关行业性公共服务体系发展搭建投资对接平台，开展咨询、培训等公共服务，推动纺织行业国内产业转移进程。

9 全球棉花及纺织市场回顾与展望

中储棉花信息中心有限公司研究室主任 郗今

9.1 全球棉花产需总体情况回顾与展望

2019/2020年度，全球棉花现货均价为71美分/磅，同比下跌13美分/磅；期初库存为1851万吨，同比减少14万吨；种植面积5.2亿亩，同比增加1200万亩；单产53公斤/亩，同比增加2公斤/亩；产量2605万吨，同比增加11万吨。受全球经济衰退、国际贸易摩擦和新冠疫情影响，棉花消费量同比下降331万吨至2554万吨；进口量同比下降78万吨至827万吨；期末库存同比增加273万吨至2124万吨。

中美贸易摩擦始于2018年6月。在随后的18个月里，双方互相加征关税。2020年1月15日，双方正式签署第一阶段经贸协议，内容包括知识产权、技术转让、食品和农产品、金融服务、汇率和透明度、扩大贸易、双边评估和争端解决、最终条款九个章节，贸易摩擦略有缓和。协议从2020年2月20日开始生效。根据协议规定，从协议生效之日起的未来两年，中方将增加对美国乳品、牛肉、大豆、水产品、水果、饲料、宠物食品等农产品进口，平均进口规模为每年400亿美元。

展望未来，全球农产品和纺织品服装市场面临的风险仍在加剧，主要包括国家政策和贸易关系两个方面。公开、透明和可预期的环境对于棉花和纺织服装市场至关重要。考虑到上述不确定因素，国际棉花咨询委员会（ICAC）预测，2020/2021年度Cotlook A指数均价为69.4美分/磅，略低于2019/2020年度。

9.2 主要国家和地区棉花和纺织行业发展动态

9.2.1 中国

2014/2015年度以来，中国棉花库存持续下降，从1412万吨降至2019/2020年度的894万吨。2014/2015年度至2017/2018年度，中国棉花消费量不断增长，从755万吨增至850万吨，随后开始逐步下滑，到2019/2020年度为725万吨。中国加入世贸组织后，棉花产量最高时曾超过800万吨。2019/2020年度，由于种植面积和单产同比均有所下降，产量同比减少24万吨至580万吨。受中美贸易摩擦和全球经济下滑影响，2019/2020年度中国棉花进口量同比减少55万吨至155万吨，其中从巴西进口棉花56.5万吨，同比增幅18%，从美国进口棉花47.3万吨，同比增加27%，从澳大利亚进口棉花20.3万吨，同比减少63%，主要原因是澳大利亚因干旱大幅减产。中美贸易摩擦导致巴西超越美国成为中国第一大棉花供应国。

海关数据显示，2001~2020年，我国棉纱进口量从53万吨增至190万吨，于2015年创下235万吨的最高纪录。此外，2013年、2014年和2018年棉纱进口量也都超过了200万吨。我国棉纱进口主要来源为越南、巴基斯坦、印度、乌兹别克斯坦、印度尼西亚、中国台湾和马来西亚。2001年，我国从这七个来源进口的棉纱数量占我国棉纱进口总量的61%；2020年，我国从这七个来源进口的棉纱数量占我国棉纱进口总量的96%。2020年，在各主要进口来源中，越南所占份额高达47%，可谓一枝独秀。在各主要棉纱进口来源中，我国从越南和乌兹别克斯坦进口棉纱数量的增速最快。2001~2020年，越南向我国出口棉纱数量从900多吨增至90万吨以上；乌兹别克斯坦向我国出口棉纱数量从1200多吨增至18万吨以上。印度和巴基斯坦向我国出口棉纱数量在2015年之前呈增长态势，其中印度从7万多吨增至70多万吨，巴基斯坦从19万吨增至54万吨。从2016年开始，印度和巴基斯坦在我国棉纱进口市场遭遇越南和乌兹别克斯坦的强劲竞争，向我国出口棉纱数量逐年下降，均于2020年降至25万吨左右。相比之下，我国从印度尼西亚、中国台湾和马来西亚进口棉纱数量的变化相对不大。

9.2.2 越南

2019/2020年度，越南棉花消费量为145万吨，同比减少6万吨。2011/2012年度以来，越南纺织品开始不断增加对中国的出口，棉花消费量和进口量随之增加。根据东盟自由贸易区协议，中国从越南进口纺织品免征关税。越南低廉的劳动力和能源成本吸引大量来自中国的投资涌入越南纺织行业。凭借竞争优势，越南纺织品除了向中国出口外，还向美国、欧洲、日本和韩国出口。此外，自2020年8月起，越南与欧盟签订的自由贸易协议开始生效，对于越南纺织品出口而言更是如虎添翼，使越南稳居全球第二大棉花进口国宝座。中国纺织企业的投资是越南纺织行业快速发展的主要原因之一。2015年以来，在中越两国高层领导的积极推动下，中国“一带一路”倡议与越南“两廊一圈”发展规划进行了有效对接，并达成了众多重要的战略共识，促进两国经济贸易的发展，尤其是纺织行业的发展。跨太平洋伙伴关系协定（TPP）的签订使越南生产的大部分出口商品享受免税待遇。越南国内低廉的生产成本意味着丰厚的利润空间。中国企业在越南投资建厂生产纺织品，除了可以享受上述优势外，还可以在一定程度上规避中美贸易摩擦。随着中国资金的不断进入，越南纺织企业固定资产投资和长期投资持续增长，带动越南纺织行业快速发展，在诸多东南亚竞争对手中脱颖而出。

9.2.3 孟加拉国

2019/2020年度，受国际贸易摩擦影响，国际棉纱价格下跌，孟加拉国棉花消费量和进口量同比均有所下降，进口量同比减少17万~137万吨，消费量同比减少21万~137万吨。纺织行业是孟加拉国的支柱产业之一，其对GDP的贡献率为13%，对出口贸易额的贡献率为86%。2011/2012年度至2017/2018年度，孟加拉国纺织行业快速发展，棉花消费量从73万吨增至167万吨。

9.2.4 印度

印度是全球最大的棉花生产国和第二大棉花消费国，纺织行业以棉纺为主，因此棉花行业在印度国民经济中占有重要地位。近20年以来，印度棉花生产技术不断进步，棉花单产不断提高，但到目前为止依然大幅低于30.4公斤/亩的全球平均水平。受新冠疫情防控措施影响，从2020年3月开始，印度大部分纺织厂停产，直到6月才恢复生产。2019/2020年度，印度棉花产量为607万吨，同比增加46万吨，主要原因是棉花种植面积有所增加；棉花消费量为445万吨，同比减少95万吨，主要原因是市场需求受到新冠疫情影响；棉花出口量为70万吨，同比减少6万吨。

9.2.5 巴基斯坦

2015/2016年度以来，病虫害，特别是粉棉铃虫，严重影响了巴基斯坦的棉花产量。2020年，除病虫害之外，巴基斯坦棉花主产区信德省在棉花重要生长期遭遇高温干旱天气。考虑到棉花仍是重要支柱产业之一，2020年，巴基斯坦政府为该国棉花行业提供了3000亿卢比的农业应急措施预算。2019/2020年度，巴基斯坦棉花产量为132万吨，同比减少35万吨；棉花消费量为208万吨，同比减少15万吨。为弥补产需缺口，巴基斯坦进口棉花55万吨。

9.2.6 中国台湾

中国台湾的纺织行业发展一直以出口为导向。近几年，由于受到生产成本更低的新兴经济体的冲击，中国台湾的纺织行业正在从高产能模式转向高技术模式，越来越强调环保与产品设计能力，不断通过升级设备提高生产效率，同时高度重视提升创新能力，致力于提高产品附加值。中国台湾纺织产业升级导致棉花消费量逐渐减少。2019/2020年度，中国台湾棉花消费量为8.2万吨，同比减少为35%。至此，中国台湾棉花消费量已连续五年出现萎缩。

9.2.7 日本

日本的纺织业一直处于萎缩状态。20世纪70年代，日本的棉花消费量占全球棉花消费总量的7%。如今，日本的棉花消费量不到全球棉花消费总量的0.5%。造成这种现象的主要原因有两个：一是日本国内纺织行业的生产成本的不断上升，日本纺织企业不得不把资金输出到其他国家和地区进行生产；二是日本不产棉花，纺织用棉完全依赖进口，而国际棉价往往波动幅度较大，导致日本纺织行业备受煎熬。

9.2.8 韩国

2008~2015年，韩国的棉花消费量呈增长态势，但在最近5年出现萎缩，主要原因是受到了生产成本更低的新兴经济体的冲击，而且韩国货币有所升值。为寻求可持续发展，韩国纺织企业不得不走高质量发展道路，把重点放在智能纺织、数字印染和纳米技术应用上，不断提高产品附加值，彻底摒弃传统发展模式。2019/2020年度，韩国棉花进口量为12万吨，同比减少13%。

9.2.9 中亚地区

乌兹别克斯坦棉花种植面积近几年持续减少，主要原因是该国实行了农产品种植结构调整，相对增加了粮食种植面积。2019/2020年度，乌兹别克斯坦棉花产量为64万吨，与上年度持平；棉花消费量为58万吨，同比略有减少；棉花出口量为6万吨，同比减少7万吨。乌兹别克斯坦的纺织行业在国外资金的支持下发展迅猛，棉花消费量不断增加。该国已由棉花出口大国转变为棉纱出口大国。

塔吉克斯坦棉花种植面积在2011/2012年度至2016/2017年度处于持续萎缩状态。从2017/2018年度开始，中国在棉花加工和纺纱生产两个方面都对塔吉克斯坦给予帮助，该国也在棉花种植技术现代化方面增加了投入，因此棉花种植面积开始逐步增长。2019/2020年度，该国棉花产量为10.6万吨，同比增长4%。

2019/2020年度，哈萨克斯坦棉花产量为7.8万吨，同比增长4%。哈萨克斯坦的主要农作物是粮食，棉花主产区集中在该国南部，种植面积处于递减态势，但随着农业种植技术的发展，单产正在逐步提高。

阿塞拜疆棉花种植面积自2015/2016年度开始快速增加，从1.9万公顷增至2019/2020年度的14.6万公顷，产量从1.3万吨增至9.9万吨。该国政府对棉花生产的重视程度不断提高，扶持力度不断增大，越来越多的农民把粮田改成棉田。最近五年，已有5万公顷的粮田变为棉田。

9.2.10 土耳其

从2018/2019年度开始，土耳其实施的安纳托利亚东南部项目为该国棉花生产提供灌溉保障和优质种子，使该国棉花产量达到98.8万吨，同比增长25%。近几年，土耳其纺织行业一直都在致力于打造完整的产业链，充分利用地缘优势与中国纺织行业在欧盟市场进行竞争，因此该国棉花消费量总体上呈增长态势。2019/2020年度，土耳其棉花产量为70万吨，同比减少25万吨，病虫害是减产的主要原因；棉花消费量为151万吨，同比减少8万吨。棉花减产导致产需缺口增大，因此该国棉花进口量同比增加了23万吨至102万吨，进口的棉花主要是高等级美棉、巴西棉和希腊棉。

9.2.11 西非地区

2019/2020年度，西非棉花产量为129万吨，同比减少10万吨；棉花出口量为96万吨，同比减少22万吨。西非地区主要产棉国情况如下：

贝宁棉花产量为32万吨，同比减少3万吨；出口量29万吨，同比减少3万吨。棉花产业是贝宁的支柱产业，对贝宁的GDP贡献率为13%，出口贸易额贡献率为70%，税收贡献率为35%。近几年，贝宁政府十分重视棉花产业发展，提供了相应的支持政策，促使棉花加工产能不断增加。此外，贝宁的农业科研人员已向种植者推荐了三个新的棉花品种及相关种植管理方法，旨在提高棉花产量和质量。

马里棉花产量为29.9万吨，同比增长8%；科特迪瓦棉花产量为21.1万吨，同比增长5%；

布基纳法索棉花产量为19.3万吨，同比增长5%；喀麦隆棉花产量为14万吨，同比增长6%；多哥棉花产量为4.8万吨，同比持平。

9.2.12　巴西

2019/2020年度，巴西棉花产量为300万吨，同比增加22万吨；棉花出口量为195万吨，同比增加64万吨。中美贸易摩擦导致中国对美棉加征进口关税，巴西乘机增加棉花产量，迅速扩大对中国的棉花出口，一跃成为全球第二大棉花出口国。近几年，巴西政府高度重视棉花产业发展，为巴西农业公司提供棉种研发资金支持。巴西农业公司对棉花品种进行了改良，能够更加适应巴西各主要产区的不同气候，棉花单产随之不断提高，目前已达120公斤/亩。

9.2.13　澳大利亚

2019/2020年度，澳大利亚棉花产量为13万吨，同比减少35万吨。天气干旱是导致澳大利亚棉花减产的主要原因。据悉，澳大利亚供水不足的情况很难得到缓解。受此影响，2019/2020年度澳大利亚棉花出口量为29万吨，同比减少50万吨。棉花是澳大利亚东部地区最重要的农产品之一。该地区棉花农场数量为1200～1500个，其中的三分之二分布在新南威尔士州，三分之一分布在昆士兰州。考虑到天气影响、棉花品种创新和基因改良技术发展等多重因素，澳大利亚的棉花种植区可能扩大或转移到维多利亚州和北部领地。

第四部分

统计资料

1 棉花生产

表4-1-1 1978~2019年中国棉花生产情况

年份	农作物总播种面积（千公顷）	棉花播种面积（千公顷）	棉花产量（万吨）	单位面积产量（公斤/公顷）
1978	150104	4866	217.0	455
1980	146380	4920	271.0	550
1985	143626	5140	415.0	807
1989	146554	5203	379.0	728
1990	148362	5588	451.0	807
1991	149586	6538	568.0	868
1992	149007	6835	451.0	660
1993	147741	4985	374.0	750
1994	148241	5528	434.0	785
1995	149879	5422	477.0	879
1996	152381	4722	420.0	890
1997	153969	4491	460.0	1025
1998	155706	4459	450.0	1009
1999	156373	3726	383.0	1028
2000	156300	4041	442.0	1093
2001	155708	4810	532.0	1107
2002	154636	4184	492.0	1175
2003	152415	5111	486.0	951
2004	153553	5693	632.0	1111
2005	155488	5062	571.0	1129
2006	157021	5409	674.0	1247
2007	153464	5926	762.4	1286

续表

年份	农作物总播种面积（千公顷）	棉花播种面积（千公顷）	棉花产量（万吨）	单位面积产量（公斤/公顷）
2008	156266	5754	749.2	1302
2009	158639	4952	637.7	1288
2010	160675	4849	596.1	1229
2011	162283	5038	658.9	1308
2012	163416	4688	683.6	1458
2013	164627	4346	629.9	1449
2014	165446	4222	617.8	1463
2015	166374	3797	560.3	1476
2016	166650	3345	529.9	1584
2017	166332	3195	565.3	1769
2018	165902	3354	610.3	1819
2019	165931	3339	588.9	1764

数据来源：《中国统计年鉴2020》

表4-1-2　2019/2020年度分省棉花生产情况

省份	农作物总播种面积（千公顷）	棉花播种面积（千公顷）	棉花产量（万吨）	单位面积产量（公斤/公顷）
全　国	165931	3339.2	588.9	1763.7
北　京	88.6	0.0	0.0	0.0
天　津	410.3	14.1	1.8	1262.0
河　北	8132.7	203.9	22.7	1115.3
山　西	3524.4	2.3	0.3	1307.9
内蒙古	8885.0	0.0	0.0	0.0
辽　宁	4217.1	0.0	0.0	0.0
上　海	261.4	0.0	0.0	0.0
江　苏	7442.6	11.6	1.6	1350.0
浙　江	1999.6	5.6	0.8	1454.8
安　徽	8782.0	60.3	5.6	921.0
福　建	1599.3	0.0	0.0	0.0
江　西	5521.2	42.6	6.6	1546.7

续表

省份	农作物总播种面积（千公顷）	棉花播种面积（千公顷）	棉花产量（万吨）	单位面积产量（公斤/公顷）
山　东	10933.1	169.3	19.6	1158.0
河　南	14714.0	33.8	2.7	802.3
湖　北	7815.9	162.8	14.4	882.0
湖　南	8122.8	63.0	8.2	1299.0
广　西	5989.2	1.1	0.1	1032.4
四　川	9693.0	2.9	0.3	975.1
贵　州	5481.6	0.0	0.0	0.0
云　南	6938.9	0.0	0.0	0.0
陕　西	4132.1	5.5	0.8	1399.5
甘　肃	3831.6	19.3	3.3	1689.5
新　疆	6170.0	2540.5	500.2	1969.1

数据来源：《中国统计年鉴2019》

表4-1-3　2019/2020年度新疆维吾尔自治区棉花生产情况

地区	棉花播种面积（千公顷）	棉花产量（万吨）	单位面积产量（公斤/公顷）
全区	2540.5	500.2	1969
乌鲁木齐市	0.16	0.02	1533
克拉玛依市	10.26	1.76	1713
吐鲁番市	5.38	0.73	1365
哈密地市	23.29	3.88	1665
昌吉回族自治州	155.8	30.55	1961
伊犁哈萨克自治州	11.58	2.26	1953
塔城地区	231.41	42.91	1855
博尔塔拉蒙古自治州	91.73	17.89	1950
巴音郭楞蒙古自治州	215.3	42.72	1984
阿克苏地区	493.81	86.99	1762
克孜勒苏柯尔克孜自治州	10.15	1.8	1773
喀什地区	415.8	64.85	1560
和田地区	7.05	1.05	1483
生产建设兵团	868.77	202.8	2334

数据来源：《新疆统计年鉴2020》

表4-1-4　2019/2020年度新疆维吾尔自治区长绒棉生产情况

地区	长绒棉播种面积（千公顷）	长绒棉产量（万吨）	单位面积产量（公斤/公顷）
全区	152.21	25.46	1673
阿克苏地区	51.54	6.69	1298
克孜勒苏柯尔克孜自治州	6.35	1.17	1843
喀什地区	63.21	10.7	1693
生产建设兵团	0.35	0.08	2286

数据来源：《新疆统计年鉴2020》

表4-1-5　2019/2020年度新疆生产建设兵团棉花生产情况

地区	棉花播种面积（千公顷）	棉花产量（万吨）	单位面积产量（公斤/公顷）
生产建设兵团	868.77	202.79	2334
一师	155.01	36.35	2345
二师	46.92	11.27	2402
三师	74.64	17.34	2323
四师	11.07	2.45	2214
五师	51.95	11.73	2258
六师	121.38	27.31	2250
七师	133.56	31.24	2339
八师	249.04	59.62	2394
九师	—	—	—
十师	5.99	1.35	2252
十一师	0.29	0.05	1731
十二师	2.99	0.52	1740
十三师	15.40	3.48	2260
十四师	0.47	0.08	1696

数据来源：《新疆生产建设兵团统计年鉴2020》

表4-1-6　2019/2020年度山东省棉花生产情况

地区	棉花播种面积（千公顷）	棉花产量（万吨）	单位面积产量（公斤/公顷）
全省	169.28	19.6	1158
济南市	3.842	0.5417	1410
青岛市	0.276	0.0434	1569
淄博市	1.041	0.1399	1344
枣庄市	1.065	0.1457	1367
东营市	19.606	1.5418	786
烟台市	0.029	0.0044	1534
潍坊市	6.227	0.5474	879
济宁市	33.783	4.4227	1309
泰安市	3.856	0.4897	1270
日照市	0.277	0.033	1190
莱芜市	2.796	0.3912	1399
临沂市	19.128	2.7017	1412
德州市	5.018	0.6364	1268
聊城市	22.803	2.2843	1002
滨州市	61.778	8.5503	1384
菏泽市	169.28	19.6	1158

数据来源：《山东统计年鉴2020》

表4-1-7　2019/2020年度河南省棉花生产情况

地区	棉花播种面积（千公顷）	棉花产量（万吨）	单位面积产量（公斤/公顷）
全省	27.46	3.56	1297*
郑州市	1.16	0.12	1047*
开封市	6.44	0.94	1461*
洛阳市	2.74	0.34	1249*
平顶山市	0.62	0.07	1101*
安阳市	1.97	0.24	1223*
鹤壁市	0.50	0.05	1061*

续表

地区	棉花播种面积（千公顷）	棉花产量（万吨）	单位面积产量（公斤/公顷）
新乡市	1.06	0.11	1082*
焦作市	0.14	0.02	1752*
濮阳市	0.97	0.13	1360*
许昌市	0.80	0.08	1016*
漯河市	0.24	0.03	1056*
三门峡市	1.18	0.12	981*
南阳市	1.66	0.23	1375*
商丘市	3.73	0.50	1342*
信阳市	0.77	0.08	1090*
周口市	2.71	0.41	1502*
驻马店市	0.45	0.05	1002*
济源市	0.33	0.04	1086*

数据来源：《河南统计年鉴2020》

注　带*的数据由国家棉花市场监测系统测算而得。

表4-1-8　2019/2020年度河北省棉花生产情况

地区	棉花播种面积（千公顷）	棉花产量（万吨）	单位面积产量（公斤/公顷）
全省	176.7	20.0	1245
石家庄市	—	—	—
秦皇岛市	—	—	—
唐山市	—	—	—
廊坊市	—	—	—
保定市	—	—	—
沧州市	—	—	—
衡水市	—	—	—
邢台市	—	—	—
邯郸市	—	—	—

数据来源：国家棉花市场监测系统

表4-1-9　2019/2020年度天津市棉花生产情况

地区	棉花播种面积（千公顷）	棉花产量（万吨）	单位面积产量（公斤/公顷）
全市	15.1	1.81	1199*
塘沽区	—	—	—
汉沽区	—	—	—
大港区	—	—	—
东丽区	—	—	—
西青区	—	—	—
津南区	—	—	—
北辰区	—	—	—
武清区	—	—	—
宝坻区	—	—	—
宁河县	—	—	—
静海县	—	—	—
蓟县	—	—	—

数据来源：《天津统计年鉴2020》

注　带*的数据由国家棉花市场监测系统测算而得。

表4-1-10　2019/2020年度陕西省棉花生产情况

地区	棉花播种面积（千公顷）	棉花产量（万吨）	单位面积产量（公斤/公顷）
全省	5.46	0.7633	1398
西安市	0.08	0.0122	1534
宝鸡市	0.01	0.0034	4359
咸阳市	—	0.0007	2100
渭南市	4.51	0.6357	1410
韩城市	0.04	0.0078	1976
延安市	0.56	0.0511	919
汉中市	0.03	0.0206	6143
榆林市	0.19	0.0265	1366
安康市	0.07	0.0127	1701
商洛市	—	0.0004	2609

数据来源：《陕西统计年鉴2020》

表4-1-11　2019/2020年度江苏省棉花生产情况

地区	棉花播种面积（千公顷）	棉花产量（万吨）	单位面积产量（公斤/公顷）
全省	11.6	1.57	1350
南京市	—	—	—
徐州市	—	—	—
常州市	—	—	—
苏州市	—	—	—
南通市	—	—	—
连云港市	—	—	—
淮安市	—	—	—
盐城市	—	—	—
扬州市	—	—	—
镇江市	—	—	—
泰州市	—	—	—
宿迁市	—	—	—

数据来源：《江苏统计年鉴2020》

表4-1-12　2019/2020年度安徽省棉花生产情况表

地区	棉花播种面积（千公顷）	棉花产量（万吨）	单位面积产量（公斤/公顷）
全省	68.67	5.1	735
合肥市	—	—	—
淮北市	—	—	—
亳州市	—	—	—
宿州市	—	—	—
蚌埠市	—	—	—
阜阳市	—	—	—
淮南市	—	—	—
滁州市	—	—	—
六安市	—	—	—
马鞍山市	—	—	—
芜湖市	—	—	—
宣城市	—	—	—

续表

地区	棉花播种面积（千公顷）	棉花产量（万吨）	单位面积产量（公斤/公顷）
铜陵市	—	—	—
池州市	—	—	—
安庆市	—	—	—
黄山市	—	—	—

数据来源：国家棉花市场监测系统

表4-1-13　2019/2020年度湖北省棉花生产情况表

地区	棉花播种面积（千公顷）	棉花产量（万吨）	单位面积产量（公斤/公顷）
全省	162.83	14.36	882*
武汉市	—	1.07	—
黄石市	—	0.37	—
十堰市	—	0.01	—
宜昌市	—	0.81	—
襄阳市	—	0.89	—
鄂州市	—	0.47	—
荆门市	—	0.49	—
孝感市	—	0.90	—
荆州市	—	3.80	—
黄冈市	—	2.50	—
咸宁市	—	0.39	—
随州市	—	0.46	—
仙桃市	—	1.06	—
天门市	—	0.15	—
潜江市	—	0.99	—

数据来源：《湖北统计年鉴2020》

注　带*的数据由国家棉花市场监测系统测算而得。

表4-1-14　2019/2020年度湖南省棉花生产情况表

地区	棉花播种面积（千公顷）	棉花产量（万吨）	单位面积产量（公斤/公顷）
全省	63	8.2	1299
长沙市	—	—	—

续表

地区	棉花播种面积（千公顷）	棉花产量（万吨）	单位面积产量（公斤/公顷）
株洲市	—	—	—
湘潭市	—	—	—
衡阳市	—	—	—
邵阳市	—	—	—
岳阳市	—	—	—
常德市	—	—	—
张家界市	—	—	—
益阳市	—	—	—
郴州市	—	—	—
永州市	—	—	—
怀化市	—	—	—
娄底市	—	—	—
湘西州	—	—	—

数据来源：《湖南统计年鉴2020》

表4-1-15　2019/2020年度江西省棉花生产情况表

地区	棉花播种面积（千公顷）	棉花产量（万吨）	单位面积产量（公斤/公顷）
全省	42.699	6.5724	1539
南昌市	1.095	0.1522	1390
景德镇市	1.14	0.1778	1560
九江市	26.32	4.0409	1535
新余市	1.588	0.2675	1685
吉安市	0.158	0.0283	1791
宜春市	6.769	0.9681	1430
抚州市	1.819	0.2604	1432
上饶市	3.804	0.6764	1778

数据来源：《江西统计年鉴2020》

表4-1-16　2019/2020年度四川省棉花生产情况

地区	棉花播种面积（千公顷）	棉花产量（万吨）	单位面积产量（公斤/公顷）
全省	2.85	0.28	975*
成都市	0.09	0.01	1309*
德阳市	0.14	0.01	839*
绵阳市	0.03	0.00	1038*
遂宁市	2.58	0.25	970*
眉山市	0.01	0.00	923*

数据来源：《四川统计年鉴2020》

注　带*的数据由国家棉花市场监测系统测算而得。

表4-1-17　2019/2020年度甘肃省棉花生产情况

地区	棉花播种面积（千公顷）	棉花产量（万吨）	单位面积产量（公斤/公顷）
全省	20.97	3.5	1656
白银市	—	—	—
武威市	—	—	—
酒泉市	—	—	—
金昌市	—	—	—

数据来源：国家棉花市场监测系统

表4-1-18　2019/2020年度辽宁省棉花生产情况表

地区	棉花播种面积（千公顷）	棉花产量（万吨）	单位面积产量（公斤/公顷）
全省	0.01	0.0022	2200
朝阳市	0.01	0.0022	2200

数据来源：《辽宁统计年鉴2020》

2 棉花价格

表4-2-1 2019/2020年度国家棉花价格指数月平均价格　　单位：元/吨

日期	国家棉花价格A指数	国家棉花价格B指数
2019年9月	13322	12947
2019年10月	13148	12728
2019年11月	13337	12967
2019年12月	13627	13298
2020年1月	14156	13866
2020年2月	13688	13380
2020年3月	12561	12145
2020年4月	11723	11393
2020年5月	11836	11503
2020年6月	12198	11885
2020年7月	12356	12032
2020年8月	12704	12336

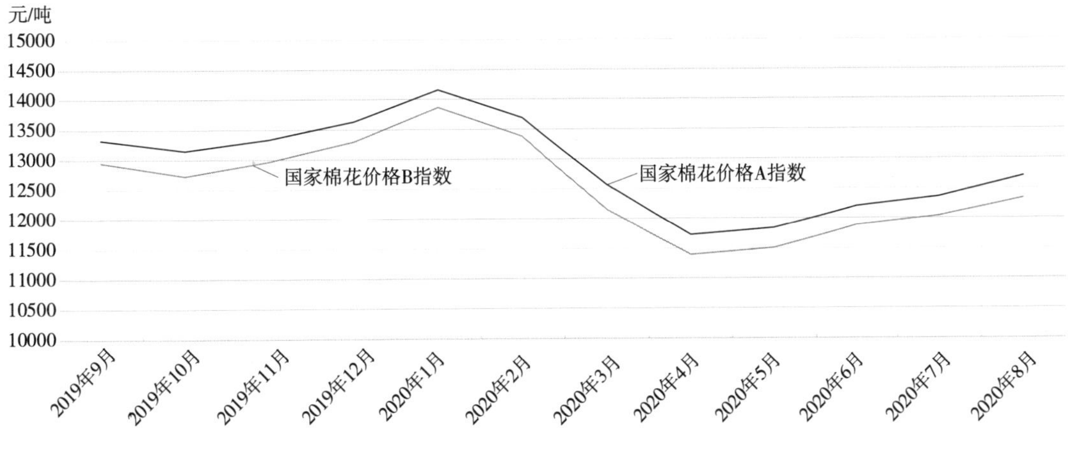

图4-2-1 2019/2020年度国家棉花价格指数月平均价格

表4-2-2 2019/2020年度国家棉花价格指数及中国棉花收购价格指数日价格 单位：元/吨

日期	国家棉花价格A指数	国家棉花价格B指数	中国棉花收购价格指数
2019-09-02	13349	12987	13060
2019-09-03	13310	12943	12997
2019-09-04	13314	12945	12840
2019-09-05	13320	12948	12780
2019-09-06	13332	12969	11522
2019-09-09	13345	12978	11522
2019-09-10	13347	12980	11506
2019-09-11	13352	12982	11576
2019-09-12	13347	12976	11619
2019-09-16	13364	12990	11694
2019-09-17	13398	13035	11825
2019-09-18	13385	13031	12011
2019-09-19	13374	13010	12092
2019-09-20	13370	13007	12092
2019-09-23	13370	13005	12115
2019-09-24	13364	13002	12094
2019-09-25	13348	12982	11047
2019-09-26	13295	12897	10899
2019-09-27	13252	12849	10827
2019-09-29	13128	12700	10558
2019-09-30	13106	12679	10443
2019-10-08	13096	12660	10612
2019-10-09	13100	12663	10688
2019-10-10	13102	12666	10722
2019-10-11	13104	12667	10778
2019-10-12	13108	12672	10885
2019-10-14	13148	12729	11038
2019-10-15	13149	12732	11048
2019-10-16	13154	12734	11158
2019-10-17	13154	12731	11213

续表

日期	国家棉花价格A指数	国家棉花价格B指数	中国棉花收购价格指数
2019-10-18	13155	12733	11285
2019-10-21	13159	12740	11359
2019-10-22	13156	12738	11390
2019-10-23	13157	12743	11483
2019-10-24	13160	12749	11518
2019-10-25	13159	12749	11495
2019-10-28	13168	12756	11549
2019-10-29	13175	12764	11645
2019-10-30	13185	12771	11648
2019-10-31	13222	12831	11634
2019-11-01	13265	12879	12157
2019-11-04	13272	12884	11640
2019-11-05	13282	12891	11653
2019-11-06	13298	12910	11657
2019-11-07	13303	12912	11604
2019-11-08	13303	12912	11604
2019-11-11	13305	12916	11675
2019-11-12	13309	12919	11719
2019-11-13	13313	12921	11749
2019-11-14	13318	12929	11699
2019-11-15	13340	12973	11642
2019-11-18	13372	13019	11640
2019-11-19	13364	13008	11667
2019-11-20	13382	13031	11586
2019-11-21	13371	13018	11514
2019-11-22	13360	13006	11551
2019-11-25	13363	13007	11682
2019-11-26	13373	13023	11691
2019-11-27	13389	13042	11649
2019-11-28	13389	13040	11409

续表

日期	国家棉花价格A指数	国家棉花价格B指数	中国棉花收购价格指数
2019-11-29	13408	13064	11346
2019-12-02	13403	13057	12312
2019-12-03	13398	13052	12311
2019-12-04	13395	13047	12325
2019-12-05	13399	13050	12300
2019-12-06	13464	13113	12300
2019-12-09	13527	13191	12310
2019-12-10	13531	13196	12311
2019-12-11	13537	13206	12362
2019-12-12	13568	13237	12405
2019-12-13	13622	13289	12406
2019-12-16	13645	13314	12443
2019-12-17	13664	13334	12425
2019-12-18	13665	13336	12430
2019-12-19	13688	13361	12417
2019-12-20	13703	13381	12389
2019-12-23	13698	13381	12440
2019-12-24	13704	13386	12446
2019-12-25	13701	13384	12462
2019-12-26	13703	13385	12469
2019-12-27	13780	13467	12495
2019-12-30	13990	13680	12525
2019-12-31	14014	13709	12571
2020-01-02	14032	13729	12571
2020-01-03	14056	13755	12574
2020-01-06	14079	13781	12595
2020-01-07	14164	13873	12615
2020-01-08	14187	13899	12605
2020-01-09	14217	13932	12609
2020-01-10	14222	13938	12614

续表

日期	国家棉花价格A指数	国家棉花价格B指数	中国棉花收购价格指数
2020-01-13	14244	13961	12670
2020-01-14	14228	13937	12549
2020-01-15	14201	13911	12552
2020-01-16	14197	13909	12532
2020-01-17	14194	13909	12534
2020-01-19	14195	13911	12538
2020-01-20	14197	13913	12538
2020-01-21	14180	13893	12513
2020-01-22	14032	13733	12525
2020-01-23	14024	13729	12526
2020-02-03	13809	13506	12517
2020-02-04	13710	13413	12495
2020-02-05	13702	13403	12490
2020-02-06	13700	13402	12487
2020-02-07	13705	13405	12463
2020-02-10	13704	13403	12472
2020-02-11	13706	13404	12476
2020-02-12	13667	13362	12443
2020-02-13	13670	13364	12417
2020-02-14	13666	13358	12400
2020-02-17	13743	13440	12409
2020-02-18	13729	13429	12426
2020-02-19	13732	13431	12408
2020-02-20	13746	13441	12414
2020-02-21	13740	13434	12406
2020-02-24	13679	13367	12407
2020-02-25	13669	13355	12393
2020-02-26	13668	13352	12368
2020-02-27	13606	13289	12362
2020-02-28	13407	13045	12334

续表

日期	国家棉花价格A指数	国家棉花价格B指数	中国棉花收购价格指数
2020-03-02	13269	12842	12253
2020-03-03	13271	12846	12293
2020-03-04	13199	12767	12312
2020-03-05	13212	12780	12300
2020-03-06	13216	12784	12271
2020-03-09	13097	12661	12214
2020-03-10	13102	12666	12196
2020-03-11	13098	12665	12213
2020-03-12	13064	12630	12194
2020-03-13	12933	12502	12173
2020-03-16	12834	12402	12141
2020-03-17	12790	12359	12135
2020-03-18	12788	12359	12102
2020-03-19	12538	12094	12114
2020-03-20	12287	11859	12084
2020-03-23	11912	11407	12194
2020-03-24	11741	11337	11813
2020-03-25	11575	11148	11487
2020-03-26	11636	11294	
2020-03-27	11662	11346	
2020-03-30	11619	11295	
2020-03-31	11505	11137	
2020-04-01	11562	11206	
2020-04-02	11533	11167	
2020-04-03	11550	11183	
2020-04-07	11634	11274	
2020-04-08	11723	11410	
2020-04-09	11756	11442	
2020-04-10	11778	11463	
2020-04-13	11797	11479	

续表

日期	国家棉花价格A指数	国家棉花价格B指数	中国棉花收购价格指数
2020-04-14	11786	11464	
2020-04-15	11781	11457	
2020-04-16	11775	11453	
2020-04-17	11774	11451	
2020-04-20	11780	11459	
2020-04-21	11746	11425	
2020-04-22	11690	11366	
2020-04-23	11780	11449	
2020-04-24	11746	11419	
2020-04-26	11744	11415	
2020-04-27	11741	11413	
2020-04-28	11726	11392	
2020-04-29	11741	11413	
2020-04-30	11770	11447	
2020-05-06	11653	11330	
2020-05-07	11719	11396	
2020-05-08	11807	11479	
2020-05-09	11833	11505	
2020-05-11	11821	11495	
2020-05-12	11775	11437	
2020-05-13	11753	11410	
2020-05-14	11750	11405	
2020-05-15	11759	11417	
2020-05-18	11776	11434	
2020-05-19	11844	11504	
2020-05-20	11915	11577	
2020-05-21	11896	11557	
2020-05-22	11872	11536	
2020-05-25	11876	11541	
2020-05-26	11928	11603	

续表

日期	国家棉花价格A指数	国家棉花价格B指数	中国棉花收购价格指数
2020-05-27	11991	11668	
2020-05-28	11968	11641	
2020-05-29	11949	11621	
2020-06-01	12081	11751	
2020-06-02	12107	11789	
2020-06-03	12132	11809	
2020-06-04	12139	11815	
2020-06-05	12228	11916	
2020-06-08	12269	11953	
2020-06-09	12333	12034	
2020-06-10	12330	12031	
2020-06-11	12303	11998	
2020-06-12	12266	11951	
2020-06-15	12212	11898	
2020-06-16	12210	11890	
2020-06-17	12213	11893	
2020-06-18	12223	11911	
2020-06-19	12240	11936	
2020-06-22	12198	11890	
2020-06-23	12162	11852	
2020-06-24	12142	11830	
2020-06-28	12124	11808	
2020-06-29	12116	11803	
2020-06-30	12137	11818	
2020-07-01	12156	11839	
2020-07-02	12211	11895	
2020-07-03	12245	11943	
2020-07-06	12291	11988	
2020-07-07	12282	11974	
2020-07-08	12280	11970	

续表

日期	国家棉花价格A指数	国家棉花价格B指数	中国棉花收购价格指数
2020-07-09	12327	12010	
2020-07-10	12335	12015	
2020-07-13	12376	12049	
2020-07-14	12333	12003	
2020-07-15	12340	12011	
2020-07-16	12307	11982	
2020-07-17	12296	11967	
2020-07-20	12293	11966	
2020-07-21	12345	12028	
2020-07-22	12468	12151	
2020-07-23	12428	12109	
2020-07-24	12422	12105	
2020-07-27	12397	12081	
2020-07-28	12457	12115	
2020-07-29	12510	12175	
2020-07-30	12560	12196	
2020-07-31	12528	12160	
2020-08-03	12565	12193	
2020-08-04	12564	12190	
2020-08-05	12563	12189	
2020-08-06	12609	12239	
2020-08-07	12650	12281	
2020-08-10	12610	12235	
2020-08-11	12595	12220	
2020-08-12	12611	12244	
2020-08-13	12591	12224	
2020-08-14	12610	12241	
2020-08-17	12656	12288	
2020-08-18	12699	12331	
2020-08-19	12694	12327	

续表

日期	国家棉花价格A指数	国家棉花价格B指数	中国棉花收购价格指数
2020-08-20	12697	12329	
2020-08-21	12722	12357	
2020-08-24	12801	12437	
2020-08-25	12867	12508	
2020-08-26	12866	12506	
2020-08-27	12890	12524	
2020-08-28	12927	12564	
2020-08-31	13004	12636	

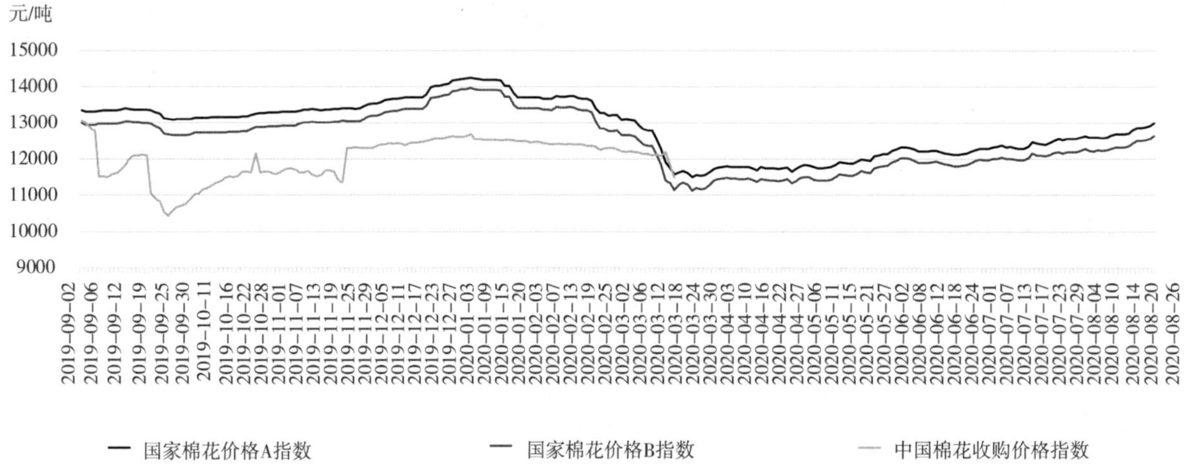

图4-2-2　2019/2020年度国家棉花价格指数及中国棉花收购价格指数日价格

表4-2-3　2019/2020年度国内各等级棉花分月价格　　单位：元/吨

日期	1129B级	2129B级	3128B级	4129B级	2227B级
2019年9月	13638	13322	12947	12555	12269
2019年10月	13440	13148	12728	12271	11967
2019年11月	13607	13337	12967	12444	12082
2019年12月	13853	13627	13298	12655	12294
2020年1月	14381	14156	13866	13190	12801
2020年2月	13944	13688	13380	12844	12542
2020年3月	12914	12561	12145	11884	11648
2020年4月	11941	11723	11393	10977	10721

续表

日期	1129B级	2129B级	3128B级	4129B级	2227B级
2020年5月	12067	11836	11503	11134	10822
2020年6月	12424	12198	11885	11464	11079
2020年7月	12603	12356	12032	11654	11242
2020年8月	12962	12704	12336	11941	11515

表4-2-4 2019/2020年度中国主要地区棉花价格

单位：元/吨

日期	冀鲁豫地区				
	1129B级	2129B级	3128B级	4128B级	2227B级
2019年9月	13611	13333	12963	12527	12230
2019年10月	13456	13212	12745	12233	11918
2019年11月	13667	13426	13006	12447	12067
2019年12月	13882	13668	13316	12635	12273
2020年1月	14443	14209	13885	13187	12804
2020年2月	13983	13714	13385	12888	12597
2020年3月	12916	12564	12165	11902	11657
2020年4月	11956	11730	11411	11017	10744
2020年5月	12069	11823	11506	11165	10839
2020年6月	12433	12206	11899	11493	11104
2020年7月	12616	12361	12052	11675	11275
2020年8月	12991	12718	12355	11965	11537
日期	长江中下游地区				
	1129B级	2129B级	3128B级	4129B级	2227B级
2019年9月	13672	13302	12914	12583	12305
2019年10月	13448	13068	12703	12338	12055
2019年11月	13539	13214	12907	12441	12109
2019年12月	13837	13586	13281	12706	12351
2020年1月	14322	14109	13867	13247	12827
2020年2月	13906	13682	13381	12803	12471
2020年3月	12919	12562	12109	11855	11639
2020年4月	11922	11717	11362	10929	10684

续表

日期	长江中下游地区				
	1129B级	2129B级	3128B级	4129B级	2227B级
2020年5月	12063	11858	11497	11093	10796
2020年6月	12400	12183	11859	11422	11039
2020年7月	12579	12342	11995	11627	11191
2020年8月	12918	12685	12304	11901	11482
日期	东南沿海地区				
	1129B级	2129B级	3128B级	4129B级	2227B级
2019年9月	13711	13347	12979	12651	12432
2019年10月	13371	13084	12723	12279	11911
2019年11月	13540	13286	12975	12481	12086
2019年12月	13745	13545	13268	12619	12237
2020年1月	14243	14037	13806	13049	12654
2020年2月	13924	13463	13377	12782	12477
2020年3月	12955	12590	12159	11897	11665
2020年4月	11973	11769	11435	11026	10772
2020年5月	12097	11894	11571	11174	10856
2020年6月	12498	12291	11963	11496	11116
2020年7月	12674	12452	12130	11687	11260
2020年8月	13017	12784	12455	12015	11555
日期	西南地区				
	1129B级	2129B级	3128B级	4129B级	2227B级
2019年9月	13693	13398	12992	12624	12343
2019年10月	13366	13068	12717	12238	11955
2019年11月	13538	13288	13001	12438	12088
2019年12月	13798	13592	13327	12700	12348
2020年1月	14326	14129	13820	13153	12772
2020年2月	13920	13707	13456	12780	12568
2020年3月	12940	12583	12193	11913	11665
2020年4月	11962	11759	11408	10933	10768
2020年5月	12134	11913	11608	11187	10892

续表

日期	西南地区				
	1129B级	2129B级	3128B级	4129B级	2227B级
2020年6月	12524	12269	11974	11490	11143
2020年7月	12728	12522	12143	11728	11313
2020年8月	13064	12814	12464	12064	11574
日期	西北内陆地区				
	1129B级	2129B级	3128B级	4129B级	2227B级
2019年9月	13652	13279	12925	12593	12337
2019年10月	13300	13004	12679	12288	12005
2019年11月	13452	13155	12893	12424	12107
2019年12月	13710	13472	13220	12606	12264
2020年1月	14179	13951	13742	13041	12738
2020年2月	13795	13588	13311	12713	12414
2020年3月	12830	12511	12114	11848	11591
2020年4月	11882	11666	11352	10845	10670
2020年5月	12050	11800	11444	11014	10776
2020年6月	12376	12123	11812	11372	11019
2020年7月	12512	12262	11947	11549	11151
2020年8月	12845	12595	12231	11839	11423
日期	北方地区				
	1129B级	2129B级	3128B级	4129B级	2227B级
2019年9月	13659	13346	12983	12591	12300
2019年10月	13400	13123	12764	12272	12000
2019年11月	13514	13314	12954	12393	12000
2019年12月	13873	13673	13284	12581	12177
2020年1月	14353	14153	13774	13096	12756
2020年2月	13900	13686	13359	12758	12523
2020年3月	12900	12534	12133	11867	11642
2020年4月	11891	11683	11389	10885	10670
2020年5月	12032	11793	11462	11082	10774
2020年6月	12448	12190	11867	11448	11052
2020年7月	12591	12359	12001	11630	11228
2020年8月	12930	12681	12280	11930	11509

续表

日期	新疆维吾尔自治区				
	1129B级	2129B级	3128B级	4129B级	2227B级
2019年9月	13616	13278	12868	12578	12319
2019年10月	13344	13070	12700	12400	12115
2019年11月	13494	13241	12952	12565	12233
2019年12月	13601	13373	13131	12693	12362
2020年1月	14150	13935	13719	13212	12823
2020年2月	13791	13584	13347	12910	12512
2020年3月	12910	12595	12194	11924	11631
2020年4月	11991	11718	11388	11027	10720
2020年5月	12037	11775	11470	11124	10785
2020年6月	12364	12116	11848	11478	11115
2020年7月	12532	12302	12036	11675	11332
2020年8月	12788	12546	12284	11887	11527

表4-2-5　2019/2020年度中国棉花收购价格指数月均值

日期	中国棉花收购价格指数（元/吨）	日期	中国棉花收购价格指数（元/吨）
2019年9月	11767	2020年1月	12568
2019年10月	11218	2020年2月	12429
2019年11月	11644	2020年3月	12138
2019年12月	12402		

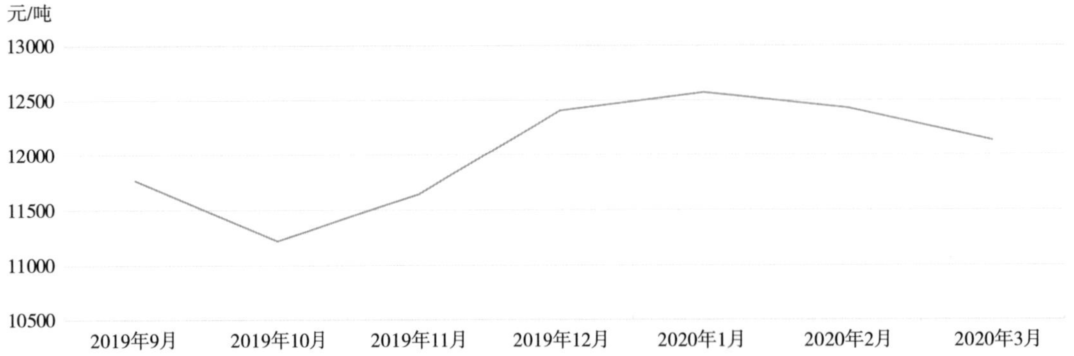

图4-2-3　2019/2020年度中国棉花收购价格指数月均值

表4-2-6 2019/2020年度中国主要地区籽棉收购折皮棉成本月平均价格 单位：元/吨

日期	山东	河南	河北	陕西	山西	安徽	江苏	湖南	新疆
2019年9月	12466	10821	12181	—	—	11955	12254	14554	10417
2019年10月	12300	11385	12081	11922	11922	11881	11045	11790	10985
2019年11月	12303	12110	12414	12273	12273	12086	11313	12446	11419
2019年12月	12313	12018	12498	12368	12368	12373	12119	13005	—
2020年1月	12464	11977	12859	12458	12458	12816	12882	13171	—
2020年2月	12562	11594	12518	12400	12400	12957	12639	12909	—
2020年3月	12124	11600	12117	12434	12434	12594	12087	12065	—

表4-2-7 2019/2020年度内地与新疆棉籽月均价对比 单位：元/公斤

日期	内地	新疆
2019年9月	2.41	1.95
2019年10月	2.20	1.67
2019年11月	2.22	1.79

表4-2-8 2019/2020年度中棉花、纯棉纱及涤纶短纤月均价格 单位：元/吨

日期	国家棉花价格B指数	32英支纯棉纱	涤纶短纤	棉、纱价差	棉、涤价差
2019年9月	12947	20222	7325	7275	5623
2019年10月	12728	20217	7103	7489	5625
2019年11月	12967	20380	6752	7413	6215
2019年12月	13298	20291	6854	6993	6444
2020年1月	13866	20477	6945	6611	6921
2020年2月	13380	20470	6656	7090	6724
2020年3月	12145	20344	6065	8199	6080
2020年4月	11393	19212	5829	7819	5564
2020年5月	11503	18776	5716	7273	5787
2020年6月	11885	18714	5764	6829	6121
2020年7月	12032	18613	5375	6581	6657
2020年8月	12336	18517	5424	6181	6912

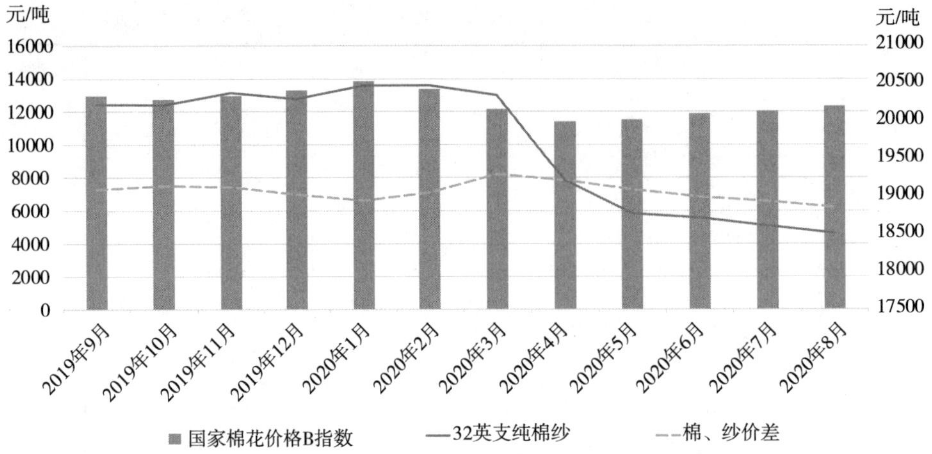

（a）

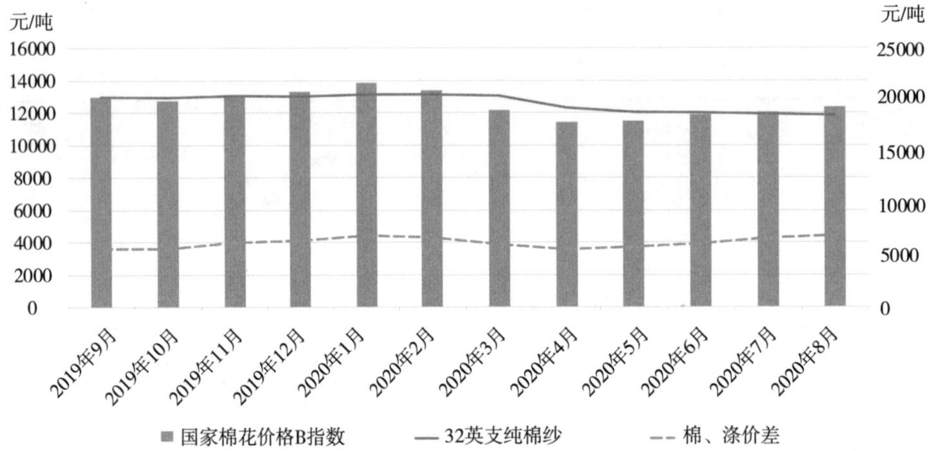

（b）

图4-2-4　2019/2020年度中棉花、纯棉纱及涤纶短纤月均价格

表4-2-9　2019年度郑州棉花期货主力合约日交易量价统计

交易日期	合约代码	开盘（元/吨）	最高（元/吨）	最低（元/吨）	收盘（元/吨）	结算（元/吨）	成交量（手）	持仓量（手）
2019-09-02	CF101	12500	12625	12395	12435	12515	402380	534582
2019-09-03	CF101	12435	12580	12355	12520	12465	328422	529810
2019-09-04	CF101	12500	12650	12430	12610	12520	503014	553308
2019-09-05	CF101	12625	12750	12550	12670	12650	639962	558178
2019-09-06	CF101	12690	13160	12680	12925	12940	1362722	552704
2019-09-09	CF101	12960	12965	12820	12890	12880	404812	562028
2019-09-10	CF101	12875	12995	12860	12940	12940	462742	548394
2019-09-11	CF101	12940	13025	12910	12975	12970	425942	530100
2019-09-12	CF101	13000	13050	12840	12970	12930	417142	514562

续表

交易日期	合约代码	开盘（元/吨）	最高（元/吨）	最低（元/吨）	收盘（元/吨）	结算（元/吨）	成交量（手）	持仓量（手）
2019-09-16	CF101	13255	13285	13050	13070	13145	310406	523752
2019-09-17	CF101	13100	13125	13025	13070	13085	275948	530536
2019-09-18	CF101	13075	13155	12820	12915	12975	521690	554746
2019-09-19	CF101	12890	12950	12855	12890	12900	253996	538294
2019-09-20	CF101	12890	12990	12785	12950	12905	360480	539142
2019-09-23	CF101	12960	12970	12760	12850	12845	392934	562262
2019-09-24	CF101	12810	12880	12605	12615	12770	380140	585616
2019-09-25	CF101	12615	12645	12545	12580	12595	332798	587810
2019-09-26	CF101	12545	12565	12425	12455	12495	387886	592554
2019-09-27	CF101	12490	12490	12010	12135	12205	781556	571584
2019-09-30	CF101	12165	12190	11970	12015	12085	474444	580396
2019-10-08	CF101	12045	12195	12045	12175	12125	262982	608068
2019-10-09	CF101	12170	12365	12150	12320	12285	621580	641768
2019-10-10	CF101	12355	12445	12305	12375	12370	464714	642228
2019-10-11	CF101	12370	12400	12310	12380	12355	363000	651460
2019-10-14	CF101	12400	12830	12380	12745	12660	1144926	695056
2019-10-15	CF101	12665	12720	12525	12565	12625	582310	683310
2019-10-16	CF101	12590	12740	12535	12585	12655	646258	692562
2019-10-17	CF101	12605	12720	12420	12665	12600	631004	695246
2019-10-18	CF101	12685	12760	12580	12685	12680	507740	691170
2019-10-21	CF101	12680	12840	12615	12660	12715	613436	693988
2019-10-22	CF101	12685	12760	12560	12735	12670	508460	695610
2019-10-23	CF101	12785	12850	12670	12745	12765	551004	704074
2019-10-24	CF101	12725	12830	12690	12730	12765	406862	710266
2019-10-25	CF101	12750	12815	12640	12775	12745	477674	695840
2019-10-28	CF101	12790	12980	12690	12715	12845	1055796	702744
2019-10-29	CF101	12745	13045	12710	13025	12905	860854	746980
2019-10-30	CF101	13025	13060	12955	13050	13005	576988	765676
2019-10-31	CF101	13035	13215	13015	13170	13130	879728	757020

续表

交易日期	合约代码	开盘（元/吨）	最高（元/吨）	最低（元/吨）	收盘（元/吨）	结算（元/吨）	成交量（手）	持仓量（手）
2019-11-01	CF101	13125	13160	12930	13085	13050	674100	731958
2019-11-04	CF101	13090	13130	12980	12980	13060	530010	731974
2019-11-05	CF101	12980	13150	12940	13115	13045	619416	742132
2019-11-06	CF101	13115	13160	13030	13060	13090	570236	723100
2019-11-07	CF101	13085	13110	12855	12920	12980	599028	733056
2019-11-08	CF101	13055	13095	12925	12970	13020	550456	714326
2019-11-11	CF101	12940	12950	12805	12815	12870	541646	703842
2019-11-12	CF101	12800	12825	12730	12810	12770	408254	677118
2019-11-13	CF101	12805	13085	12765	13025	12940	720470	665000
2019-11-14	CF101	13015	13060	12955	12985	13010	433902	650338
2019-11-15	CF101	13025	13115	12940	13020	13025	519208	638782
2019-11-18	CF101	13025	13125	13000	13015	13060	544522	636540
2019-11-19	CF101	12980	13005	12800	12835	12900	481410	614978
2019-11-20	CF101	12845	12950	12820	12915	12895	381036	588450
2019-11-21	CF101	12905	12935	12580	12655	12725	728606	593974
2019-11-22	CF101	12650	12795	12650	12735	12730	421180	561210
2019-11-25	CF101	12730	12830	12665	12760	12740	325196	529564
2019-11-26	CF005	13265	13415	13220	13350	13325	291058	573034
2019-11-27	CF005	13355	13390	13275	13315	13335	167034	584280
2019-11-28	CF005	13340	13395	13180	13215	13285	260562	595320
2019-11-29	CF005	13205	13310	13200	13245	13265	172932	592970
2019-12-02	CF005	13270	13270	13080	13085	13155	253698	622456
2019-12-03	CF005	13090	13165	12925	12995	13055	431250	656364
2019-12-04	CF005	12945	12990	12840	12930	12930	418780	661260
2019-12-05	CF005	13015	13050	12955	13030	13000	322358	664340
2019-12-06	CF005	13050	13280	13020	13270	13140	524130	671718
2019-12-09	CF005	13225	13325	13190	13220	13255	425520	714880
2019-12-10	CF005	13205	13255	13140	13195	13205	359660	737642
2019-12-11	CF005	13195	13335	13160	13215	13255	511166	784386

续表

交易日期	合约代码	开盘（元/吨）	最高（元/吨）	最低（元/吨）	收盘（元/吨）	结算（元/吨）	成交量（手）	持仓量（手）
2019-12-12	CF005	13180	13345	13175	13330	13270	407994	830584
2019-12-13	CF005	13325	13480	13225	13370	13355	681328	850792
2019-12-16	CF005	13380	13425	13170	13340	13305	577194	854702
2019-12-17	CF005	13355	13395	13290	13380	13355	306438	871826
2019-12-18	CF005	13365	13450	13275	13310	13370	517694	907772
2019-12-19	CF005	13310	13430	13270	13390	13345	417022	910378
2019-12-20	CF005	13405	13450	13350	13400	13400	386794	909350
2019-12-23	CF005	13400	13475	13320	13340	13400	463030	920142
2019-12-24	CF005	13355	13445	13355	13380	13395	356122	920310
2019-12-25	CF005	13375	13405	13280	13315	13355	286344	917972
2019-12-26	CF005	13325	13425	13280	13415	13365	279484	914188
2019-12-27	CF005	13410	13710	13400	13645	13575	1096472	1081114
2019-12-30	CF005	13630	14085	13600	14005	13890	1453386	1162280
2019-12-31	CF005	14035	14070	13910	13980	13985	831740	1166786
2020-01-02	CF005	13940	14270	13865	13975	14070	585483	584811
2020-01-03	CF005	14000	14130	13965	14015	14035	316908	580012
2020-01-06	CF005	13950	14130	13840	14070	13995	404393	581223
2020-01-07	CF005	14060	14260	14050	14215	14175	462813	602127
2020-01-08	CF005	14200	14225	14025	14165	14150	347824	598887
2020-01-09	CF005	14165	14380	14160	14260	14290	557825	609234
2020-01-10	CF005	14285	14365	14215	14285	14300	277682	608251
2020-01-13	CF005	14300	14445	14265	14430	14370	340500	615254
2020-01-14	CF005	14420	14450	14070	14160	14240	399688	601743
2020-01-15	CF005	14195	14240	13920	13930	14065	396914	588061
2020-01-16	CF005	13915	14110	13890	14020	14010	297451	588913
2020-01-17	CF005	14000	14080	13925	14030	14005	212663	582676
2020-01-20	CF005	14105	14175	13965	13995	14075	266499	580274
2020-01-21	CF005	13970	14075	13750	13795	13900	338475	561552
2020-01-22	CF005	13845	13855	13340	13705	13570	547977	536791

续表

交易日期	合约代码	开盘（元/吨）	最高（元/吨）	最低（元/吨）	收盘（元/吨）	结算（元/吨）	成交量（手）	持仓量（手）
2020-01-23	CF005	13730	13730	13300	13440	13515	360868	519451
2020-02-03	CF005	12570	12890	12565	12565	12680	276129	495069
2020-02-04	CF005	12130	12810	12130	12620	12580	297277	494865
2020-02-05	CF005	12710	13030	12685	12950	12905	373725	498833
2020-02-06	CF005	12920	13200	12830	13120	13035	387693	514017
2020-02-07	CF005	13065	13145	13060	13135	13105	180537	512995
2020-02-10	CF005	13035	13110	13015	13075	13065	176034	516875
2020-02-11	CF005	13105	13190	13070	13125	13130	211080	512549
2020-02-12	CF005	13125	13175	12885	13070	13025	273536	497942
2020-02-13	CF005	13100	13150	12995	13045	13070	204498	490945
2020-02-14	CF005	13010	13055	12920	13030	12990	235260	487426
2020-02-17	CF005	13080	13510	13055	13510	13345	636829	513807
2020-02-18	CF005	13395	13415	13115	13180	13250	484477	479563
2020-02-19	CF005	13210	13315	13200	13260	13270	236246	475060
2020-02-20	CF005	13345	13375	13240	13325	13315	223757	474993
2020-02-21	CF005	13300	13375	13225	13265	13300	234570	474795
2020-02-24	CF005	13195	13230	12785	12935	13005	406173	470704
2020-02-25	CF005	12845	13045	12775	13015	12895	323452	474942
2020-02-26	CF005	12890	12940	12790	12805	12870	238272	470284
2020-02-27	CF005	12750	12790	12620	12625	12690	229905	463093
2020-02-28	CF005	12345	12410	12180	12180	12260	390452	441877
2020-03-02	CF005	12105	12550	12105	12390	12365	344530	424144
2020-03-03	CF005	12550	12715	12465	12520	12590	412655	424313
2020-03-04	CF005	12410	12515	12400	12490	12470	232890	422691
2020-03-05	CF005	12480	12865	12480	12770	12695	417329	424441
2020-03-06	CF005	12705	12750	12585	12600	12665	366826	414658
2020-03-09	CF005	12190	12325	12155	12175	12200	392089	412250
2020-03-10	CF005	12305	12545	12265	12450	12425	319331	403643
2020-03-11	CF005	12425	12510	12315	12325	12405	209862	398340

续表

交易日期	合约代码	开盘（元/吨）	最高（元/吨）	最低（元/吨）	收盘（元/吨）	结算（元/吨）	成交量（手）	持仓量（手）
2020-03-12	CF005	12320	12380	12045	12150	12180	394219	406738
2020-03-13	CF005	11970	11980	11690	11775	11760	577367	401450
2020-03-16	CF005	11690	11705	11435	11435	11575	384637	402424
2020-03-17	CF005	11400	11615	11385	11560	11520	352487	395325
2020-03-18	CF005	11430	11675	11350	11530	11560	378650	362077
2020-03-19	CF005	11460	11560	11095	11095	11260	303945	355744
2020-03-20	CF005	11135	11210	10885	10990	11015	480121	333375
2020-03-23	CF005	10600	10650	10570	10570	10580	104167	341350
2020-03-24	CF005	10480	10480	9935	10360	10280	638379	329600
2020-03-25	CF005	10560	10695	10430	10695	10545	443830	323576
2020-03-26	CF005	10600	10880	10495	10645	10710	502069	313847
2020-03-27	CF005	10610	10850	10605	10720	10735	341469	300025
2020-03-30	CF005	10455	10525	10145	10410	10355	321220	289090
2020-03-31	CF005	10560	10650	10480	10540	10560	228655	271602
2020-04-01	CF009	10965	11050	10715	10740	10900	325237	287482
2020-04-02	CF009	10500	10970	10470	10895	10750	406844	299643
2020-04-03	CF009	11000	11080	10780	10875	10910	337214	304749
2020-04-07	CF009	11280	11300	11110	11180	11180	280621	306123
2020-04-08	CF009	11125	11750	11040	11505	11465	705411	344367
2020-04-09	CF009	11530	11630	11470	11515	11540	343843	357315
2020-04-10	CF009	11450	11685	11365	11535	11555	376577	362093
2020-04-13	CF009	11630	11700	11280	11340	11490	373156	366580
2020-04-14	CF009	11355	11550	11310	11415	11425	335011	368536
2020-04-15	CF009	11425	11520	11345	11380	11425	281870	372587
2020-04-16	CF009	11365	11460	11300	11310	11380	250008	363475
2020-04-17	CF009	11405	11545	11335	11400	11420	330502	371600
2020-04-20	CF009	11300	11545	11300	11520	11435	313358	375437
2020-04-21	CF009	11525	11630	11150	11165	11345	457411	375429
2020-04-22	CF009	11100	11325	10855	11295	11105	536406	374311

续表

交易日期	合约代码	开盘（元/吨）	最高（元/吨）	最低（元/吨）	收盘（元/吨）	结算（元/吨）	成交量（手）	持仓量（手）
2020-04-23	CF009	11600	11745	11460	11695	11610	598994	375883
2020-04-24	CF009	11620	11650	11440	11460	11520	404489	377619
2020-04-27	CF009	11410	11630	11405	11465	11520	325901	373136
2020-04-28	CF009	11430	11485	11290	11400	11395	336026	380931
2020-04-29	CF009	11505	11540	11435	11450	11485	261967	364924
2020-04-30	CF009	11580	11670	11520	11650	11590	240408	358283
2020-05-06	CF009	11400	11400	11170	11335	11280	314524	374401
2020-05-07	CF009	11325	11600	11285	11540	11445	465651	387016
2020-05-08	CF009	11600	11830	11560	11655	11705	739105	404563
2020-05-11	CF009	11745	11790	11565	11620	11700	449999	411136
2020-05-12	CF009	11600	11730	11500	11535	11615	391900	403088
2020-05-13	CF009	11610	11655	11425	11550	11540	440284	400920
2020-05-14	CF009	11570	11615	11440	11490	11515	285027	398315
2020-05-15	CF009	11485	11670	11435	11645	11570	404808	390089
2020-05-18	CF009	11665	11800	11530	11590	11665	577122	394584
2020-05-19	CF009	11625	11905	11585	11730	11740	761119	409830
2020-05-20	CF009	11740	11955	11715	11800	11845	635305	415751
2020-05-21	CF009	11820	11860	11725	11790	11795	456253	413854
2020-05-22	CF009	11830	11860	11550	11580	11695	550170	405249
2020-05-25	CF009	11575	11635	11455	11620	11565	410642	390558
2020-05-26	CF009	11620	11685	11570	11630	11625	308511	391100
2020-05-27	CF009	11700	11735	11585	11605	11650	415877	394640
2020-05-28	CF009	11595	11630	11490	11560	11560	414492	402340
2020-05-29	CF009	11565	11580	11470	11480	11520	315622	409820
2020-06-01	CF009	11460	11720	11400	11695	11570	520646	374996
2020-06-02	CF009	11630	11845	11625	11740	11735	477470	376994
2020-06-03	CF009	11765	11800	11710	11785	11760	311167	376915
2020-06-04	CF009	11815	11840	11670	11780	11760	394322	374276
2020-06-05	CF009	11750	12045	11730	11985	11910	813882	411208

续表

交易日期	合约代码	开盘（元/吨）	最高（元/吨）	最低（元/吨）	收盘（元/吨）	结算（元/吨）	成交量（手）	持仓量（手）
2020-06-08	CF009	12020	12155	11935	11985	12025	547678	403532
2020-06-09	CF009	11985	12150	11900	12095	12035	453071	405502
2020-06-10	CF009	12030	12085	11990	12020	12035	319459	398961
2020-06-11	CF009	12025	12060	11850	11975	11975	458242	387017
2020-06-12	CF009	11930	11965	11790	11855	11870	358170	377831
2020-06-15	CF009	11880	11955	11700	11715	11835	382153	375087
2020-06-16	CF009	11700	11860	11685	11835	11795	242077	362741
2020-06-17	CF009	11880	11925	11755	11840	11830	282432	362708
2020-06-18	CF009	11845	11910	11820	11890	11865	200504	355520
2020-06-19	CF009	11890	11950	11845	11910	11900	256469	358467
2020-06-22	CF009	11905	11930	11720	11730	11805	303766	389535
2020-06-23	CF009	11710	11780	11655	11670	11720	287816	396579
2020-06-24	CF009	11690	11720	11625	11650	11670	207415	386623
2020-06-29	CF009	11650	11755	11600	11665	11680	222506	384220
2020-06-30	CF009	11665	11755	11655	11675	11710	235086	378536
2020-07-01	CF009	11690	11820	11650	11785	11750	290187	365735
2020-07-02	CF009	11755	11945	11750	11890	11875	357024	356084
2020-07-03	CF009	11915	12015	11865	11950	11935	313140	349209
2020-07-06	CF009	11950	12045	11895	12025	11965	287379	350832
2020-07-07	CF009	12040	12065	11860	11950	11975	306641	336902
2020-07-08	CF009	11950	12005	11880	11925	11935	257574	341609
2020-07-09	CF009	11925	12135	11925	12110	12040	390688	337383
2020-07-10	CF009	12125	12250	11970	12055	12110	559611	328385
2020-07-13	CF009	12040	12200	12030	12130	12130	320848	329611
2020-07-14	CF009	12130	12160	11945	11995	12045	321436	322146
2020-07-15	CF009	11980	12105	11975	12080	12050	264530	314367
2020-07-16	CF009	12090	12120	11915	11950	12015	277996	309311
2020-07-17	CF009	11925	12060	11925	11945	11985	237222	303568
2020-07-20	CF009	11930	11985	11875	11980	11930	211177	297613

续表

交易日期	合约代码	开盘（元/吨）	最高（元/吨）	最低（元/吨）	收盘（元/吨）	结算（元/吨）	成交量（手）	持仓量（手）
2020-07-21	CF009	12010	12140	11995	12080	12080	291352	296049
2020-07-22	CF009	12080	12425	12060	12165	12235	644212	318286
2020-07-23	CF009	12110	12215	12030	12070	12110	344758	303320
2020-07-24	CF009	12050	12135	11950	12010	12045	374713	288334
2020-07-27	CF009	11955	11995	11890	11935	11940	284530	294960
2020-07-28	CF009	11935	12055	11930	11965	11980	237895	291429
2020-07-29	CF009	11965	12090	11915	12070	11985	210060	287480
2020-07-30	CF009	12110	12170	12025	12060	12105	336329	271999
2020-07-31	CF009	12020	12090	11925	12010	12005	302078	266030
2020-08-03	CF009	12040	12170	11950	12125	12060	282705	261441
2020-08-04	CF009	12150	12190	12025	12055	12105	217284	259346
2020-08-05	CF009	12080	12145	12050	12070	12090	205713	260154
2020-08-06	CF009	12105	12280	12055	12275	12160	322274	241894
2020-08-07	CF009	12290	12525	12240	12340	12375	469639	217389
2020-08-10	CF009	12370	12375	12120	12140	12220	269846	192394
2020-08-11	CF009	12150	12240	12140	12170	12180	151358	181863
2020-08-12	CF101	12730	12915	12730	12905	12835	330027	294340
2020-08-13	CF101	12905	12940	12735	12790	12815	219967	297453
2020-08-14	CF101	12790	12865	12745	12840	12805	200131	300620
2020-08-17	CF101	12840	12950	12785	12920	12870	273582	324531
2020-08-18	CF101	12920	12970	12870	12900	12905	235198	335434
2020-08-19	CF101	12895	12930	12810	12830	12865	213387	335250
2020-08-20	CF101	12830	12870	12755	12850	12825	180687	329328
2020-08-21	CF101	12845	12950	12795	12930	12875	278616	338650
2020-08-24	CF101	12910	12990	12840	12945	12910	262465	344292
2020-08-25	CF101	13110	13115	12920	12950	13005	288602	352068
2020-08-26	CF101	12950	13005	12910	12985	12960	190524	356476
2020-08-27	CF101	13010	13040	12945	12985	12990	190156	362132
2020-08-28	CF101	12960	13030	12940	13030	12985	203104	368552
2020-08-31	CF101	13010	13180	13005	13125	13090	351959	381262

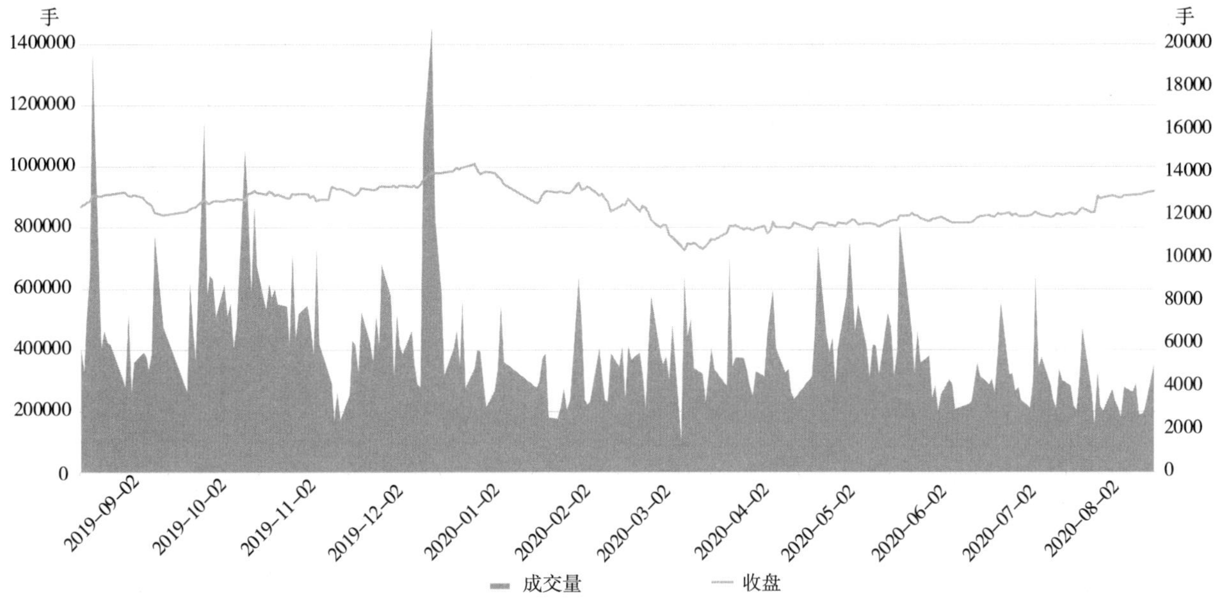

（a）

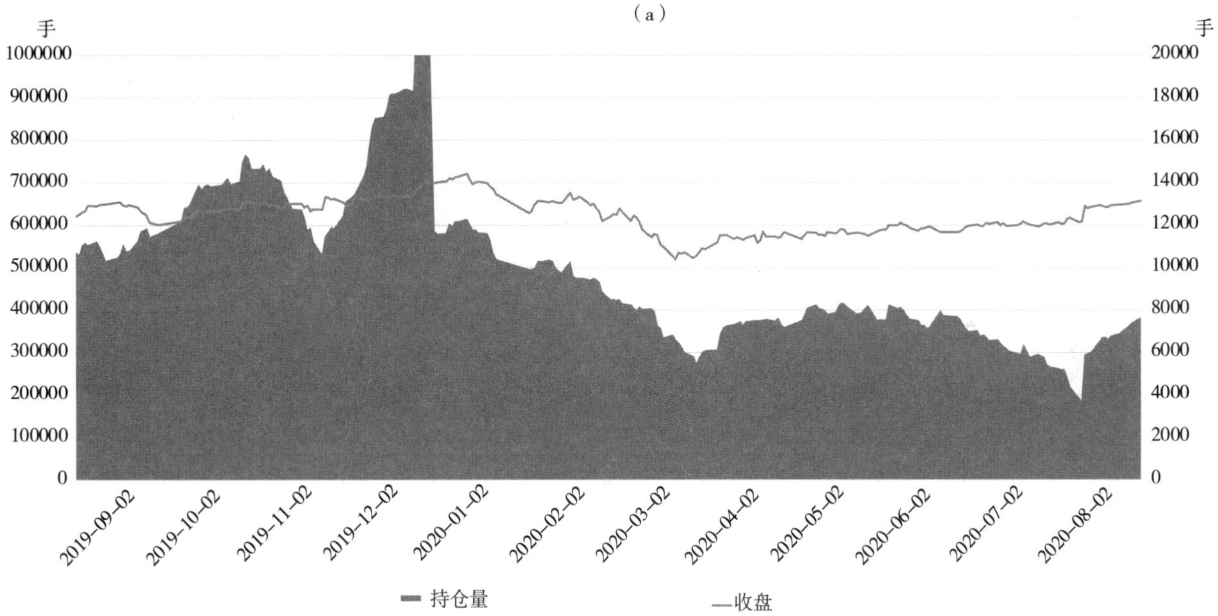

（b）

图4-2-5　2019/2020年度郑州棉花期货主力合约日交易量价统计

表4-2-10　2019/2020年度郑州棉花期货与现货月平均价格　　单位：元/吨

日期	国家棉花价格B指数	郑棉期货近月合约结算价	价差（现货-期货）
2019年9月	12947	12276	671
2019年10月	12728	12286	442
2019年11月	12967	12725	242
2019年12月	13298	12835	463
2020年1月	13866	13668	198

续表

日期	国家棉花价格B指数	郑棉期货近月合约结算价	价差（现货-期货）
2020年2月	13380	12803	577
2020年3月	12145	11505	640
2020年4月	11393	10966	427
2020年5月	11503	11280	223
2020年6月	11885	11529	356
2020年7月	12032	11869	163
2020年8月	12336	12242	94

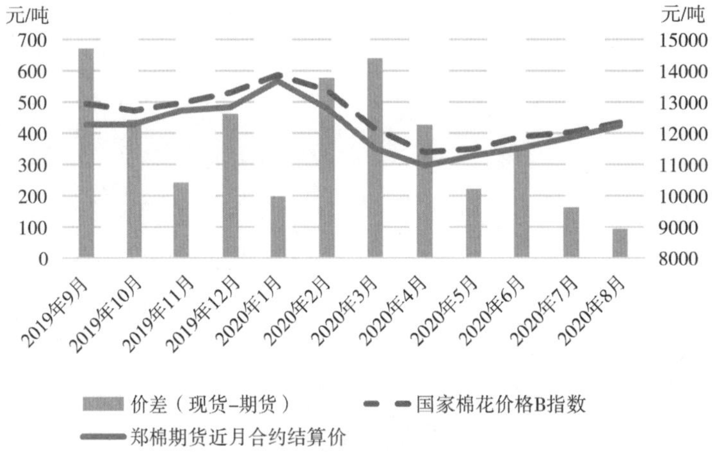

图4-2-6　2019/2020年度郑州棉花期货与现货月平均价格

表4-2-11　2019/2020年度国内外现货月平均价格对比

单位：元/吨

日期	国家棉花价格A指数	国家棉花价格B指数	国际棉花指数（SM）折合人民币价格	国际棉花指数（M）折合人民币价格
2019年9月	13322	12947	74.16	71.28
2019年10月	13148	12728	77.90	74.83
2019年11月	13337	12967	79.05	76.16
2019年12月	13627	13298	80.44	76.22
2020年1月	14156	13866	83.46	79.01
2020年2月	13688	13380	80.78	76.17
2020年3月	12561	12145	72.33	68.02
2020年4月	11723	11393	68.88	65.03
2020年5月	11836	11503	71.96	68.09
2020年6月	12198	11885	73.21	69.42
2020年7月	12356	12032	73.50	69.65
2020年8月	12704	12336	74.52	70.89

表4-2-12 2019/2020年度国际棉花指数日价格

单位：美分/磅

日期	国际棉花指数		日期	国际棉花指数	
	SM级	M级		SM级	M级
2019-09-02	72.96	70.12	2019-10-17	78.63	75.53
2019-09-03	72.96	70.12	2019-10-18	79.05	75.93
2019-09-04	72.08	69.15	2019-10-21	79.32	76.21
2019-09-05	72.33	69.51	2019-10-22	78.8	75.65
2019-09-06	73.24	70.42	2019-10-23	78.9	75.75
2019-09-09	72.75	69.86	2019-10-24	79.23	76.06
2019-09-10	73.08	70.24	2019-10-25	78.91	75.74
2019-09-11	73.47	70.64	2019-10-28	79.15	75.97
2019-09-12	73.49	70.67	2019-10-29	78.98	75.88
2019-09-16	76.34	73.49	2019-10-30	78.9	75.86
2019-09-17	76.64	73.79	2019-10-31	79.77	76.92
2019-09-18	75.59	72.61	2019-11-01	79.2	76.55
2019-09-19	74.74	71.72	2019-11-04	78.98	76.35
2019-09-20	74.7	71.69	2019-11-05	78.55	75.93
2019-09-23	74.73	71.82	2019-11-06	78.7	76.09
2019-09-24	75.06	72.24	2019-11-07	78.48	75.86
2019-09-25	74.58	71.69	2019-11-08	79.21	76.63
2019-09-26	74.63	71.77	2019-11-11	79.62	77.04
2019-09-27	74.43	71.59	2019-11-12	79.51	76.67
2019-09-29	74.43	71.59	2019-11-13	79.69	76.96
2019-09-30	75.04	72.19	2019-11-14	79.35	76.59
2019-10-08	75.84	72.93	2019-11-15	79.32	76.59
2019-10-09	75.46	72.48	2019-11-18	79.79	77.04
2019-10-10	76.17	73.16	2019-11-19	79.37	76.60
2019-10-11	75.56	72.54	2019-11-20	78.72	75.96
2019-10-12	75.56	72.54	2019-11-21	77.75	74.89
2019-10-14	77.75	74.68	2019-11-22	77.52	74.64
2019-10-15	76.43	73.38	2019-11-25	78.36	75.35
2019-10-16	77.63	74.53	2019-11-26	79.36	76.04

续表

日期	国际棉花指数		日期	国际棉花指数	
	SM级	M级		SM级	M级
2019-11-27	79.58	76.11	2020-01-08	82.99	78.45
2019-11-28	79.48	75.74	2020-01-09	83.09	78.54
2019-11-29	79.47	75.67	2020-01-10	83.77	79.20
2019-12-02	79.3	75.35	2020-01-13	84.43	79.91
2019-12-03	78.72	74.77	2020-01-14	84.61	80.11
2019-12-04	78.31	74.14	2020-01-15	84.44	79.94
2019-12-05	78.96	74.78	2020-01-16	83.46	78.99
2019-12-06	78.81	74.60	2020-01-17	83.36	78.90
2019-12-09	80.23	76.04	2020-01-20	84.15	79.77
2019-12-10	79.66	75.47	2020-01-21	84.15	79.77
2019-12-11	80.23	76.03	2020-01-22	82.4	77.87
2019-12-12	80.23	76.03	2020-01-23	84.25	79.68
2019-12-13	80.53	76.12	2020-02-03	84.25	79.68
2019-12-16	80.24	75.86	2020-02-04	80.19	75.59
2019-12-17	80.39	76.02	2020-02-05	80.65	76.03
2019-12-18	79.89	75.55	2020-02-06	80.56	75.88
2019-12-19	80.14	75.82	2020-02-07	80.92	76.22
2019-12-20	80.84	76.57	2020-02-10	80.74	76.05
2019-12-23	81.19	76.97	2020-02-11	81.04	76.32
2019-12-24	81.82	77.60	2020-02-12	81.06	76.33
2019-12-25	81.82	77.60	2020-02-13	81.4	76.67
2019-12-26	81.82	77.60	2020-02-14	81.13	76.57
2019-12-27	81.82	77.60	2020-02-17	80.88	76.35
2019-12-30	82.12	77.91	2020-02-18	80.88	76.35
2019-12-31	82.71	78.49	2020-02-19	81.26	76.71
2020-01-02	82.25	77.96	2020-02-20	81.9	77.35
2020-01-03	82.43	78.13	2020-02-21	81.85	77.22
2020-01-06	82.35	78.04	2020-02-24	81.65	76.90
2020-01-07	83.19	78.86	2020-02-25	80.4	75.70

续表

日期	国际棉花指数		日期	国际棉花指数	
	SM级	M级		SM级	M级
2020-02-26	79.66	75.18	2020-04-08	67.7	63.79
2020-02-27	78.87	74.39	2020-04-09	68.66	64.77
2020-02-28	76.22	71.82	2020-04-10	69.17	65.28
2020-03-02	75.33	70.96	2020-04-13	69.17	65.28
2020-03-03	77.04	72.61	2020-04-14	67.58	63.68
2020-03-04	76.37	71.92	2020-04-15	67.33	63.43
2020-03-05	76.55	72.09	2020-04-16	67.71	63.86
2020-03-06	77.09	72.62	2020-04-17	68.17	64.45
2020-03-09	76.5	72.03	2020-04-20	68.15	64.43
2020-03-10	75.14	70.72	2020-04-21	69.48	65.78
2020-03-11	75.17	70.70	2020-04-22	68.53	64.76
2020-03-12	75.27	70.79	2020-04-23	71.27	67.43
2020-03-13	73.7	69.28	2020-04-24	71.81	67.95
2020-03-16	74.39	69.95	2020-04-26	71.81	67.95
2020-03-17	72.93	68.55	2020-04-27	70.59	66.95
2020-03-18	72.14	67.79	2020-04-28	69.98	66.35
2020-03-19	71	66.68	2020-04-29	71.44	67.57
2020-03-20	69.4	65.11	2020-04-30	72.81	68.81
2020-03-23	68.45	64.25	2020-05-06	69.06	65.22
2020-03-24	67.03	62.87	2020-05-07	69.93	66.07
2020-03-25	68.23	64.20	2020-05-08	70.72	66.84
2020-03-26	68.59	64.51	2020-05-09	70.72	66.84
2020-03-27	68.01	63.94	2020-05-11	71.46	67.58
2020-03-30	66.71	62.70	2020-05-12	71.71	67.82
2020-03-31	66.12	62.11	2020-05-13	73.28	69.40
2020-04-01	66.53	62.52	2020-05-14	72.37	68.54
2020-04-02	64.12	60.20	2020-05-15	72.57	68.74
2020-04-03	65.49	61.50	2020-05-18	72.8	68.97
2020-04-07	67.86	63.97	2020-05-19	72.37	68.50

续表

日期	国际棉花指数		日期	国际棉花指数	
	SM级	M级		SM级	M级
2020-05-20	73.62	69.72	2020-07-01	73.68	69.40
2020-05-21	72.62	68.72	2020-07-02	74.09	69.83
2020-05-22	72.51	68.61	2020-07-03	74.23	70.00
2020-05-25	72.1	68.21	2020-07-06	74.23	70.00
2020-05-26	72.1	68.21	2020-07-07	74.27	70.11
2020-05-27	72.61	68.74	2020-07-08	74.09	69.94
2020-05-28	72.7	68.84	2020-07-09	75.06	71.05
2020-05-29	72	68.13	2020-07-10	74.95	70.95
2020-06-01	71.99	68.13	2020-07-13	75.15	71.23
2020-06-02	74.18	70.35	2020-07-14	74	70.06
2020-06-03	74.4	70.57	2020-07-15	73.35	69.52
2020-06-04	74.66	70.80	2020-07-16	72.79	69.14
2020-06-05	74.2	70.37	2020-07-17	73.21	69.59
2020-06-08	74.7	70.87	2020-07-20	72.74	69.11
2020-06-09	73.72	69.89	2020-07-21	73.67	70.05
2020-06-10	73.42	69.61	2020-07-22	73.7	70.10
2020-06-11	73.69	69.87	2020-07-23	73.28	69.67
2020-06-12	72.89	69.10	2020-07-24	72.66	69.03
2020-06-15	72.51	68.88	2020-07-27	70.96	67.29
2020-06-16	71.85	68.28	2020-07-28	72.03	68.38
2020-06-17	72.48	68.96	2020-07-29	72.03	68.38
2020-06-18	73.28	69.74	2020-07-30	72.46	68.83
2020-06-19	72.9	69.38	2020-07-31	73.97	70.35
2020-06-22	73.16	69.65	2020-08-03	73.45	69.85
2020-06-23	73.16	69.65	2020-08-04	74.69	71.10
2020-06-24	72.76	69.15	2020-08-05	74.8	71.22
2020-06-28	72.63	68.38	2020-08-06	75.26	71.67
2020-06-29	72.34	68.07	2020-08-07	75.6	72.04
2020-06-30	72.39	68.10	2020-08-10	73.4	69.80

续表

日期	国际棉花指数		日期	国际棉花指数	
	SM级	M级		SM级	M级
2020-08-11	73.65	70.00	2020-08-21	74.98	71.39
2020-08-12	74.14	70.50	2020-08-24	74.77	71.14
2020-08-13	73.06	69.41	2020-08-25	75.96	72.29
2020-08-14	73.72	70.07	2020-08-26	75.73	72.05
2020-08-17	73.58	69.94	2020-08-27	75.73	72.05
2020-08-18	73.81	70.23	2020-08-28	75.53	71.85
2020-08-19	73.54	69.95	2020-08-31	75.25	71.49
2020-08-20	74.29	70.66			

表4-2-13 2019/2020年度国际期、现货月平均价格对比 单位：美分/磅

日期	国际棉花指数		ICE期货近月合约结算价
	SM级	M级	
2019年9月	74.16	71.28	60.25
2019年10月	77.9	74.83	63.48
2019年11月	79.05	76.16	65.25
2019年12月	80.44	76.22	66.88
2020年1月	83.46	79.01	70.06
2020年2月	80.78	76.17	67.44
2020年3月	72.33	68.02	57.55
2020年4月	68.88	65.03	53.78
2020年5月	71.96	68.09	57.05
2020年6月	73.21	69.42	59.77
2020年7月	73.5	69.65	62.59
2020年8月	74.52	70.89	64.00

表4-2-14 2019/2020年度ICE棉花期货近月合约日结算价格 单位：美分/磅

日期	结算价	日期	结算价	日期	结算价
2019-09-03	57.86	2019-09-06	58.58	2019-09-11	59.37
2019-09-04	58.21	2019-09-09	58.98	2019-09-12	62.21
2019-09-05	59.12	2019-09-10	59.34	2019-09-13	62.28

续表

日期	结算价	日期	结算价	日期	结算价
2019-09-16	62.59	2019-10-23	64.95	2019-12-02	64.8
2019-09-17	61.38	2019-10-24	64.65	2019-12-03	64.05
2019-09-18	60.5	2019-10-25	64.9	2019-12-04	64.7
2019-09-19	60.33	2019-10-28	64.79	2019-12-05	64.51
2019-09-20	60.52	2019-10-29	64.72	2019-12-06	66
2019-09-23	60.91	2019-10-30	65.7	2019-12-09	65.38
2019-09-24	60.4	2019-10-31	64.44	2019-12-10	65.93
2019-09-25	60.45	2019-11-01	64.23	2019-12-11	65.88
2019-09-26	60.28	2019-11-04	63.66	2019-12-12	67.17
2019-09-27	60.9	2019-11-05	63.81	2019-12-13	66.8
2019-09-30	60.83	2019-11-06	63.69	2019-12-16	66.97
2019-10-01	60.98	2019-11-07	64.35	2019-12-17	66.44
2019-10-02	61.33	2019-11-08	66.57	2019-12-18	66.74
2019-10-03	61.6	2019-11-11	66.08	2019-12-19	67.58
2019-10-04	61.67	2019-11-12	66.5	2019-12-20	67.96
2019-10-07	61.83	2019-11-13	66.05	2019-12-23	68.61
2019-10-08	61.32	2019-11-14	66.08	2019-12-24	68.7
2019-10-09	62.09	2019-11-15	66.69	2019-12-26	68.7
2019-10-10	61.42	2019-11-18	65.97	2019-12-27	68.92
2019-10-11	63.88	2019-11-19	65.35	2019-12-30	69.56
2019-10-14	62.22	2019-11-20	64.28	2019-12-31	69.05
2019-10-15	63.53	2019-11-21	64.01	2020-01-02	69.27
2019-10-16	64.54	2019-11-22	64.85	2020-01-03	69.2
2019-10-17	64.99	2019-11-25	65.8	2020-01-06	70.04
2019-10-18	65.16	2019-11-26	65.95	2020-01-07	69.83
2019-10-21	64.56	2019-11-27	65.81	2020-01-08	69.96
2019-10-22	64.67	2019-11-29	65.36	2020-01-09	70.69

续表

日期	结算价	日期	结算价	日期	结算价
2020-01-10	71.31	2020-02-20	69.37	2020-03-30	50.7
2020-01-13	71.53	2020-02-21	69	2020-03-31	51.13
2020-01-14	71.38	2020-02-24	67.56	2020-04-01	48.41
2020-01-15	70.32	2020-02-25	66.3	2020-04-02	49.99
2020-01-16	70.22	2020-02-26	65.47	2020-04-03	50.98
2020-01-17	71.25	2020-02-27	62.5	2020-04-06	53.05
2020-01-21	69.24	2020-02-28	61.49	2020-04-07	52.9
2020-01-22	71.13	2020-03-02	63.38	2020-04-08	53.94
2020-01-23	70.03	2020-03-03	62.77	2020-04-09	54.4
2020-01-24	69.4	2020-03-04	62.98	2020-04-13	53.07
2020-01-27	69.51	2020-03-05	63.35	2020-04-14	53.18
2020-01-28	70.36	2020-03-06	62.79	2020-04-15	52.8
2020-01-29	70.06	2020-03-09	61.21	2020-04-16	53.02
2020-01-30	69.05	2020-03-10	61.41	2020-04-17	52.86
2020-01-31	67.5	2020-03-11	61.55	2020-04-20	54.02
2020-02-03	66.84	2020-03-12	59.7	2020-04-21	53.31
2020-02-04	67.35	2020-03-13	60.49	2020-04-22	56.14
2020-02-05	67.51	2020-03-16	58.8	2020-04-23	56.37
2020-02-06	67.91	2020-03-17	57.92	2020-04-24	55.63
2020-02-07	67.75	2020-03-18	56.64	2020-04-27	55.01
2020-02-10	68.74	2020-03-19	54.93	2020-04-28	55.78
2020-02-11	68.74	2020-03-20	53.68	2020-04-29	57.12
2020-02-12	69.24	2020-03-23	52.15	2020-04-30	57.33
2020-02-13	68.63	2020-03-24	52.89	2020-05-01	55.84
2020-02-14	68.41	2020-03-25	53.44	2020-05-04	54.33
2020-02-18	68.87	2020-03-26	52.78	2020-05-05	53.58
2020-02-19	69.65	2020-03-27	51.33	2020-05-06	54.51

续表

日期	结算价	日期	结算价	日期	结算价
2020-05-07	55.39	2020-06-16	59.08	2020-07-24	60.1
2020-05-08	56.27	2020-06-17	60	2020-07-27	61.16
2020-05-11	56.63	2020-06-18	59.52	2020-07-28	61.11
2020-05-12	58.34	2020-06-19	59.81	2020-07-29	61.61
2020-05-13	57.46	2020-06-22	59.85	2020-07-30	63.18
2020-05-14	57.85	2020-06-23	59.44	2020-07-31	62.66
2020-05-15	58.25	2020-06-24	59.21	2020-08-03	63.87
2020-05-18	57.8	2020-06-25	59.7	2020-08-04	64.01
2020-05-19	59.2	2020-06-26	59.5	2020-08-05	64.46
2020-05-20	58.21	2020-06-29	59.63	2020-08-06	64.85
2020-05-21	58.06	2020-06-30	60.88	2020-08-07	62.36
2020-05-22	57.61	2020-07-01	62.76	2020-08-10	62.8
2020-05-26	58.23	2020-07-02	62.95	2020-08-11	63.49
2020-05-27	58.34	2020-07-06	63.14	2020-08-12	62.2
2020-05-28	57.57	2020-07-07	63.02	2020-08-13	62.99
2020-05-29	57.59	2020-07-08	64.16	2020-08-14	62.85
2020-06-01	60.06	2020-07-09	63.89	2020-08-17	63.28
2020-06-02	60.37	2020-07-10	64.31	2020-08-18	62.93
2020-06-03	59.73	2020-07-13	63.35	2020-08-19	63.77
2020-06-04	59.58	2020-07-14	62.63	2020-08-20	64.52
2020-06-05	60.98	2020-07-15	62.13	2020-08-21	64.28
2020-06-08	60.37	2020-07-16	62.54	2020-08-24	65.82
2020-06-09	60.02	2020-07-17	61.94	2020-08-25	65.58
2020-06-10	60.32	2020-07-20	62.88	2020-08-26	65.58
2020-06-11	59.49	2020-07-21	62.95	2020-08-27	65.37
2020-06-12	59.03	2020-07-22	62.54	2020-08-28	65.08
2020-06-15	58.35	2020-07-23	61.92		

3 棉花购销

表4-3-1 2019/2020年度中国棉花收购、加工与销售进度统计

日期	收购进度（%）	加工进度（%）	销售进度（%）
2019年9月	27.5	19.8	0.7
2019年10月	79.9	36.6	4.7
2019年11月	95.1	68.3	19.3
2019年12月	97.4	91.3	34.2
2020年1月	98.7	98.5	46.9
2020年2月	98.9	99.0	49.8
2020年3月	99.1	99.1	57.7
2020年4月	99.4	99.4	75.7
2020年5月	99.7	99.5	83.2
2020年6月	99.9	99.8	86.9
2020年7月	99.9	99.9	92.4
2020年8月	100.0	100.0	95.5

数据来源：国家棉花市场监测系统

注 收购进度=已交售籽棉量/已采摘籽棉量，加工进度=已加工皮棉量/籽棉收购折皮棉量，销售进度=已销售皮棉量/籽棉收购量折皮棉量。

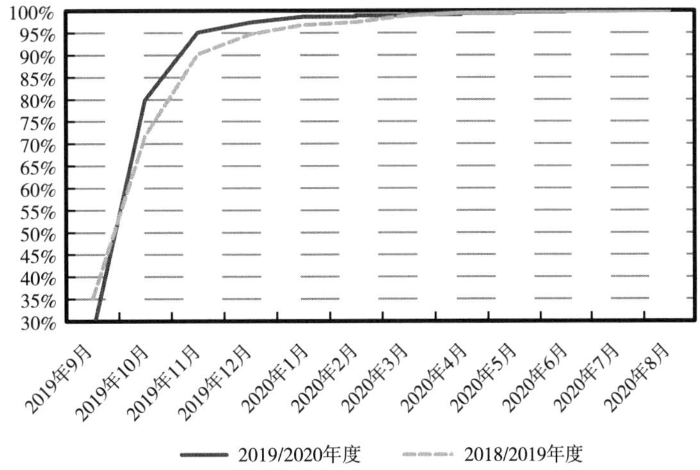

图4-3-1 2019/2020年度中国棉花收购进度与上年度对比

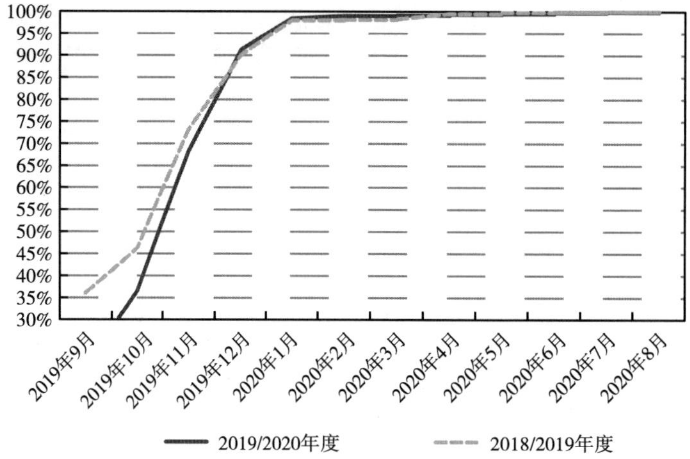

图4-3-2　2019/2020年度中国棉花加工进度与上年度对比

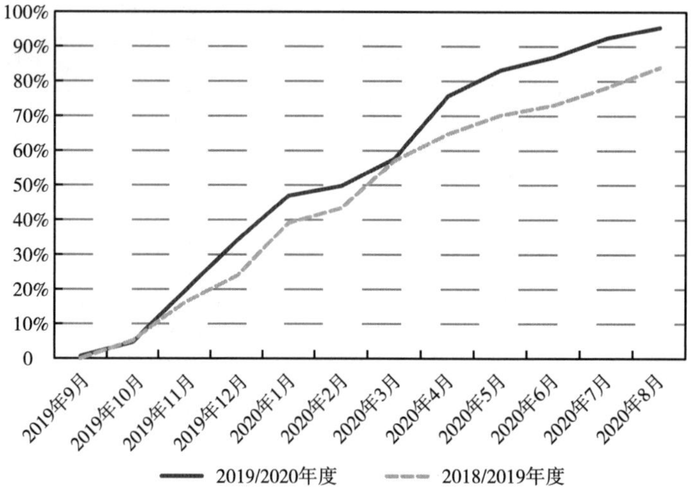

图4-3-3　2019/2020年度中国棉花销售进度与上年度对比

4　棉花进出口

表4-4-1　2019/2020年度中国棉花进口分地区统计　　单位：万吨

国别	数量	国别	数量
合计	160.34	马里	1.36
美国	55.96	缅甸	0.66

续表

国别	数量	国别	数量
巴西	56.83	墨西哥	1.00
印度	13.79	多哥	0.45
澳大利亚	17.78	南非	0.29
布基纳法索	1.30	希腊	0.83
苏丹	2.38	土耳其	0.30
贝宁	1.67	其他	5.74

数据来源：中国海关总署（不含已梳的棉花）

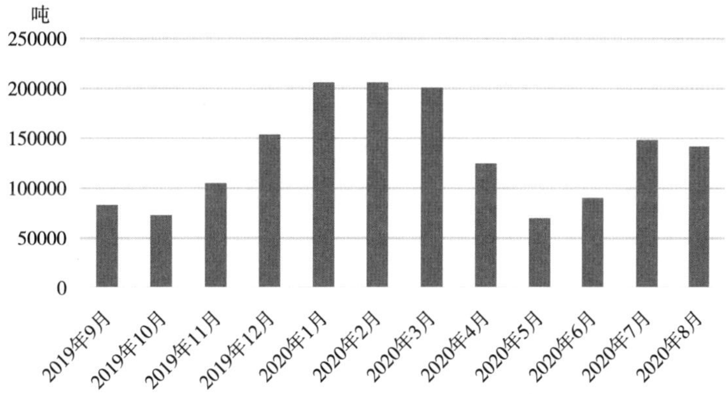

图4-4-1　2019/2020年度中国棉花进口分月图

5　棉花消费

表4-5-1　2019/2020年度全国纺织生产分月统计

月份	纺纱产量（万吨）	同比（%）	化纤产量（万吨）	同比（%）	棉布产量（亿米）	同比（%）	棉纱产量（亿米）	同比（%）
总计	2652.85	-11.00	6020.4	9.31	198.8	-24.35	1561.9	-11.41
2019年9月	265.2	-7.53	525.8	26.52	20.1	-21.52	151.6	-15.32
2019年10月	248.7	-12.43	541.1	25.25	19.0	-26.36	147.0	-16.68
2019年11月	261.4	-4.18	546	22.70	21.5	-19.17	157.7	-4.74
2019年12月	267	0.15	536.9	15.71	21.47	—	165.5	—

续表

月份	纺纱产量（万吨）	同比（%）	化纤产量（万吨）	同比（%）	棉布产量（亿米）	同比（%）	棉纱产量（亿米）	同比（%）
2020年1-2月	270.85	-32.64	727.2	-7.86	19.77	-37.67	160.8	-30.10
2020年3月	215	-6.81	490	5.42	16.1	-21.63	123.7	-4.77
2020年4月	215.7	-7.31	519.2	5.81	15.9	-16.76	126.9	-3.20
2020年5月	219.8	-10.40	537.3	6.37	16.3	-18.74	127.8	-4.38
2020年6月	234.2	-11.09	547.5	6.95	16.7	-28.73	133.8	-11.72
2020年7月	223.9	-9.79	524.7	2.64	16.3	-19.33	131.2	-6.04
2020年8月	231.1	-6.89	524.7	2.64	15.9	-21.45	136.1	-2.50

数据来源：国家统计局

表4-5-2　2001/2002年度以来国内棉花产销存预测与价格对比

年度	期初库存（万吨）	产量（万吨）	进口（万吨）	消费（万吨）	出口（万吨）	期末库存（万吨）	库存消费比（%）	年度均价（元/吨）
2001/2002	436.49	531.48	11.65	523.49	9.05	447.08	85.40	10140
2002/2003	447.08	491.70	71.90	601.03	15.10	394.55	65.64	12008
2003/2004	394.55	485.90	199.00	620.27	3.00	456.17	73.54	16100
2004/2005	456.17	632.30	166.00	813.42	1.00	440.06	54.10	12432
2005/2006	440.06	571.27	411.00	953.45	1.00	467.87	49.07	14103
2006/2007	467.87	749.79	228.00	1106.29	1.86	337.51	30.51	13300
2007/2008	337.51	789.00	244.00	1017.41	1.50	351.59	34.56	13767
2008/2009	351.59	799.12	144.65	969.44	1.74	324.18	33.44	12162
2009/2010	324.18	675.70	250.47	1025.64	0.53	224.18	21.86	15753
2010/2011	224.18	623.05	257.63	908.09	2.66	194.11	21.38	25654
2011/2012	194.11	802.80	544.03	920.49	1.23	619.22	67.27	19192
2012/2013	619.22	761.50	439.61	962.81	0.93	856.59	88.97	19141
2013/2014	856.59	699.70	300.37	797.25	0.93	1058.48	132.77	18581
2014/2015	1058.48	662.10	167.13	806.41	2.51	1078.79	133.78	13751
2015/2016	1078.79	521.60	96.14	789.12	2.38	905.02	114.69	12865
2016/2017	905.02	511.70	111.03	729.44	1.31	797.00	109.26	15683
2017/2018	797.00	612.70	132.16	878.29	3.57	660.00	75.15	15885
2018/2019	660.00	610.50	202.86	840.08	4.83	628.45	74.81	15189
2019/2020	628.45	584.30	160.34	747.67	2.56	622.86	83.31	12515

注　1.数据来源为国家棉花市场监测系统；

2.年度均价为国家棉花价格B指数的棉花年度均价。

6 中国棉花产销存预测

表4-6-1 2001/2002年度以来国内棉花产销存预测与价格对比

年度	期初库存（万吨）	产量（万吨）	进口（万吨）	消费（万吨）	出口（万吨）	期末库存（万吨）	库存消费比（%）	年度均价（元/吨）
2001/2002	436.49	531.48	11.65	523.49	9.05	447.08	85.40	10140
2002/2003	447.08	491.70	71.90	601.03	15.10	394.55	65.64	12008
2003/2004	394.55	485.90	199.00	620.27	3.00	456.17	73.54	16100
2004/2005	456.17	632.30	166.00	813.42	1.00	440.06	54.10	12432
2005/2006	440.06	571.27	411.00	953.45	1.00	467.87	49.07	14103
2006/2007	467.87	749.79	228.00	1106.29	1.86	337.51	30.51	13300
2007/2008	337.51	789.00	244.00	1017.41	1.50	351.59	34.56	13767
2008/2009	351.59	799.12	144.65	969.44	1.74	324.18	33.44	12162
2009/2010	324.18	675.70	250.47	1025.64	0.53	224.18	21.86	15753
2010/2011	224.18	623.05	257.63	908.09	2.66	194.11	21.38	25654
2011/2012	194.11	802.80	544.03	920.49	1.23	619.22	67.27	19192
2012/2013	619.22	761.50	439.61	962.81	0.93	856.59	88.97	19141
2013/2014	856.59	699.70	300.37	797.25	0.93	1058.48	132.77	18581
2014/2015	1058.48	662.10	167.13	806.41	2.51	1078.79	133.78	13751
2015/2016	1078.79	521.60	96.14	789.12	2.38	905.02	114.69	12865
2016/2017	905.02	511.70	111.03	729.44	1.31	797.00	109.26	15683
2017/2018	797.00	612.70	132.16	878.29	3.57	660.00	75.15	15885
2018/2019	660.00	610.50	202.86	840.08	4.83	628.45	74.81	15189
2019/2020	628.45	584.30	160.34	747.67	2.56	622.86	83.31	12515

注 1. 数据来源为国家棉花市场监测系统；
2. 年度均价为国家棉花价格B指数的棉花年度均价。

表4-6-2 2019/2020年度与2020/2021年度中国产销存预测同比对比 单位：万吨

年度	期初库存	产量	进口	消费	出口	期末库存
2019/2020	628.45	584.30	160.34	747.67	2.56	622.86
2020/2021	622.86	595.00	251.00	829.00	3.88	635.98

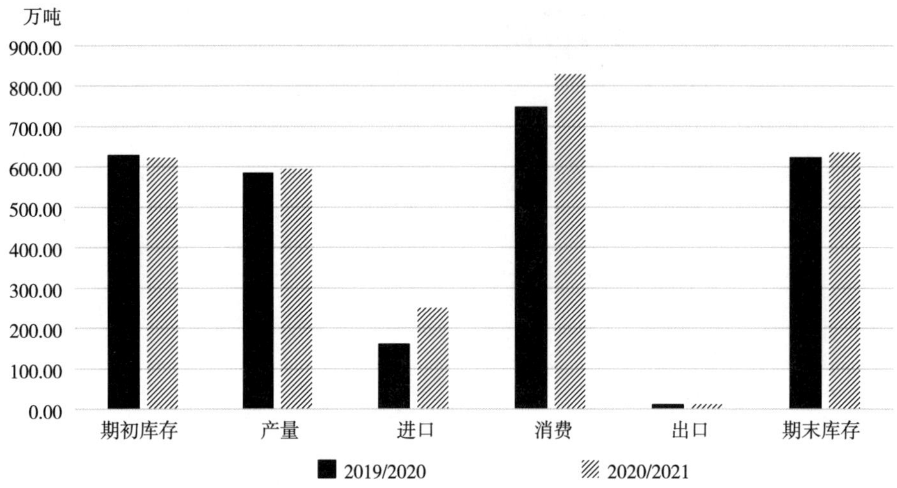

图4-6-1 2019/2020年度与2020/2021年度中国产销存预测同比对比

表4-6-3 2001/2002年度以来国内棉价与中国棉花产量预测对比

年度	产量（万吨）	年度均价（元/吨）
2001/2002	531.48	10140
2002/2003	491.70	12008
2003/2004	485.90	16100
2004/2005	632.30	12432
2005/2006	571.27	14103
2006/2007	749.79	13300
2007/2008	789.00	13767
2008/2009	799.12	12162
2009/2010	675.70	15753
2010/2011	623.05	25654
2011/2012	802.80	19192
2012/2013	761.50	19141
2013/2014	699.70	18581
2014/2015	662.10	13751
2015/2016	521.60	12865
2016/2017	511.70	15683
2017/2018	612.70	15885
2018/2019	610.50	15189
2019/2020	584.30	12515

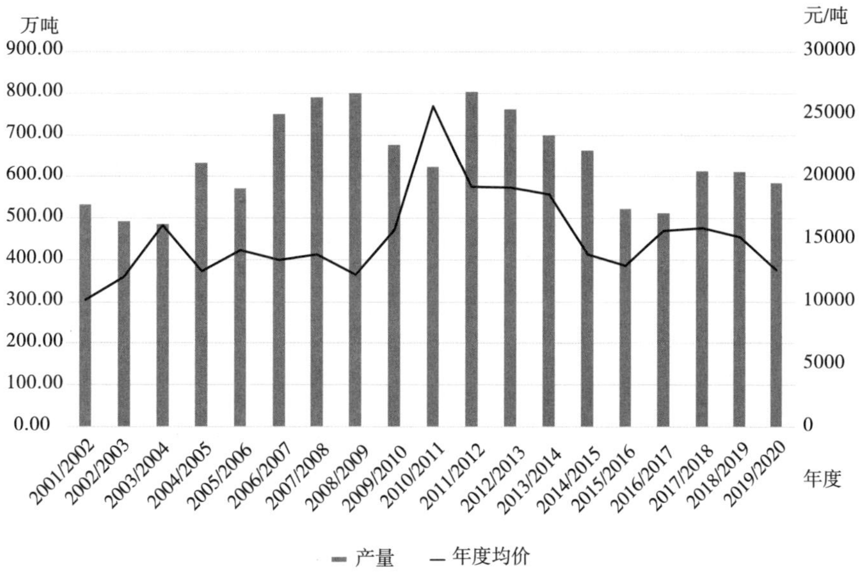

图4-6-2 2001/2002年度以来国内棉价与中国棉花产量预测对比

表4-6-4 2001/2002年度以来国内棉价与中国棉花消费量预测对比

年度	消费量（万吨）	年度均价（元/吨）
2001/2002	523.49	10140
2002/2003	601.03	12008
2003/2004	620.27	16100
2004/2005	813.42	12432
2005/2006	953.45	14103
2006/2007	1106.29	13300
2007/2008	1017.41	13767
2008/2009	969.44	12162
2009/2010	1025.64	15753
2010/2011	908.09	25654
2011/2012	920.49	19192
2012/2013	962.81	19141
2013/2014	797.25	18581
2014/2015	806.41	13751
2015/2016	789.12	12865
2016/2017	859.82	15683
2017/2018	878.29	15885
2018/2019	840.08	15189
2019/2020	747.67	12515

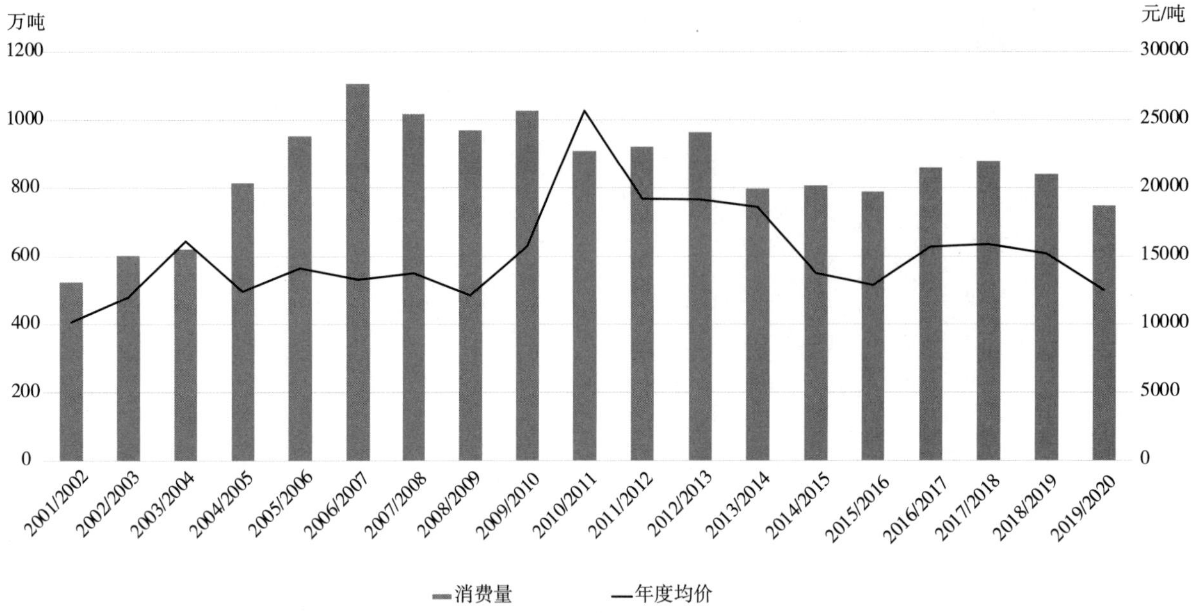

图4-6-3　2001/2002年度以来国内棉价与中国棉花消费量预测对比

表4-6-5　2001/2002年度以来国内棉价与中国棉花进口量预测对比

年度	进口（万吨）	年度均价（元/吨）
2001/2002	11.65	10140
2002/2003	71.90	12008
2003/2004	199.00	16100
2004/2005	166.00	12432
2005/2006	411.00	14103
2006/2007	228.00	13300
2007/2008	244.00	13767
2008/2009	144.65	12162
2009/2010	250.47	15753
2010/2011	257.63	25654
2011/2012	544.03	19192
2012/2013	439.61	19141
2013/2014	300.37	18581
2014/2015	167.13	13751
2015/2016	96.14	12865
2016/2017	111.03	15683
2017/2018	132.16	15885
2018/2019	202.86	15189
2019/2020	160.34	12515

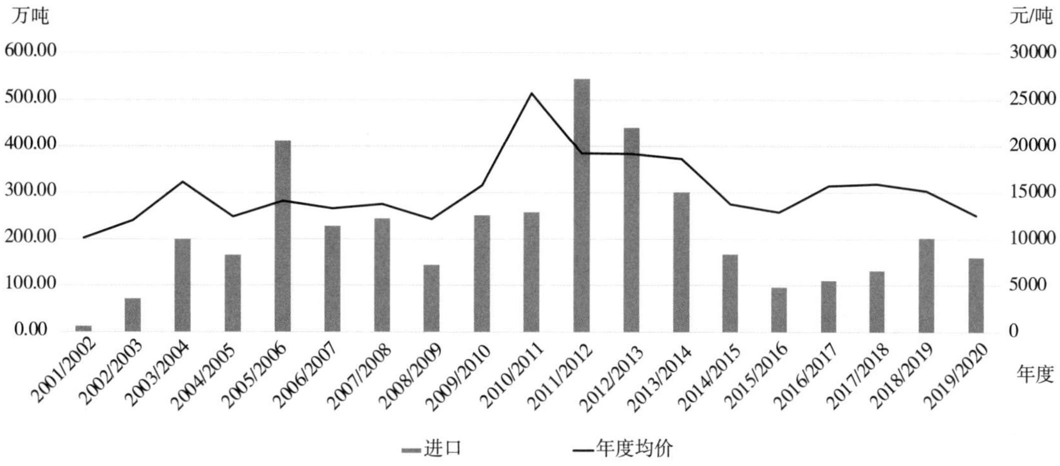

图4-6-4　2001/2002年度以来国内棉价与中国棉花进口量预测对比

表4-6-6　2001/2002年度以来国内棉价与中国棉花期末库存预测对比

年度	期末库存（万吨）	年度均价（元/吨）
2001/2002	447.08	10140
2002/2003	394.55	12008
2003/2004	456.17	16100
2004/2005	440.06	12432
2005/2006	467.87	14103
2006/2007	337.51	13300
2007/2008	351.59	13767
2008/2009	324.18	12162
2009/2010	224.18	15753
2010/2011	194.11	25654
2011/2012	619.22	19192
2012/2013	856.59	19141
2013/2014	1058.48	18581
2014/2015	1078.79	13751
2015/2016	905.02	12865
2016/2017	666.62	15683
2017/2018	660.00	15885
2018/2019	628.45	15189
2019/2020	616.40	12515

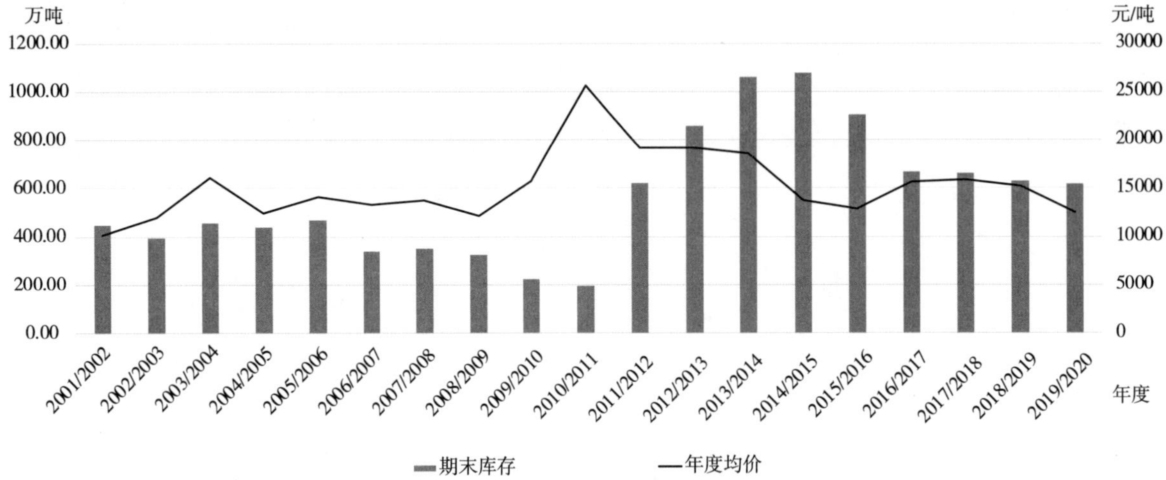

图4-6-5　2001/2002年度以来国内棉价与中国棉花期末库存预测对比

表4-6-7　2001/2002年度以来国内棉价与中国棉花库存消费比预测对比

年度	库存消费比（%）	年度均价（元/吨）
2001/2002	84	10140
2002/2003	64	12008
2003/2004	73	16100
2004/2005	54	12432
2005/2006	49	14103
2006/2007	30	13300
2007/2008	35	13767
2008/2009	33	12162
2009/2010	22	15753
2010/2011	21	25654
2011/2012	67	19192
2012/2013	89	19141
2013/2014	133	18581
2014/2015	133	13751
2015/2016	114	12865
2016/2017	77	15683
2017/2018	75	15885
2018/2019	74	15189
2019/2020	83	12515

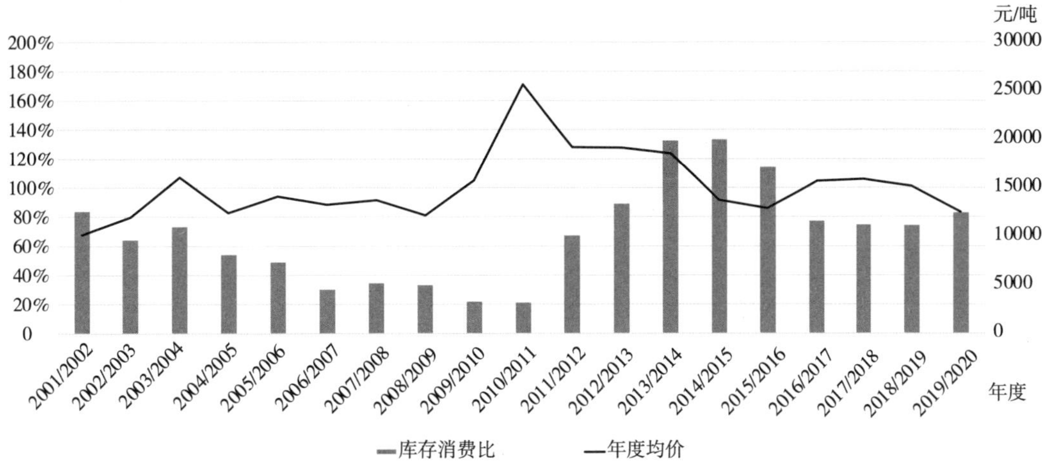

图4-6-6 2001/2002年度以来国内棉价与中国棉花库存消费比预测对比

7 全球棉花产销存预测

表4-7-1 2019/2020年度主要国家棉花产销存预测表 单位：万吨

国家和地区	期初库存	产量	进口量	消费量	出口量	期末库存
全球	1747.7	2480	939.8	2517.5	940.7	2123.3
美国	105.6	347.3	0.1	54.4	326.6	124.1
澳大利亚	34.2	52.3	0	0.8	0	0.2
巴西	266.8	261.3	0.5	65.3	217.7	292.3
中国	776.6	598.7	217.7	827.4	2.7	789.8
印度	202.6	642.3	21.8	522.5	108.9	422
孟加拉国	38.8	3.2	150.2	158.9	0	46.8
巴基斯坦	54.3	98	102.3	217.7	1.1	54.8
乌兹别克斯坦	25.2	76.2	0	68.6	6.5	30.7
越南	26.7	0.1	148.1	148.1	0	30.8
缅甸	4.7	15.9	1.1	15.8	1.1	6.1
泰国	4.4	0	15.9	15.8	0	2.4
土耳其	36.9	61	95.8	152.4	9.8	54.8

资料来源：美国农业部（USDA）

表 4-7-2　2003/2004 年度以来全球棉花产销存统计表

年度	种植面积（亿亩）	单产（公斤/亩）
2003/2004	4.8	43.5
2004/2005	5.4	49.3
2005/2006	5.2	48.9
2006/2007	5.2	51.4
2007/2008	4.9	53.2
2008/2009	4.6	51.3
2009/2010	4.5	49.6
2010/2011	5.1	50.6
2011/2012	5.4	51.2
2012/2013	5.1	52.2
2013/2014	4.9	53.3
2014/2015	5.1	50.8
2015/2016	4.6	48.2
2016/2017	4.5	51.7
2017/2018	5.1	53.2
2018/2019	5.0	51.4
2019/2020	5.2	51.0
2020/2021	4.9	50.9

资料来源：美国农业部2020年12月全球产销存预测

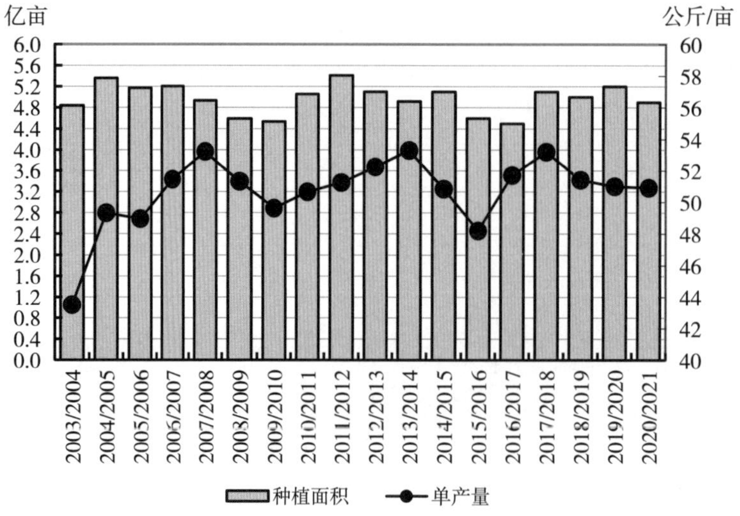

图4-7-1　2003/2004年度以来全球棉花产销存统计表

表4-7-3　2013/2014年度以来ICE期货价格与美棉出口装运量

年度	美棉出口装运量（万吨）	ICE期货价格（美分/磅）
2012/2013	283.6	79.41
2013/2014	231.96	84.29
2014/2015	240.41	63.55
2015/2016	199.3	63.08
2016/2017	326.55	72.99
2017/2018	346.29	79.86
2018/2019	298.44	79.86
2019/2020	—	—

资料来源：美国农业部、ICE期货交易所

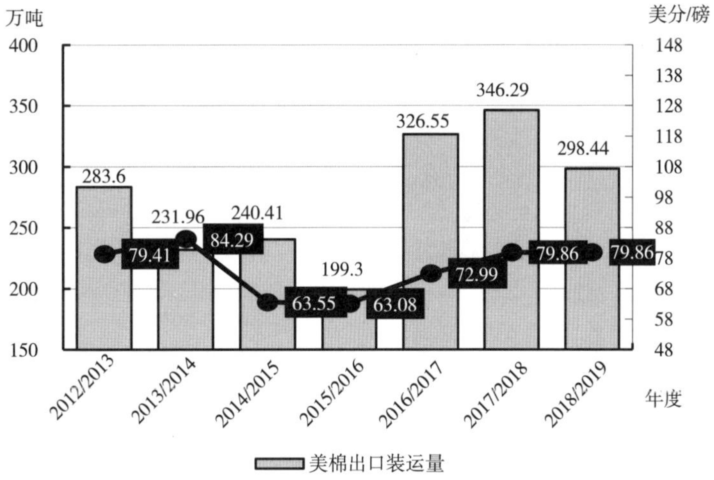

图4-7-2　2013/2014年度以来ICE期货价格与美棉出口装运量

表4-7-4　2019/2020年度美棉出口分月统计

月份	美棉出口装运量（万吨）	美棉对中国出口装运量（万吨）	比重（%）
2019年8月	17.93	1.84	10
2019年9月	12.5	1.96	16
2019年10月	9.16	1.16	13
2019年11月	16.4	3.25	20
2019年12月	19.49	4.67	24
2020年1月	26.32	7.18	27
2020年2月	32.69	6.38	20

续表

月份	美棉出口装运量（万吨）	美棉对中国出口装运量（万吨）	比重（%）
2020年3月	53.75	8.64	16
2020年4月	39.83	6.29	16
2020年5月	53.14	6.24	12
2020年6月	36.14	2.75	8
2020年7月	24.75	2.54	10

资料来源：美国农业部

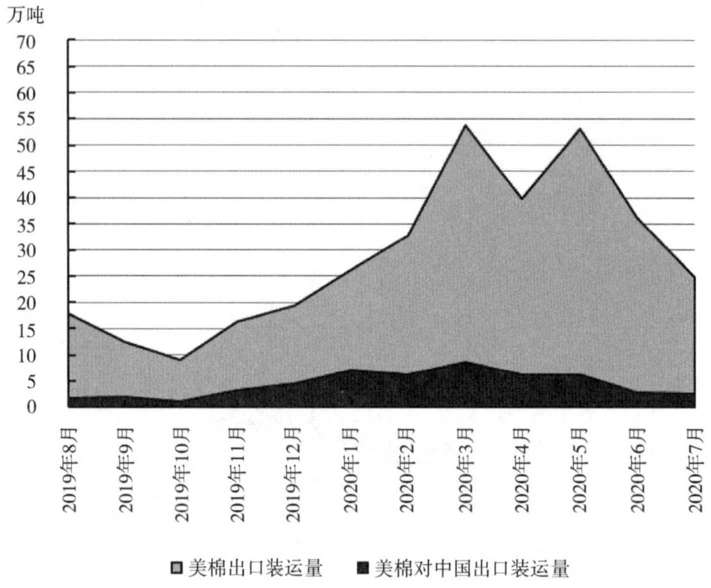

图4-7-3 2019/2020年度美棉出口分月统计

第五部分

大事记

1 国内棉花

1.1 2020年中央一号文件

2020年2月5日,《中共中央国务院关于抓好“三农”领域重点工作确保如期实现全面小康的意见》(简称中央一号文件)发布,中央一号文件提出进一步完善农业补贴政策,拓展多元化进口渠道,增加适应国内需求的农产品进口,其中包含要完善新疆棉花目标价格政策。2019年中央一号文件的涉棉内容是在提质增效基础上,巩固棉花生产能力。两者对比发现,2020年中央一号文件内容更加具体,特别是在新疆棉花目标价格承前启后之际,完善新疆棉花目标价格政策意义重大。

1.2 国家完善新疆棉花目标价格政策

2017~2019年,国家在新疆深化棉花目标价格改革,改革成效持续显现,在保障植棉者收益的同时,进一步发挥市场机制作用,有力助推农业供给侧结构性改革和新疆棉花全产业链发展,对促进新疆经济社会稳定发展发挥了重要作用。为贯彻落实2020年中央一号文件精神,经国务院批准,2020年起在新疆完善棉花目标价格政策,目标价格水平为每吨18600元,每三年评估一次,根据评估结果视情况调整目标价格水平。

1.3 关于2020年度中央储备棉轮出公告

为优化中央储备棉结构,确保质量良好,增强中央储备调控能力,2020年将对部分中央储备棉进行轮换。轮出时间为2020年7月1日至2020年9月30日期间的国家法定工作日。轮出总量安排50万吨左右,实行均衡投放,原则上每工作日挂牌销售0.8万吨左右。挂牌销售底价随行就市动态确定,原则上与国内外棉花现货价格挂钩联动,由国内市场棉花现货价格指数和国际市场棉花现货价格指数各按50%的权重计算确定,每周调整一次。轮出期间,当国内市场棉花现货价格指数低于11500元/吨时,下个工作日起暂停交易;当国内市场棉花现货价格指数连续三个工作日超过11500元/吨时,下个工作日重新启动交易。

2 国内纺织

2.1 美国贸易代表办公室（USTR）公布了对华加征关税商品排除清单

2019年9月，美国贸易代表办公室（USTR）公布了3份对华加征关税商品排除清单通知，超过400项商品在免于加征关税之列。与之前历次不同的是，此次清单涉及美方宣布的3批加征关税的中国商品。此次豁免关税通知，纺织品中100%的涤纶超细纤维机织物、涤纶制品都在本次排除清单中。

2.2 巴基斯坦棉花、棉纱、坯布等对中国出口实现“零关税”

《中华人民共和国政府和巴基斯坦伊斯兰共和国政府关于修订〈自由贸易协定〉的议定书》（以下简称《议定书》）于2019年12月1日正式生效。中巴两国间相互实施零关税产品的税目数比例将从此前的35%逐步增加至75%。巴基斯坦棉花、棉纱、坯布等对中国出口终于实现“零关税”（与越南棉纱进口享受“同等”待遇）。

2.3 澜湄流域纺织服装产能合作进展顺利

2020年2月20日，澜沧江—湄公河合作第五次外长会在老挝万象举行，会议通过了《澜湄合作第五次外长会联合新闻公报》。作为澜湄区域国家产能合作的优先领域之一，中国纺织业积极响应澜湄合作机制的发展要求，率先在澜湄流域内组织开展了纺织服装产业的国际产能合作。目前，澜湄流域是我国纺织业境外投资合作资金存量最大的区域之一。

2.4 《民用卫生口罩》标准发布

2020年3月11日，由中国产业用纺织品行业协会（简称中产协）牵头制定的《民用卫生口罩》团体标准正式发布。该标准的发布，填补了我国民用卫生口罩领域标准的空白，改变了市场无标可依、无标可查的现状，为口罩企业规范生产提供了技术支撑，为市场监管部门提供了监管依据，为消费者提供了权威的卫生口罩购买指南。

3 国际市场

3.1 中美签署第一阶段经贸协议，对棉花市场影响深远

2019年12月13日，中美经过长达一年半的贸易谈判终于达成第一阶段经贸协议。2020年1月15日，中美双方正式签署第一阶段经贸协议书，2020年和2021年中国自美采购和进口规模分别不少于125亿美元和195亿美元农产品。受中

美协议带来的积极推动，ICE期货快速反弹至年度高点，美棉重新获得在中国市场的优势。

3.2 新冠疫情暴发，棉花消费大幅下降

2020年伊始，突如其来的新冠肺炎疫情给棉花消费、贸易、物流、纺织生产和销售带来前所未有的冲击，瞬间改变了刚刚稳定向好的市场预期，全球经济陷入衰退。根据美国农业部的预测，2019/2020年度全球棉花消费量预计为2229万吨，同比减少15%。

3.3 国际棉价一波三折，终点又回到起点

2019/2020年度，ICE棉花期货经历了三个阶段。第一个阶段是2019年8月至2020年1月中旬，ICE期货从63美分涨到70美分以上，第二个阶段是2020年1月中旬至3月底，ICE期货从70美分一路跌至50美分，第三个阶段是2020年4月至年度结束，ICE期货从50美分稳步回升，至年度结束时稳定在60美分以上，回到年度初期的起点。

3.4 澳大利亚棉花生产否极泰来

在经历了旷日持久的极度干旱和长达数月的大火之后，2019年底至2020年初澳大利亚全国出现大范围长时间降雨，极大地改善了棉花种植条件，澳大利亚棉花生产复苏，2021年的棉花产量预计为2020年的三倍。

4 宏观经济

4.1 商务部新闻发言人就中国在世贸组织起诉美国对3000亿美元中国输美产品征税措施发表谈话

2019年9月1日，美国对华3000亿美元输美产品中第一批加征15%关税措施正式实施，我就此在世贸组织争端解决机制下提起诉讼。美方的征税措施严重违背中美两国元首大阪会晤共识，中方强烈不满和坚决反对。中方将根据世贸组织相关规则，坚定维护自身合法权益，坚决捍卫多边贸易体系和国际贸易秩序。

4.2 刘鹤率团赴美举行第十三轮中美经贸高级别磋商

2019年9月5日上午，中共中央政治局委员、国务院副总理、中美全面经济对话中方牵头人刘鹤应约与美国贸易代表莱特希泽、财政部长姆努钦通话。双方同意10月初在华盛顿举行第十三轮中美经贸高级别磋商，此前双方将保持密切沟通，工作层将于9月中旬开展认真磋商，为高级别磋商取得实质性进展做好充分准备。双方一致认为，应共同努力，采取实际行动，为磋商创造良好条件。商务部部长钟山、中国人民银行行长易纲、国家发改委副主任宁吉喆等参加通话。

4.3 央行决定9月16日全面下调金融机构存款准备金率0.5个百分点

为支持实体经济发展，降低社会融资实际成本，中国人民银行决定于2019年9月16日全面下调金融机构存款准备金率0.5个百分点（不含财务公司、金融租赁公司和汽车金融公司）。在此之外，为促进加大对小微、民营企业的支持力度，再额外对仅在省级行政区域内经营的城市商业银行定向下调存款准备金率1个百分点，于10月15日和11月15日分两次实施到位，每次下调0.5个百分点。

4.4 中国企业自美采购农产品

2019年10月15日，中国外交部发言人耿爽表示，中国企业根据国内市场需要，以市场化的方式自主采购了美国农产品。根据初步掌握的信息，今年以来中国企业自美采购的农产品包括：大豆2000万吨、猪肉70万吨、高粱70万吨、小麦23万吨、棉花32万吨。中方还将加快采购美国农产品。

4.5 中巴自贸协定第二阶段议定书降税安排将于2020年1月1日起实施

2019年12月1日，《中华人民共和国政府和巴基斯坦伊斯兰共和国政府关于修订〈自由贸易协定〉的议定书》（以下简称《议定书》）正式生效。目前，中巴两国已完成相关国内程序，《议定书》降税安排将于2020年1月1日起实施。

根据《议定书》规定，降税安排实施后，中巴两国间相互实施零关税产品的税目数比例将从此前的35%逐步增加至75%。此外，双方还将对占各自税目数比例5%的其他产品实施20%幅度的部分降税。具体降税安排可查询中国自由贸易区服务网。

《议定书》降税安排的实施，将进一步扩大两国间市场开放，使两国企业和消费者享受到更多优惠，推动中巴自贸区建设进入新阶段。

4.6 美国取消对中国“汇率操纵国”的认定

2020年1月13日，美国财政部公布半年度汇率政策报告，取消对中国“汇率操纵国”的认定。

4.7 财政部发布《关于发布中美第一阶段经贸协议的公告》

美东时间2020年1月15日，中美双方在美国华盛顿签署《中华人民共和国政府和美利坚合众国政府经济贸易协议》（以下简称《协议》）。现发布《协议》中英文签字文本。

在制成品方面，在2017年基数之上，中国2020日历年自美采购和进口规模不少于329亿美元，2021日历年自美采购和进口规模不少于448亿美元。

在农产品方面，在2017年基数之上，中国2020日历年自美采购和进口规模不少于125亿美元，2021日历年自美采购和进口规模不少于195亿美元。

在2017年基数之上，扩大自美采购和进口制成品、农产品、能源产品和服务不少于2000亿美元。

在服务方面，在2017年基数之上，中国2020日历年自美采购和进口规模不少于128亿美元，2021日历年自美采购和进口规模不少于251亿美元。

4.8 国常会：增加再贷款再贴现5000亿元，下调支农、支小再贷款利率0.25个百分点

2020年2月25日，国务院常务会议确定按市场化、法治化原则加大对中小微企业复工复产的金融支持。一是鼓励金融机构根据企业申请，对符合条件、流动性遇到暂时困难的中小微企业包括个体工商户贷款本金，给予临时性延期偿还安排，付息可延期到6月30日，并免收罚息。湖北省境内各类企业都可享受上述政策。二是增加再贷款、再贴现额度5000亿元，重点用于中小银行加大对中小微企业信贷支持。下调支农、支小再贷款利率0.25个百分点。6月底前，对地方法人银行新发放普惠小微贷款，符合条件的允许等额申请再贷款。鼓励商业银行加大小微信贷力度，努力使利率比上年明显下降。国有大型银行上半年普惠小微贷款余额同比增速力争不低于30%。政策性银行增加3500亿元专项信贷，以优惠利率向民营、中小微企业发放。

4.9 工信部：全国除湖北外的规上工业企业平均开工率超过95%

工信部于2020年3月13日表示，全国除湖北外的规上工业企业平均开工率超过95%，企业人员平均复岗率约为80%，中小企业开工率已达到60%左右。

4.10 银保监会：银行业金融机构为抗击疫情提供信贷支持超1.4万亿元

中国银保监会首席检察官杨丽平3月13日在国务院联防联控机制新闻发布会上说，今年前两个月，金融机构人民币贷款新增4.2万亿元。目前，银行业金融机构为抗击疫情提供的信贷支持已经超1.4万亿元。

4.11 央行3月16日定向降准0.5至1个百分点，释放长期资金5500亿元

中国人民银行决定于2020年3月16日实施普惠金融定向降准，对达到考核标准的银行定向降准0.5至1个百分点。在此之外，对符合条件的股份制商业银行再额外定向降准1个百分点，支持发放普惠金融领域贷款。以上定向降准共释放长期资金5500亿元。

4.12 国家卫健委：中国内地首次无新增本土疑似病例，要继续防止境外疫情输入

2020年3月18日，国务院联防联控机制召开新闻发布会。国家卫生健康委新闻发言人、宣传司副司长米锋表示，中国内地首次无新增本土疑似病例。湖北除武汉以外地区已连续13日无新增本土确诊病例，援鄂医疗队正在有序分批返程。根据世卫组织通报，目前疫情已扩散到159个国家和地区，要继续防止境外疫情输入，同时积极开展国际合作，共同应对疫情。

4.13 美联储：将会推出货币市场共同基金流动性便利

当地时间2020年3月18日，美联储表示，随着新冠病毒疫情带来的影响持续波及整个金融市场，它将启动一项计划为货币市场共同基金提供支持。

美联储根据紧急授权制定的这项名为“货币市场共同基金流动性便利”的计划效仿的是全

球金融危机时期的类似做法。美国财政部将提供100亿美元的信贷保护。

4.14 为缓解美元流动性危机，美联储宣布与九家央行开展流动性互换

当地时间3月19日，美联储宣布与九国央行建立临时流动性互换协议，分别是澳大利亚联储、巴西央行、丹麦央行、韩国央行、墨西哥央行、挪威央行、新西兰央行、新加坡货币当局、瑞典央行。

4.15 美联储宣布将不限量按需买入美债和MBS

2020年3月23日，美联储宣布，因新冠病毒大流行对社会各界造成“巨大困难”，美联储宣布广泛新措施来支持经济，包括了开放式的资产购买，扩大货币市场流动性便利规模。美联储称，本周每天都将购买750亿美元国债和500亿美元机构住房抵押贷款支持证券，每日和定期回购利率报价利率将重设为0。为确保市场运行和货币政策传导，将不限量按需买入美债和MBS。

4.16 我国将适当提高财政赤字率，将发行特别国债

中共中央政治局3月27日召开会议，分析国内外新冠肺炎疫情防控和经济运行形势，研究部署进一步统筹推进疫情防控和经济社会发展工作。会议指出，要加大宏观政策调节和实施力度。要抓紧研究提出积极应对的一揽子宏观政策措施，积极的财政政策要更加积极有为，稳健的货币政策要更加灵活适度，适当提高财政赤字率，发行特别国债，增加地方政府专项债券规模，引导贷款市场利率下行，保持流动性合理充裕。要落实好各项减税降费政策，加快地方政府专项债发行和使用，加紧做好重点项目前期准备和建设工作。要充分发挥再贷款再贴现、贷款延期还本付息等金融政策的牵引带动作用，疏通传导机制，缓解融资难融资贵，为疫情防控、复工复产和实体经济发展提供精准金融服务。对地方和企业反映的难点堵点问题，要抓紧梳理分析，及时加以解决，推动产业链协同复工复产达产。

4.17 复工复产加快，3月中国制造业PMI大幅反弹至荣枯线上

3月中国制造业采购经理人指数（PMI）较上月大幅反弹16.3个百分点至52%。分析师指出，随着一系列促进复工复产的措施逐渐落地，未来PMI或继续回升。

PMI表现远超市场预期。数据发布前，界面新闻采集的7家机构预估中值显示，3月中国制造业PMI为44%。PMI指数在50%以上，反映经济总体扩张；低于50%，反映经济衰退。2月中国制造业PMI录得35.7%，创有统计以来最低水平。

国家统计局服务业调查中心指出，3月制造业PMI明显上升，说明当前多数企业随着复工复产的有序推进，生产经营情况比上月有所改善，但并不意味着企业的实际生产经营已恢复至疫情前水平。

4.18 央行定向下调存款准备金率1个百分点，释放资金约4000亿元

央行表示，实施稳健的货币政策更加灵活，把支持实体经济恢复发展放到更加突出的位置，注重定向调控，兼顾内外平衡，保持流动性合理

充裕，货币信贷、社会融资规模增长同经济发展相适应，为高质量发展和供给侧结构性改革营造适宜的货币金融环境。

央行决定对农村信用社、农村商业银行、农村合作银行、村镇银行和仅在省级行政区域内经营的城市商业银行定向下调存款准备金率1个百分点。消息指出，于4月15日和5月15日分两次实施到位，每次下调0.5个百分点，共释放长期资金约4000亿元。

4.19 刘鹤与美贸易代表莱特希泽、账政部长姆努钦通话

5月8日上午，中共中央政治局委员、国务院副总理、中美全面经济对话中方牵头人刘鹤应约与美贸易代表莱特希泽、财政部长姆努钦通话。双方表示应加强宏观经济和公共卫生合作，努力为中美第一阶段经贸协议的落实创造有利氛围和条件，推动取得积极成效。双方同意保持沟通协调。

4.20 美国发布3000亿美元征税产品第四批排除清单

美国当地时间2020年5月8日，美国贸易代表办公室（USTR）公布第四批3000亿美元加征关税商品清单项下的产品排除公告，新增8项排除产品，修订1项历史排除产品描述，其中包括1类纺织服装产品（完全排除）。被排除的产品在出口美国时将不再被加征7.5%的关税。本公告列明的被排除产品的有效期为2019年9月1日至2020年9月1日。

4.21 国务院关税税则委员会：自7月1日起，对原产孟加拉国的税目产品适用税率为零

2020年6月18日，国务院关税税则委员会宣布，自2020年7月1日起，对原产于孟加拉国的97%税目产品，适用税率为零的特惠税率。

4.22 美国公布第七批3000亿美元加征关税商品清单项下的产品排除公告

美国当地时间2020年7月20日，美国贸易代表办公室（USTR）公布了第七批3000亿美元加征关税商品清单项下的产品排除公告，新增64项排除产品，其中包括19类纺织服装产品。截至目前3000亿征税清单已排除44项纺织服装产品，被排除的产品在出口美国时将不再被加征7.5%的关税。本公告列明的被排除产品的有效期为2019年9月1日至2020年9月1日。

4.23 刘鹤与美贸易代表莱特希泽、财政部长姆努钦通话

2020年8月25日上午，中共中央政治局委员、国务院副总理、中美全面经济对话中方牵头人刘鹤应约与美国贸易代表莱特希泽、财政部长姆努钦通话。双方就加强两国宏观经济政策协调、中美第一阶段经贸协议落实等问题进行了具有建设性的对话。双方同意创造条件和氛围，继续推动中美第一阶段经贸协议落实。

第六部分

政策文件

1　国家发展改革委发布《2020年粮棉进口关税配额申领条件和分配原则的公告》

【发布单位】国家发展改革委

【发布日期】2019年9月29日

根据《农产品进口关税配额管理暂行办法》，制定了《2020年粮食进口关税配额申请和分配细则》和《2020年棉花进口关税配额申请和分配细则》，现予以公告。

附件：

1.2020年粮食进口关税配额申请和分配细则

2.2020年棉花进口关税配额申请和分配细则

国家发展改革委

2019年9月29日

附件1

2020年粮食进口关税配额申请和分配细则

根据《农产品进口关税配额管理暂行办法》（商务部、国家发展和改革委员会令2003年第4号），国家发展改革委制定了2020年粮食进口关税配额申请和分配细则。现公告如下。

一、配额数量和种类

2020年粮食进口关税配额总量为：小麦（包括其粉、粒，以下 简称小麦）963.6万吨，其中90%为国营贸易配额；玉米（包括其 粉、粒，以下简称玉米）720万吨，其中60%为国营贸易配额；大米（包括其粉、粒，以下简称大米）532万吨，其中长粒米266万 吨、中短粒米266万吨，50%为国营贸易配额。

企业可自主选择申请:（1）国营贸易配额;（2）非国营贸易配 额；（3）国营贸易配额和非国营贸易配额。其中，分配给企业的国营贸易配额，须通过国营贸易企业代理进口，在当年8月15日前未签订进口合同的，企业可以委托有贸易权的任何企业进口，有贸 易权的企业可以自行进口。

二、申请条件

有资格获得2020年小麦、玉米、大米进口关税配额的企业须首先符合以下条件：2019年10月1日前在市场监督管理部门登记 注册；未列入“信用中国”网站受惩黑名单；没有违反《农产品进口关税配额管理暂行办法》的行为。有资格获得2020年小麦、玉米、大米进口关税配额的企业，还必须符合相应品种以下所列条件之一：

（一）小麦

1. 获得2019年小麦进口关税配额且有进口实绩（接受进口关税配额企业委托的代理进口不计入受委托企业的进口实绩，下同）的企业；

2. 2018年小麦年加工能力20万吨以上的面粉和食品生产企业。

（二）玉米

1. 获得2019年玉米进口关税配额且有进口实绩的企业；

2. 2018年玉米年加工能力20万吨以上的饲料生产企业；

3. 2018年玉米年加工能力45万吨以上的其他生产企业。

（三）大米（长粒米和中短粒米需分别申请）

1. 获得2019年大米进口关税配额且有进口实绩的企业；

2. 2018年大米年加工能力10万吨以上的食品生产企业。

三、分配原则

分配原则的总体目标是使得国营贸易配额和非国营贸易配额根据市场条件得到充分使用。

（一）如本细则所公布的进口关税配额总量能够满足符合条件企业的申请总量，按企业申请数量分配。

（二）如本细则所公布的进口关税配额总量不能满足符合条件企业的申请总量，则有进口实绩的企业分得的配额量不少于其上一年配额内的进口量。如有剩余配额，在考虑生产加工能力的基础上，分配给上一年无进口实绩的企业。

（三）2020年，国营贸易配额分配将考虑申请企业2019年的进口实绩以及2018年生产加工能力。部分国营贸易配额将分配给具有生产加工能力，且此前未获得国营贸易配额和非国营贸易配额的企业。

（四）2020年及2020年后，如获得进口关税配额的企业未能 完成配额内的全部进口量，则按《农产品进口关税配额管理暂行办法》相关罚则规定处理。

四、申请时限

（一）国家发展改革委委托地方发展改革委（以下简称委托机构）接收企业提交的申请表。申请企业于2019年10月15日–10月30日向登记注册所在地的委托机构提交申请表。《2020年粮食进口关税配额申请表》（见附表）可从国家发展改革委网站（http://www.ndrc.gov.cn）下载。

（二）委托机构于2019年11月15日前将所有按照要求填写完成的申请表送达国家发展改革委（政务服务大厅），并抄报商务部，同时将申请表中所包含的信息上传至农产品进口关税配额管理系统。逾期不再受理。

五、公示阶段

（一）为方便公众协助国家发展改革委对申请企业所提交信息的真实性进行核实，国家发展改革委将在官方网站上对申请企业信息进行公示（公示期和举报意见提交方式将在公示时一并规定）。

（二）公示期内，任何主体均可就所公示信息的真实性进行举报。公众提交举报意见的期限届满后，国家发展改革委将委托被举报申请企业登记注册所在地的委托机构进行核查。

（三）核查期间，被举报申请企业有权通过书面等方式，就所举报的相关问题向委托机构提出异议。委托机构审阅被举报申请企业提出的异议并完成调查核实后，向国家发展改革委就举报意见的真实性反馈核查情况。

六、其他规则

（一）企业对其申请表中所填内容的真实性负责，对虚假申报或拒不履行其在申请表中所作承诺的失信企业，有关部门将按照国家有关规定采取相应惩戒措施。对伪造有关资料骗取《农产品进口关税配额证》的企业，除依法收缴其配额证，两年内不再受理其粮食进口关税配额的申请。

（二）对伪造、变造或者买卖《农产品进口关税配额证》的企业，依照有关法律规定追究其刑事责任，且两年内不再受理其粮食进口关税配额的申请。

附表：

2020年粮食进口关税配额申请表

单位：吨

<table>
<tr><td colspan="5">企业名称:</td></tr>
<tr><td colspan="5">企业注册地址：</td></tr>
<tr><td colspan="5">企业性质：　　□国有　□股份制　　　□民营　□外商投资</td></tr>
<tr><td colspan="5">统一社会信用代码：</td></tr>
<tr><td colspan="5">联系方式：</td></tr>
<tr><td>申请配额品种名称：</td><td colspan="4">□2019年有该品种进口实绩者　　□2019年无该品种进口实绩者</td></tr>
<tr><td rowspan="3">申请配额种类、数量及贸易方式</td><td colspan="2">□非国营贸易配额，其中</td><td colspan="2">□国营贸易配额，其中</td></tr>
<tr><td colspan="2">（1）一般贸易：</td><td colspan="2">（1）一般贸易：</td></tr>
<tr><td colspan="2">（2）加工贸易：</td><td colspan="2">（2）加工贸易：</td></tr>
<tr><td rowspan="3">2018年企业生产加工能力</td><td colspan="2">加工原料名称：</td><td colspan="2">产品名称：</td></tr>
<tr><td colspan="2">该原料年加工能力：</td><td colspan="2">该产品年生产能力：</td></tr>
<tr><td colspan="2">该原料年实际用量：</td><td colspan="2">该产品年实际产量：</td></tr>
<tr><td colspan="5">以下由有进口实绩的企业填写（代理企业不得将代理其他企业完成的进口量计入本企业进口实绩）</td></tr>
<tr><td rowspan="2"></td><td colspan="2">2018年</td><td colspan="2">2019年</td></tr>
<tr><td>非国营贸易配额</td><td>国营贸易配额</td><td>非国营贸易配额</td><td>国营贸易配额</td></tr>
<tr><td>分配到的配额量</td><td></td><td></td><td></td><td></td></tr>
<tr><td>实际进口量（核销量）</td><td></td><td></td><td></td><td></td></tr>
<tr><td>中期调整退回量</td><td></td><td></td><td></td><td></td></tr>
<tr><td colspan="5">本企业已阅知《2020年粮食进口关税配额申请和分配细则》相关内容，并郑重承诺本企业符合粮食进口关税配额申请条件，提交的粮食进口关税配额各项申报材料真实、准确、有效；获得粮食进口关税配额后，保证按照国家有关法律、法规、规章开展进口业务。如违反本承诺，愿意承担相应法律责任和后果，并接受相关惩戒。

申请企业（盖章）　　　　企业法定代表人（签字）：</td></tr>
</table>

填表说明：

1.企业名称与统一社会信用代码必须一一对应，一码一申请。

2.在“申请配额种类”中，企业可勾选非国营贸易配额，或者国营贸易配额，或者两者皆勾选。

3.企业根据申请的粮食配额品种，填写对应的“企业生产加工能力”，包括：（1）对作为加工原料的粮食的年加工能力和实际用量。（2）对以粮食为主要原料生产出的产品的年生产能力和实际产量。

附件2

2020年棉花进口关税配额申请和分配细则

根据《农产品进口关税配额管理暂行办法》（商务部、国家发展和改革委员会令2003年第4号），国家发展改革委制定了2020年棉花进口关税配额申请和分配细则。现公告如下。

一、配额数量

2020年棉花进口关税配额总量为89.4万吨，其中33%为国营贸易配额。

二、申请条件

2020年棉花进口关税配额申请企业基本条件为：2019年10月1日前在市场监督管理部门登记注册；具有良好的财务状况、纳税记录和诚信情况；2018年以来在海关等方面无违法违规记录；未列入“信用中国”网站受惩黑名单。

在具备上述条件的前提下，申请企业还必须符合以下所列条件之一：

1. 国营贸易企业；

2. 纺纱设备（自有）5万锭及以上的棉纺企业；

3. 全棉水刺非织造布年产能（自有）8000吨及以上的企业，水刺机设备幅宽小于3米（含）的生产线产能认定为2000吨，幅宽大于3米的生产线产能认定为4000吨。

三、申请材料

（一）2020年棉花进口关税配额申请表，电子版可从国家发展改革委网站（http://www.ndrc.gov.cn）下载。

（二）企业法人营业执照（副本）复印件。

（三）2018年棉纱、棉布等棉制品的销售增值税专用发票（复印件）一张。

四、分配原则

（一）根据申请企业的实际生产经营能力（包括历史进口实绩、生产能力、经营情况等）和其他相关商业标准进行分配。

（二）本次配额申请、分配不区分一般贸易和加工贸易。国家发展改革委委托机构（地方发展改革委，以下简称委托机构）向获得配额的企业发放《农产品进口关税配额证》时，由企业自行选择确定贸易方式。

五、申请时限

（一）申请企业于2019年10月15日—10月30日向登记注册所在地的委托机构提交申请材料。

（二）委托机构于2019年11月15日前将申请材料送达国家发展改革委（政务服务大厅），并抄报商务部，同时将棉花进口关税配额申请表中所包含的信息上传至农产品进口关税配额管理系统。逾期不再受理。

六、公示阶段

（一）为方便公众协助国家发展改革委对申请企业所提交信息的真实性进行核实，国家发展改革委将在官方网站上对申请企业信息进行公示（公示期和举报意见提交方式将在公示时一并规定）。

（二）公示期内，任何主体均可就所公示信息的真实性进行举报。公众提交举报意见的期限届满后，国家发展改革委将委托被举报申请企业登记注册所在地的委托机构进行核查。

（三）核查期间，被举报申请企业有权通过书面等方式，就所举报的相关问题向委托机构提出异议。委托机构审阅被举报申请企业提出的异议并完成调查核实后，向国家发展改革委就举报意见的真实性反馈核查情况。

七、其他规则

（一）企业对其提交申请材料和信息的真实性负责，对虚假申报或拒不履行其在申请表中所作承诺的失信企业，有关部门将按照国家有关规定采取相应惩戒措施。

（二）企业通过使用获得的棉花进口关税配额进口的棉花由本企业加工经营，不得转卖。

（三）获得棉花进口关税配额的企业要积极配合国家发展改革委及其委托机构组织开展棉花进口关税配额申请、使用情况监督检查，及时如实提供检查所需资料数据。

（四）对虚假填报申请表、伪造有关资料骗取棉花进口关税配额以及未按规定开展进口业务的，将收缴其配额证，并依规限制其今后申请棉花进口关税配额和滑准税配额。

（五）对伪造、变造或者买卖《农产品进口关税配额证》的企业，依照有关法律规定追究其刑事责任。

附表

2020年棉花进口关税配额申请表

<table>
<tr><td colspan="4">申请企业名称：</td><td>统一社会信用代码：</td></tr>
<tr><td colspan="4">2019年初以来企业是否更名：□是　□否</td><td>曾用名：</td></tr>
<tr><td colspan="5">企业注册地址：</td></tr>
<tr><td colspan="4">企业性质：□国有 □股份制 □民营　□外商投资</td><td>联系电话：</td></tr>
<tr><td colspan="2">注册资本（万元）：</td><td colspan="2">2018年纳税额（万元）：</td><td>2018年资产负债率：</td></tr>
<tr><td colspan="5">配额申请数量（吨，不区分贸易方式）：</td></tr>
<tr><td colspan="2">□2019年有棉花一般贸易进口实绩者</td><td colspan="2">□2019年有棉花加工贸易进口实绩者</td><td>□2019年无棉花进口实绩者</td></tr>
<tr><td rowspan="6">2019年企业生产经营情况</td><td>纺纱能力：</td><td>锭</td><td>年棉花用量：</td><td>吨</td></tr>
<tr><td>其中，环锭纺：</td><td>锭</td><td>其中，进口棉用量：</td><td>吨</td></tr>
<tr><td>转杯纺：</td><td>头</td><td>年纱线产量：</td><td>吨</td></tr>
<tr><td>喷气涡流纺：</td><td>头</td><td>其中，棉纱产量：</td><td>吨</td></tr>
<tr><td>全棉水刺非织造布产能：</td><td>吨</td><td>年纯棉纱产量：</td><td>吨</td></tr>
<tr><td></td><td></td><td>年全棉水刺非织造布产量：</td><td>吨</td></tr>
<tr><td colspan="5">2019年棉花进口配额分配量（吨）：</td></tr>
<tr><td colspan="3">其中，关税配额分配量（吨）：</td><td colspan="2">滑准税配额分配量（吨）：</td></tr>
<tr><td colspan="5">2018年棉花加工贸易实际进口量（吨，以海关数据为准）：</td></tr>
<tr><td colspan="5">备注：</td></tr>
<tr><td colspan="5">本企业已阅知《2020年棉花进口关税配额申请和分配细则》相关内容，郑重承诺：保证本企业符合国家规定的棉花进口关税配额申请条件，保证本申请表所填写的内容真实有效、有据可查，没有任何隐瞒或虚假信息。获得棉花进口关税配额后，保证按照国家有关法律、法规、规章和相关 规定开展进口业务。如违反本承诺，本企业愿意承担相关责任和后果，并接受有关部门相应惩戒。

申请企业（盖章）　　　　企业法定代表人（签字）：</td></tr>
</table>

填表说明：

1. 企业名称与统一社会信用代码必须一一对应，一码一申请。

2. “纺纱能力”指折环锭纺产能，须填报本企业自有设备且2019年10月1日已投产使用的实际纺纱能力。转杯纺和喷气涡流纺分别按每头10锭和20锭折算为环锭纺纱锭数，全棉水刺非织造布产能按每吨6.25锭折算为环锭纺纱锭数。

3. 本表棉纱指以棉花为原料之一加工的纱线，纯棉纱指含棉量为100%的棉纱线。“2019年企业生产经营情况”中，棉花用量、纱线产量等填报2019年前三季度数据。

4. 填报数据精确到个位。企业须保存与上述填报数据相一致的采购、销售发票和出入库凭证等证明材料备查。检查时，如无法完整提供，将视为虚假填报。

5. 2019年10月1日纺纱能力较最近一次国家发展改革委及其委托机构组织的产能现场核查及抽查有变化的，请保留相关凭据备查，并在“备注”栏说明。

2 商务部、海关总署公布《2020年进口许可证管理货物目录》

【发布单位】中华人民共和国商务部、海关总署
【发布日期】2019年12月31日

依据《中华人民共和国对外贸易法》《中华人民共和国货物进出口管理条例》《消耗臭氧层物质管理条例》《货物进口许可证管理办法》《机电产品进口管理办法》《重点旧机电产品进口管理办法》等法律、行政法规和规章，现公布《进口许可证管理货物目录（2020年）》，自2020年1月1日起执行。商务部、海关总署公告2018年第107号同时废止。

商务部 海关总署
2019年12月31日

附件：

2020年进口许可证管理货物目录

序号	货物种类	海关商品编号	货物名称	单位
1	消耗臭氧层物质	2903191010	1，1，1-三氯乙烷（甲基氯仿），用于清洗剂的除外	千克
		2903191090	1，1，1-三氯乙烷（甲基氯仿），用于清洗剂的除外	千克
		2903399020	溴甲烷（甲基溴）	千克
		2903710000	一氯二氟甲烷	千克
		2903720000	二氯三氟乙烷	千克
		2903730000	二氯一氟乙烷	千克
		2903740000	一氯二氟乙烷	千克
		2903750010	1，1，1，2，2-五氟-3，3-二氯丙烷	千克
		2903750020	1，1，2，2，3-五氟-1，3-二氯丙烷	千克
		2903750090	其他二氯五氟丙烷	千克
		2903760010	溴氯二氟甲烷	千克

续表

序号	货物种类	海关商品编号	货物名称	单位
1	消耗臭氧层物质	2903760020	溴三氟甲烷	千克
		2903771000	三氯氟甲烷	千克
		2903772011	二氯二氟甲烷	千克
		2903772012	三氯三氟乙烷，用于清洗剂的除外（CFC-113）	千克
		2903772014	二氯四氟乙烷（CFC-114）	千克
		2903772015	一氯五氟乙烷（CFC-115）	千克
		2903772016	一氯三氟甲烷（CFC-13）	千克
		2903791011	一氟二氯甲烷	千克
		2903791012	1，1，1，2-四氟-2-氯乙烷	千克
		2903791013	三氟一氯乙烷	千克
		2903791014	1-氟-1，1-二氯乙烷	千克
		2903791015	1，1-二氟-1-氯乙烷	千克
		2903791090	其他仅含氟和氯的甲烷、乙烷及丙烷的卤化衍生物	千克
		2903799021	其他仅含溴、氟的甲烷、乙烷和丙烷	千克
		3824710011	二氯二氟甲烷和二氟乙烷的混合物（R-500）	千克
		3824710012	一氯二氟甲烷和二氯二氟甲烷的混合物（R-501）	千克
		3824710013	一氯二氟甲烷和一氯五氟乙烷的混合物（R-502）	千克
		3824710014	三氟甲烷和一氯三氟甲烷的混合物（R-503）	千克
		3824710015	二氟甲烷和一氯五氟乙烷的混合物（R-504）	千克
		3824710016	二氯二氟甲烷和一氟一氯甲烷的混合物（R-505）	千克
		3824710017	一氟一氯甲烷和二氯四氟乙烷的混合物（R-506）	千克
		3824710018	二氯二氟甲烷和二氯四氟乙烷的混合物（R-400）	千克
		3824740011	二氟一氯甲烷、二氟乙烷和一氯四氟乙烷的混合物（R-401）	千克
		3824740012	五氟乙烷、丙烷和二氟一氯甲烷的混合物（R-402）	千克
		3824740013	丙烷、二氟一氯甲烷和八氟丙烷的混合物（R-403）	千克
		3824740014	二氟一氯甲烷、二氟乙烷、一氯二氟乙烷和八氟环丁烷的混合物（R-405）	千克
		3824740015	二氟一氯甲烷、2-甲基丙烷（异丁烷）和一氯二氟乙烷的混合物（R-406）	千克
		3824740016	五氟乙烷、三氟乙烷和二氟一氯甲烷的混合物（R-408）	千克

续表

序号	货物种类	海关商品编号	货物名称	单位
1	消耗臭氧层物质	3824740017	二氟一氯甲烷、一氯四氟乙烷和一氯二氟乙烷的混合物（R-409）	千克
		3824740018	丙烯、二氟一氯甲烷和二氟乙烷的混合物（R-411）	千克
		3824740019	二氟一氯甲烷、八氟丙烷和一氯二氟乙烷的混合物（R-412）	千克
		3824740021	二氟一氯甲烷、一氯四氟乙烷、一氯二氟乙烷和2-甲基丙烷的混合物（R-414）	千克
		3824740022	二氟一氯甲烷和二氟乙烷的混合物（R-415）	千克
		3824740023	四氟乙烷、一氯四氟乙烷和丁烷的混合物（R-416）	千克
		3824740024	丙烷、二氟一氯甲烷和二氟乙烷的混合物（R-418）	千克
		3824740025	二氟一氯甲烷和八氟丙烷的混合物（R-509）	千克
		3824740026	二氟一氯甲烷和一氯二氟乙烷的混合物	千克
		3824740090	其他含甲烷、乙烷或丙烷的氢氯氟烃混合物（不论是否含甲烷、乙烷或丙烷的全氟烃或氢氟烃，但不含全氯氟烃）	千克
2	化工设备	8419409090	其他蒸馏或精馏设备	台/千克
		8419609010	液化器（将来自级联的 UF6 气体压缩并冷凝成液态 UF6）	台/千克
3	金属冶炼设备	8454309000	其他金属冶炼及铸造用铸造机	台/千克
4	工程机械	8426200000	塔式起重机	台/千克
		8426411000	轮胎式起重机	台/千克
		8426419000	其他带胶轮的自推进起重机械	台/千克
		8426491000	履带式自推进起重机械	台/千克
		8426499000	其他不带胶轮的自推进起重机械	台/千克
		8426990000	其他起重机械	台/千克
		8427209000	其他机动叉车及有升降装置工作车（包括装有搬运装置的机动工作车）	台/千克
		8427900000	其他叉车及可升降的工作车（工作车指装有升降或搬运装置）	台/千克
		8428109000	其他升降机及倒卸式起重机	台/千克
5	起重运输设备	8426193000	龙门式起重机	台/千克
		8426194100	门式装卸桥	台/千克
		8426194200	集装箱装卸桥	台/千克
		8427101000	有轨巷道堆垛机	台/千克
		8427102000	无轨巷道堆垛机	台/千克
		8428602100	单线循环式客运架空索道	台/千克

续表

序号	货物种类	海关商品编号	货物名称	单位
6	造纸设备	8439100000	制造纤维素纸浆的机器	台/千克
		8439200000	纸或纸板的抄造机器	台/千克
		8439300000	纸或纸板的整理机器	台/千克
7	电力电气设备	8501641090	其他输出功率超过750千伏安但不超过350兆伏安的交流发电机	台/千克
		8501642010	由使用可再生燃料锅炉和涡轮机组驱动的交流发电机（输出功率超过350兆伏安但不超过665兆伏安）	台/千克
		8501642090	其他输出功率超过350兆伏安但不超过665兆伏安的交流发电机	台/千克
		8501643010	由使用可再生燃料锅炉和涡轮机组驱动的交流发电机（输出功率超过665兆伏安）	台/千克
		8501643090	其他输出功率超过665兆伏安的交流发电机	台/千克
		8502120000	输出功率超过75千伏安但不超过375千伏安的柴油发电机组（包括半柴油发电机组）	台/千克
		8502131000	输出功率超过375千伏安但不超过2兆伏安的柴油发电机组（包括半柴油发电机组）	台/千克
		8502132000	输出功率超过2兆伏安的柴油发电机组（包括半柴油发电机组）	台/千克
		8502200000	装有点燃式活塞内燃发动机的发电机组（内燃的）	台/千克
		8502390010	依靠可再生能源（太阳能、小水电、潮汐、沼气、地热能、生物质/余热驱动的汽轮机）生产电力的发电机组	台/千克
		8515319100	螺旋焊管机［电弧（包括等离子弧）焊接］	台/千克
		8515319900	其他电弧（包括等离子弧）焊接机及装置（全自动或半自动的）	台/千克
		8515390000	其他电弧（等离子弧）焊接机器及装置（非全自动或半自动的）	台/千克
		8515809010	电子束、激光自动焊接机［将端塞焊接于燃料细棒（或棒）的自动焊接机］	台/千克
		8515809090	其他焊接机器及装置	台/千克
8	食品加工及包装设备	8419810000	加工热饮料或烹调、加热食品的机器	台/千克
		8421220000	过滤或净化饮料的机器及装置（过滤或净化水的装置除外）	台/千克
		8422301010	乳品加工用自动化灌装设备	台/千克
		8422301090	其他饮料及液体食品灌装设备	台/千克
		8434200000	乳品加工机器	台/千克
		8438100010	糕点生产线	台/千克
9	农业机械	8432313100	免耕直接水稻插秧机	台/千克
		8432393100	非免耕直接水稻插秧机	台/千克

续表

序号	货物种类	海关商品编号	货物名称	单位
9	农业机械	8433510001	功率在160马力及以上的联合收割机	台/千克
		8433510090	功率在160马力以下的联合收割机	台/千克
		8433530001	功率在160马力及以上的土豆、甜菜收割机	台/千克
		8433591001	功率在160马力及以上的甘蔗收割机	台/千克
		8433592000	棉花采摘机	台/千克
		8433599001	自走式青储饲料收割机	台/千克
		8433599090	其他收割机及脱粒机	台/千克
10	印刷机械	8440102000	胶订机	台/千克
		8443120000	办公室用片取进料式胶印机（展开片尺寸不超过22厘米×36厘米，用税目84.42项下商品进行印刷的机器）	台/千克
		8443140000	卷取进料式凸版印刷机（用税目84.42项下商品进行印刷的机器，但不包括苯胺印刷机）	台/千克
		8443150000	除卷取进料式以外的凸版印刷机（用税目84.42项下商品进行印刷的机器，但不包括苯胺印刷机）	台/千克
		8443160001	线速度在350米/分钟及以上、幅宽在800毫米及以上的苯胺印刷机（柔性版印刷机，用税目84.42项下商品进行印刷的机器）	台/千克
		8443160002	线速度在160米/分钟及以上、幅宽在250毫米及以上但少于800毫米的机组式柔性版印刷机（具有烫印或全息或丝网印刷功能单元）	台/千克
		8443160090	其他苯胺印刷机（柔性版印刷机，用税目84.42项下商品进行印刷的机器）	台/千克
		8443198000	未列名印刷机（网式印刷机除外，用税目84.42项下商品进行印刷的机器）	台/千克
11	纺织机械	8453100000	生皮、皮革的处理或加工机器（包括鞣制机）	台/千克
12	船舶	8901101010	高速客船（包括主要用于客运的类似船舶）	艘/千克
		8901101090	其他机动巡航船、游览船及各式渡船（包括主要用于客运的类似船舶）	艘/千克
		8903920001	长度超过8米但在90米以下的汽艇（装有舷外发动机的除外）	艘/千克
		8903920090	其他汽艇（装有舷外发动机的除外）	艘/千克
		8903990001	长度超过8米但在90米以下的娱乐或运动用其他机动船舶或快艇（包括划艇及轻舟）	艘/千克
		8901109000	非机动巡航船、游览船及各式渡船（以及主要用于客运的类似船舶）	艘/千克
		8901909000	非机动货运船舶及客货兼运船舶	艘/千克
13	硒鼓	8443999010	其他印刷（打印）机、复印机及传真机的感光鼓和含感光鼓的碳粉盒	千克
14	X射线管	9022300000	X射线管	个/千克

说明：目录内第2至第14项所列货物是指旧机电产品。

3　商务部、海关总署公布《2020年出口许可证管理货物目录》

【发布单位】中华人民共和国商务部　海关总署

【发布日期】2019年12月31日

依据《中华人民共和国对外贸易法》《中华人民共和国货物进出口管理条例》《消耗臭氧层物质管理条例》《货物出口许可证管理办法》等法律、行政法规和规章，现公布《出口许可证管理货物目录（2020年）》（以下简称为目录）和有关事项。

一、许可证的申领

（一）2020年实行许可证管理的出口货物为43种，详见目录。对外贸易经营者出口目录内所列货物的，应向商务部或者商务部委托的地方商务主管部门申请取得《中华人民共和国出口许可证》（以下简称出口许可证），凭出口许可证向海关办理通关验放手续。

（二）出口活牛（对港澳）、活猪（对港澳）、活鸡（对香港）、小麦、玉米、大米、小麦粉、玉米粉、大米粉、药料用麻黄草（人工种植）、煤炭、原油、成品油（不含润滑油、润滑脂、润滑油基础油）、锯材、棉花的，凭配额证明文件申领出口许可证；出口甘草及甘草制品、蔺草及蔺草制品的，凭配额招标中标证明文件申领出口许可证。

（三）以加工贸易方式出口第二款所列货物的，凭配额证明文件、货物出口合同申领出口许可证。其中，出口甘草及甘草制品、蔺草及蔺草制品的，凭配额招标中标证明文件、海关加工贸易进口报关单申领出口许可证。

（四）以边境小额贸易方式出口第二款所列货物的，由省级地方商务主管部门根据商务部下达的边境小额贸易配额和要求签发出口许可证。以边境小额贸易方式出口甘草及甘草制品、蔺草及蔺草制品、消耗臭氧层物质、摩托车（含全地形车）及其发动机和车架、汽车（包括成套散件）及其底盘等货物的，需按规定申领出口许可证。以边境小额贸易方式出口本款上述情形以外的货物的，免于申领出口许可证。

（五）出口活牛（对港澳以外市场）、活猪（对港澳以外市场）、活鸡（对香港以外市场）、牛肉、猪肉、鸡肉、天然砂（含标准砂）、矾土、磷矿石、镁砂、滑石块（粉）、萤石（氟石）、稀土、锡及锡制品、钨及钨制品、钼及钼制品、锑及锑制品、焦炭、成品油（润滑油、润滑脂、润滑油基础油）、石蜡、部分金属及制品、硫酸二钠、碳化硅、消耗臭氧层物质、柠檬酸、白银、铂金（以加工贸易方式出口）、铟及铟制品、摩托车（含全地形车）及其发动机和车架、汽车（包括成套散件）及其底盘的，需按规定申领出口许可证。其中，消耗臭氧层物质货样广告品需凭出口许可证出口；以一般贸易、加工贸易、边境贸易和捐赠贸易方式出口汽车、摩托车产品的，需按规定的条件申领出口许可证；以工程承包方式出口汽车、摩托车产品的，凭中标文件等材料申领出口许可证；以上述贸易方式出口非原产于中国的汽车、摩托车产品的，凭进口海关单据和货物出口合同申领出口许可证。

（六）以加工贸易方式出口第五款所列货物的，除另有规定以外，凭有关批准文件、海关加工贸易进口报关单和货物出口合同申领出口许可证。其中，出口润滑油、润滑脂、润滑油基础油等成品油的，需提交省级商务主管部门的转报函件；出口润滑油、润滑脂、润滑油基础油以外的成品油的，免于申领出口许可证。

（七）出口铈及铈合金（颗粒＜500微米）、钨及钨合金（颗粒＜500微米）、锆、铍的可免于申领出口许可证，但需按规定申领《中华人民共和国两用物项和技术出口许可证》。

（八）我国政府对外援助项下提供的货物免于申领出口许可证。

（九）继续暂停对一般贸易项下润滑油（海关商品编号27101991）、润滑脂（海关商品编号27101992）、润滑油基础油（海关商品编号27101993）出口的国营贸易管理。以一般贸易方式出口上述货物的，凭有效的货物出口合同申领出口许可证。以其他贸易方式出口上述货物的，按照商务部、发展改革委、海关总署公告2008年第30号的规定执行。

二、“非一批一证”制和“一批一证”制

（一）对下列货物实行“非一批一证”制管理：即小麦、玉米、大米、小麦粉、玉米粉、大米粉、活牛、活猪、活鸡、牛肉、猪肉、鸡肉、原油、成品油、煤炭、摩托车（含全地形车）及其发动机和车架、汽车（包括成套散件）及其底盘、加工贸易项下出口货物、补偿贸易项下出口货物等。出口上述货物的，可在出口许可证有效期内多次通关使用出口许可证，但通关使用次数不得超过12次。

（二）对消耗臭氧层物质出口实行“一批一证”制管理，出口许可证在有效期内一次报关使用。

三、货物通关口岸

（一）为维护货物出口经营秩序，对甘草、甘草制品和天然砂（对台港澳地区）实行指定口岸管理。其中，甘草的出口通关口岸为天津海关、上海海关、大连海关；甘草制品的出口通关口岸为天津海关、上海海关；天然砂（对台港澳地区）的出口通关口岸限定于企业所在省（自治区、直辖市）的海关。

（二）继续暂停对镁砂、稀土、锑及锑制品等出口货物的指定口岸管理。

四、出口许可机构

商务部和受商务部委托的省级地方商务主管部门及沈阳市、长春市、哈尔滨市、南京市、武汉市、广州市、成都市、西安市商务主管部门按照分工受理申请人的申请并实施出口许可，向符合条件的申请人签发出口许可证。

本公告所称省级地方商务主管部门，是指各省、自治区、直辖市、计划单列市及新疆生产建设兵团商务主管部门。

五、其他事项

（一）取消铁合金出口企业许可条件。出口铁合金凭有效的货物出口合同申领出口许可证。

（二）取消对维生素C、青霉素工业盐等出口货物实施的许可证管理措施。

（三）商务部、海关总署公告2004年第70号

（关于加强轻、重烧镁出口管理的有关规定）停止执行。

六、实施时间

本公告自2020年1月1日起执行。商务部、海关总署公告2018第108号同时废止。

商务部　海关总署

2019年12月31日

附件：

2020年出口许可证管理货物目录

序号	货物种类		海关商品编号	货物名称	单位
1	活牛		0102290000	非改良种用家牛	千克/头
			0102390010	非改良种用濒危水牛	千克/头
			0102390090	非改良种用其他水牛	千克/头
			0102909010	非改良种用濒危野牛	千克/头
			0102909090	非改良种用其他牛	千克/头
2	活猪	活大猪	0103920010	重量在50千克及以上的其他野猪（改良种用的除外）	千克/头
			0103920090	重量在50千克及以上的其他猪（改良种用的除外）	千克/头
		活中猪	0103912010	重量在10千克及以上但在50千克以下的其他野猪（改良种用的除外）	千克/头
			0103912090	重量在10千克及以上但在50千克以下的其他猪（改良种用的除外）	千克/头
		活乳猪	0103911010	重量在10千克以下的其他野猪（改良种用的除外）	千克/头
			0103911090	重量在10千克以下的其他猪（改良种用的除外）	千克/头
3	活鸡		0105941000	重量超过185克的改良种用鸡	千克/只
			0105949000	重量超过185克的其他鸡（改良种用的除外）	千克/只
			0105999300	重量超过185克的非改良种用珍珠鸡	千克/只
4	牛肉	冰鲜牛肉	0201100010	鲜或冷的整头及半头野牛肉	千克
			0201100090	其他鲜或冷的整头及半头牛肉	千克
			0201200010	鲜或冷的带骨野牛肉	千克
			0201200090	其他鲜或冷的带骨牛肉	千克
			0201300010	鲜或冷的去骨野牛肉	千克
			0201300090	其他鲜或冷的去骨牛肉	千克
			0206100000	鲜或冷的牛杂碎	千克

续表

序号	货物种类		海关商品编号	货物名称	单位
4	牛肉	冻牛肉	0202100010	冻的整头及半头野牛肉	千克
			0202100090	其他冻的整头及半头牛肉	千克
			0202200010	冻的带骨野牛肉	千克
			0202200090	其他冻的带骨牛肉	千克
			0202300010	冻的去骨野牛肉	千克
			0202300090	其他冻的去骨牛肉	千克
			0206210000	冻牛舌	千克
			0206220000	冻牛肝	千克
			0206290000	其他冻牛杂碎	千克
5	猪肉	冰鲜猪肉	0203111010	鲜或冷的整头及半头野乳猪肉	千克
			0203111090	其他鲜或冷的整头及半头乳猪肉	千克
			0203119010	其他鲜或冷的整头及半头野猪肉	千克
			0203119090	其他鲜或冷的整头及半头猪肉	千克
			0203120010	鲜或冷的带骨野猪前腿、后腿及肉块	千克
			0203120090	鲜或冷的带骨猪前腿、后腿及其肉块	千克
			0203190010	其他鲜或冷的野猪肉	千克
			0203190090	其他鲜或冷的猪肉	千克
			0206300000	鲜或冷的猪杂碎	千克
		冻猪肉	0203219010	其他冻的整头及半头野猪肉	千克
			0203219090	其他冻的整头及半头猪肉	千克
			0203220010	冻的带骨野猪前腿、后腿及肉	千克
			0203220090	冻的带骨猪前腿、后腿及其肉块	千克
			0203290010	冻的野猪其他肉	千克
			0203290090	其他冻的猪肉	千克
			0206410000	冻猪肝	千克
			0206490000	其他冻猪杂碎	千克
			0203211010	冻的整头及半头野乳猪肉	千克
			0203211090	冻的整头及半头乳猪肉	千克

续表

序号	货物种类		海关商品编号	货物名称	单位
6	鸡肉	冰鲜鸡肉	0207110000	鲜或冷的整只鸡	千克
			0207131100	鲜或冷的带骨鸡块	千克
			0207131900	其他鲜或冷的鸡块	千克
			0207132101	鲜或冷的鸡整翅（沿肩关节将鸡翅从整鸡上分割下来的部位）	千克
			0207132102	鲜或冷的鸡翅根（将整翅从肘关节处切开，靠近根部的部分）	千克
			0207132103	鲜或冷的鸡翅中（将整翅从肘关节和腕关节处切开，中间的部分）	千克
			0207132104	鲜或冷的鸡两节翅（翅中和翅尖相连的部分，或翅根和翅中相连的部分）	千克
			0207132901	鲜或冷的鸡翅尖	千克
			0207132902	鲜或冷的鸡膝软骨（鸡膝部连接小腿和大腿的软骨）	千克
			0207132990	其他鲜或冷的鸡杂碎	千克
		冻鸡肉	0207120000	冻的整只鸡	千克
			0207141100	冻的带骨鸡块（包括鸡胸脯、鸡大腿等）	千克
			0207141900	冻的不带骨鸡块（包括鸡胸脯、鸡大腿等）	千克
			0207142101	冻的鸡整翅（沿肩关节将鸡翅从整鸡上分割下来的部位）	千克
			0207142102	冻的鸡翅根（将整翅从肘关节处切开，靠近根部的部分）	千克
			0207142103	冻的鸡翅中（将整翅从肘关节和腕关节处切开，中间的部分）	千克
			0207142104	冻的鸡两节翅（翅中和翅尖相连的部分，或翅根和翅中相连的部分）	千克
			0207142200	冻的鸡爪	千克
			0207142901	冻的鸡翅尖	千克
			0207142902	冻的鸡膝软骨（鸡膝部连接小腿和大腿的软骨）	千克
			0207142990	其他冻的食用鸡杂碎	千克

续表

序号	货物种类	海关商品编号	货物名称	单位
7	小麦	1001110001	种用硬粒小麦	千克
		1001110090	种用硬粒小麦	千克
		1001190001	其他硬粒小麦	千克
		1001190090	其他硬粒小麦	千克
		1001910001	其他种用小麦及混合麦	千克
		1001910090	其他种用小麦及混合麦	千克
		1001990001	其他小麦及混合麦	千克
		1001990090	其他小麦及混合麦	千克
8	玉米	1005100001	种用玉米	千克
		1005100090	种用玉米	千克
		1005900001	其他玉米	千克
		1005900090	其他玉米	千克
9	大米	1006102101	种用长粒米稻谷	千克
		1006102190	种用长粒米稻谷	千克
		1006102901	其他种用稻谷	千克
		1006102990	其他种用稻谷	千克
		1006108101	其他长粒米稻谷	千克
		1006108190	其他长粒米稻谷	千克
		1006108901	其他稻谷	千克
		1006108990	其他稻谷	千克
		1006202001	长粒米糙米	千克
		1006202090	长粒米糙米	千克
		1006208001	其他糙米	千克
		1006208090	其他糙米	千克
		1006302001	长粒米精米（不论是否磨光或上光）	千克
		1006302090	长粒米精米（不论是否磨光或上光）	千克
		1006308001	其他精米（不论是否磨光或上光）	千克
		1006308090	其他精米（不论是否磨光或上光）	千克
		1006402001	长粒米碎米	千克
		1006402090	长粒米碎米	千克

续表

序号	货物种类	海关商品编号	货物名称	单位
9	大米	1006408001	其他碎米	千克
		1006408090	其他碎米	千克
10	小麦粉	1101000001	小麦或混合麦的细粉	千克
		1101000090	小麦或混合麦的细粉	千克
		1103110001	小麦粗粒及粗粉	千克
		1103110090	小麦粗粒及粗粉	千克
		1103201001	小麦团粒	千克
		1103201090	小麦团粒	千克
11	玉米粉	1102200001	玉米细粉	千克
		1102200090	玉米细粉	千克
		1103130001	玉米粗粒及粗粉	千克
		1103130090	玉米粗粒及粗粉	千克
		1104199010	滚压或制片的玉米	千克
		1104230001	经其他加工的玉米	千克
		1104230090	经其他加工的玉米	千克
12	大米粉	1102902101	长粒米大米细粉	千克
		1102902190	长粒米大米细粉	千克
		1102902901	其他大米细粉	千克
		1102902990	其他大米细粉	千克
		1103193101	长粒米大米粗粒及粗粉	千克
		1103193190	长粒米大米粗粒及粗粉	千克
		1103193901	其他大米粗粒及粗粉	千克
		1103193990	其他大米粗粒及粗粉	千克
13	药料用麻黄草	1211500019	药料用麻黄草（人工种植）	千克
14	甘草及甘草制品	1211903600	鲜、冷、冻或干的甘草（不论是否切割、压碎或研磨成粉）	千克
		1302120000	甘草液汁及浸膏	千克
		2938909010	甘草酸粉	千克
		2938909020	甘草酸盐类	千克
		2938909030	甘草次酸及其衍生物	千克

续表

序号	货物种类	海关商品编号	货物名称	单位
15	蔺草及蔺草制品	1401903100	蔺草（已净、漂白或染色的）	千克
		4601291111	蔺草制的提花席、双苜席、垫子（单位面积超过1平方米，不论是否包边）	千克/张
		4601291112	蔺草制的其他席子（单位面积超过1平方米，不论是否包边）	千克/张
		9404210010	蔺草包面的垫子（单件面积超过1平方米，无论是否包边）	千克/个
16	天然砂	2505100000	硅砂及石英砂（不论是否着色）	千克
		2505900010	标准砂（不论是否着色，第26章的金属矿砂除外）	千克
		2505900090	其他天然砂（不论是否着色，第26章的金属矿砂除外）	千克
17	矾土	2508300000	耐火黏土（不论是否煅烧，包括矾土、焦宝石及其他耐火黏土）	千克
		2606000000	铝矿砂及其精矿	千克
18	磷矿石	2510101000	未碾磨磷灰石	千克
		2510109000	其他未碾磨天然磷酸钙、天然磷酸铝钙及磷酸盐白垩（磷灰石除外）	千克
		2510201000	已碾磨磷灰石	千克
		2510209000	其他已碾磨天然磷酸钙、天然磷酸铝钙及磷酸盐白垩（磷灰石除外）	千克
19	镁砂	2519100000	天然碳酸镁（菱镁矿）	千克
		2519901000	熔凝镁氧矿（电熔镁，包括喷补料）	千克
		2519902000	烧结镁氧矿（重烧镁，包括喷补料）	千克
		2519903000	碱烧镁（轻烧镁）	千克
		2519909910	其他氧化镁含量在70%以上的矿产品	千克
		2530909910	废镁砖	千克
		2530909930	未煅烧的水镁石	千克
		3824999200	按重量计含氧化镁70%以上的混合物	千克
20	滑石块（粉）	2526102000	未破碎及未研粉的滑石（不论是否粗加修整或仅用锯或其他方法切割成矩形板块）	千克
		2526202001	滑石粉（体积百分比在90%及以上、产品颗粒度不超过18微米的）	千克
		2526202090	已破碎或已研粉的其他天然滑石	千克
		3824999100	按重量计含滑石50%以上的混合物	千克

续表

序号	货物种类	海关商品编号	货物名称	单位
21	萤石（氟石）	2529210000	按重量计氟化钙含量在97%及以下的萤石	千克
		2529220000	按重量计氟化钙含量在97%以上的萤石	千克
22	稀土	2530902000	其他稀土金属矿	千克
		2612200000	钍矿砂及其精矿	千克
		2805301100	钕（未相互混合或相互熔合）	千克
		2805301200	镝（未相互混合或相互熔合）	千克
		2805301300	铽（未相互混合或相互熔合）	千克
		2805301400	镧（未相互混合或相互熔合）	千克
		2805301510*	颗粒在500微米以下的铈及其合金（含量在97%及以上，不论球形、椭球体、雾化、片状、研碎金属燃料；未相互混合或相互熔合）	千克
		2805301590	其他金属铈（未相互混合或相互熔合）	千克
		2805301600	金属镨（未相互混合或相互熔合）	千克
		2805301700	金属钇（未相互混合或相互熔合）	千克
		2805301900	其他稀土金属	千克
		2805302100	其他电池级的稀土金属、钪及钇	千克
		2805302900	其他稀土金属、钪及钇	千克
		2846101000	氧化铈	千克
		2846102000	氢氧化铈	千克
		2846103000	碳酸铈	千克
		2846109010	氰化铈	千克
		2846109090	铈的其他化合物	千克
		2846901100	氧化钇	千克
		2846901200	氧化镧	千克
		2846901300	氧化钕	千克
		2846901400	氧化铕	千克
		2846901500	氧化镝	千克
		2846901600	氧化铽	千克
		2846901700	氧化镨	千克
		2846901920	氧化铒	千克
		2846901930	氧化钆	千克

续表

序号	货物种类	海关商品编号	货物名称	单位
22	稀土	2846901940	氧化钐	千克
		2846901970	氧化镱	千克
		2846901980	氧化钪	千克
		2846901991	灯用红粉	千克
		2846901992	按重量计中重稀土总含量在30%及以上的其他氧化稀土（灯用红粉、氧化铈除外）	千克
		2846901999	其他氧化稀土（灯用红粉、氧化铈除外）	千克
		2846902100	氯化铽	千克
		2846902200	氯化镝	千克
		2846902300	氯化镧	千克
		2846902400	氯化钕	千克
		2846902500	氯化镨	千克
		2846902600	氯化钇	千克
		2846902800	混合氯化稀土	千克
		2846902900	其他未混合氯化稀土	千克
		2846903100	氟化铽	千克
		2846903200	氟化镝	千克
		2846903300	氟化镧	千克
		2846903400	氟化钕	千克
		2846903500	氟化镨	千克
		2846903600	氟化钇	千克
		2846903900	其他氟化稀土	千克
		2846904100	碳酸镧	千克
		2846904200	碳酸铽	千克
		2846904300	碳酸镝	千克
		2846904400	碳酸钕	千克
		2846904500	碳酸镨	千克
		2846904600	碳酸钇	千克
		2846904810	按重量计中重稀土总含量在30%及以上的混合碳酸稀土	千克
		2846904890	其他混合碳酸稀土	千克

续表

序号	货物种类		海关商品编号	货物名称	单位
22	稀土		2846904900	其他未混合碳酸稀土	千克
			2846909100	镧的其他化合物	千克
			2846909200	钕的其他化合物	千克
			2846909300	铽的其他化合物	千克
			2846909400	镝的其他化合物	千克
			2846909500	镨的其他化合物	千克
			2846909690	钇的其他化合物（LED用荧光粉除外）	千克
			2846909910	按重量计中重稀土总含量在30%及以上的稀土金属、钪的其他化合物（LED用荧光粉、铈的化合物除外）	千克
			2846909990	其他稀土金属、钪的其他化合物（LED用荧光粉、铈的化合物除外）	千克
23	锡及锡制品	锡矿砂	2609000000	锡矿砂及其精矿	千克
		锡及锡基合金	2825903100	二氧化锡	千克
			2825903900	其他锡的氧化物及氢氧化物	千克
			8001100000	未锻轧非合金锡	千克
			8001201000	锡基巴毕脱合金	千克
			8001202100	按重量计含铅量在0.1%以下的焊锡	千克
			8001202900	其他焊锡	千克
			8001209000	其他锡合金	千克
			8002000000	锡废碎料	千克
			8003000000	锡及锡合金条、杆、型材、丝	千克
			8007002000	厚度超过0.2毫米的锡板、片及带	千克
			8007004000	锡管及管子附件（例如：接头、肘管、管套）	千克
24	钨及钨制品	钨砂	2611000000	钨矿砂及其精矿	千克
			2620991000	其他主要含钨的矿渣、矿灰及残渣	千克
		仲、偏钨酸铵	2841801000	仲钨酸铵	千克
			2841804000	偏钨酸铵	千克
		三氧化钨及蓝色氧化钨	2825901200	三氧化钨	千克
			2825901910	蓝色氧化钨	千克

续表

序号	货物种类		海关商品编号	货物名称	单位
24	钨及钨制品	钨酸及其盐类	2825901100	钨酸	千克
			2841802000	钨酸钠	千克
			2841803000	钨酸钙	千克
		钨粉及其制品	2849902000	碳化钨	千克
			8101100010*	其他颗粒在500微米以下的钨及其合金（含量在97%及以上，不论球形、椭球体、雾化、片状 研碎金属燃料）	千克
			8101100090	其他钨粉末	千克
			8101940000	未锻轧钨（包括简单烧结的条、杆）	千克
			8101970000	钨废碎料	千克
25	钼及钼制品		2613100000	已焙烧的钼矿砂及其精矿	千克
			2613900000	其他钼矿砂及其精矿	千克
			2825700000	钼的氧化物及氢氧化物	千克
			2841701000	钼酸铵	千克
			2841709000	其他钼酸盐	千克
			8102100000	钼粉	千克
			8102940000	未锻轧钼（包括简单烧结的条、杆）	千克
			8102970000	钼废碎料	千克
			8102990000	钼制品	千克
26	锑及锑制品	锑砂	2617101000	生锑（锑精矿，选矿产品）	千克
			2617109001	其他锑矿砂及其精矿（黄金价值部分）	千克
			2617109090	其他锑矿砂及其精矿（非黄金价值部分）	千克
		氧化锑	2825800000	锑的氧化物	千克
		锑（包括锑合金）及锑制品	8110101000	未锻轧锑	千克
			8110102000	锑粉末	千克
			8110200000	锑废碎料	千克
			8110900000	其他锑及锑制品	千克
27	煤炭		2701110010	无烟煤（不论是否粉化，但未制成型）	千克
			2701121000	未制成型的炼焦煤（不论是否粉化）	千克
			2701129000	其他烟煤（不论是否粉化，但未制成型）	千克

续表

序号	货物种类	海关商品编号	货物名称	单位
27	煤炭	2701190000	其他煤（不论是否粉化，但未制成型）	千克
		2702100000	褐煤（不论是否粉化，但未制成型）	千克
28	焦炭	2704001000	焦炭或半焦炭（煤、褐煤或泥煤制成，不论是否成型）	千克
29	原油	2709000000	石油原油（包括从沥青矿物提取的原油）	千克
30	成品油	2710121000	车用汽油及航空汽油（不含生物柴油）	千克/升
		2710122000	石脑油（不含生物柴油）	千克/升
		2710129101	壬烯（碳九异构体混合物含量超过90%，不含生物柴油）	千克
		2710129190	其他壬烯（不含生物柴油）	千克
		2710129910	异戊烯同分异构体混合物（不含生物柴油）	千克
		2710129920	脱模剂（包括按重量计含油成分在70%及以上的制品）	千克
		2710129990	其他轻油及制品（包括按重量计含油成分在70%及以上的制品，不含生物柴油）	千克
		2710191100	航空煤油（不含生物柴油）	千克/升
		2710191200	灯用煤油（不含生物柴油）	千克/升
		2710191910	正构烷烃（C9~C13，不含生物柴油）	千克/升
		2710191920	异构烷烃溶剂（不含生物柴油）	千克/升
		2710191990	其他煤油馏分的油及制品（不含生物柴油）	千克/升
		2710192300	柴油	千克/升
		2710199100	润滑油（不含生物柴油）	千克/升
		2710199200	润滑脂（不含生物柴油）	千克/升
		2710199310	润滑油基础油（不含生物柴油，产品黏度指数在100℃为37~47，黏度指数为80及以上，颜色实测为2.0左右，倾点实测为-8℃左右）	千克/升
		2710199390	其他润滑油基础油（不含生物柴油）	千克/升
		2710200000	石油及从沥青矿物提取的油类（但原油除外）以及以上述油为基本成分（按重量计在70%及以上）的其他税目未列名制品（含生物柴油成分在30%以下，废油除外）	千克/升
		2711110000	液化天然气	千克
31	石蜡	2712200000	石蜡（按重量计含油量在0.75%以下，不论是否着色）	千克
		2712901010	食品级微晶石蜡	千克
		2712901090	其他微晶石蜡	千克

续表

序号	货物种类		海关商品编号	货物名称	单位
32	部分金属及制品	铋	2825902100	三氧化二铋	千克
			2825902900	其他铋的氧化物及氢氧化物	千克
			8106001091	其他未锻轧铋	千克
			8106001092	其他未锻轧铋废碎料	千克
			8106001099	其他未锻轧铋粉末	千克
			8106009090	其他铋及铋制品	千克
		钛	3206111000	钛白粉	千克
			8108202100	未锻轧海绵钛	千克
			8108202990	其他未锻轧钛	千克
			8108203000	钛的粉末	千克
			8108300000	钛废碎料	千克
		钨	3824300010	混合的未烧结金属碳化钨（包括自身混合或与金属黏合剂混合的）	千克
		铂	7110199000	其他半制成铂	克
			7112921000	铂及包铂的废碎料（但含有其他贵金属除外）	克
			7112922001	铂含量在3%以上的其他含有铂及铂化合物的废碎料（但含有其他贵金属除外，主要用于回收铂）	克
			7112922090	其他含有铂及铂化合物的废碎料（但含有其他贵金属除外，主要用于回收铂）	克
			7111000000	以贱金属、银或金为底的包铂材料	克
			7115100000	金属丝布或格栅形状的铂催化剂	克
			2843900020	氯化铂	克
			2843900031	奥沙利铂、卡铂、奈达铂、顺铂及其他含铂的抗癌药品制剂及原材料	克
			2843900039	其他铂化合物	克
			2843900091	贵金属汞齐	克
			2843900099	其他贵金属化合物（不论是否已有化学定义）	克
		钯	7110210000	未锻造或粉末状钯	克
			7110291000	板、片状钯	克
			7110299000	其他半制成钯	克

续表

序号	货物种类		海关商品编号	货物名称	单位
32	部分金属及制品	铑	7110310000	未锻造或粉末状铑	克
			7110391000	板、片状铑	克
			7110399000	其他半制成铑	克
		钌铱锇	7110410000	未锻造或粉末状铱、锇、钌	克
			7110491000	板、片状铱、锇、钌	克
			7110499000	其他半制成铱、锇、钌	克
		铁合金	7202110000	按重量计含碳量在2%以上的锰铁	千克
			7202190000	按重量计含碳量不超过2%的锰铁	千克
			7202210010	按重量计含硅量超过55%但在90%以下的硅铁	千克
			7202210090	按重量计含硅量超过90%的硅铁	千克
			7202290010	按重量计含硅量在30%及以上但不超过55%的硅铁	千克
			7202290090	按重量计含硅量在30%以下的硅铁	千克
			7202300000	硅锰铁	千克
			7202410000	按重量计含碳量在4%以上的铬铁	千克
			7202490000	按重量计含碳量不超过4%的铬铁	千克
			7202500000	硅铬铁	千克
			7202600000	镍铁	千克
			7202700000	钼铁	千克
			7202801000	钨铁	千克
			7202802000	硅钨铁	千克
			7202910000	钛铁及硅钛铁	千克
			7202921000	按重量计含钒量在75%及以上的钒铁	千克
			7202929000	其他钒铁	千克
			7202930010	钽含量在10%以下的铁钽铌合金	千克
			7202930090	其他铌铁	千克
			7202991100	钕铁硼合金速凝永磁片	千克
			7202991200	钕铁硼合金磁粉	千克
			7202991900	其他钕铁硼合金	千克
			7202999110	按重量计中重稀土元素总含量在30%及以上的铁合金（按重量计稀土元素总含量在10%以上）	千克

续表

序号	货物种类		海关商品编号	货物名称	单位
32	部分金属及制品	铁合金	7202999191	按重量计稀土元素总含量在10%以上的稀土硅铁合金	千克
			7202999199	其他按重量计稀土元素总含量在10%以上的铁合金	千克
			7202999900	其他铁合金	千克
		镍	7501100000	镍锍	千克
			7501201000	镍湿法冶炼中间品	千克
			7501209000	其他氧化镍烧结物、镍的其他中间产品	千克
			7502101000	未锻轧非合金镍（按重量计镍、钴总量在99.99%及以上，但钴含量不超过0.005%）	千克
			7502109000	其他未锻轧非合金镍	千克
			7502200000	未锻轧镍合金	千克
			7503000000	镍废碎料	千克
		钽	8103201100	松装密度小于2.2克/立方厘米的钽粉	千克
			8103201900	其他钽粉	千克
			8103209000	其他未锻轧钽，包括简单烧结而成的条、杆	千克
			8103300000	钽废碎料	千克
			8103909090	其他锻轧钽及其制品	千克
			8103901100	直径小于0.5毫米的钽丝	千克
			8103901900	其他钽丝	千克
		钴	8105201000	钴湿法冶炼中间品	千克
			8105202000	未锻轧钴	千克
			8105209001	钴锍及其他冶炼钴时所得的中间产品	千克
			8105209090	其他钴锍、未锻轧钴、粉末	千克
			8105300000	钴锍废碎料	千克
			8105900000	其他钴及制品	千克
			2827393000	氯化钴	千克
			2917112000	草酸钴	千克
			2836993000	碳酸钴	千克
			2822001000	四氧化三钴	千克
			2822009000	其他钴的氧化物及氢氧化物（包括商品氧化钴，但四氧化三钴除外）	千克
			2833299010	硫酸钴	千克

续表

序号	货物种类		海关商品编号	货物名称	单位
32	部分金属及制品	锆	8109200090*	其他未锻轧锆；粉末	千克
			8109300000*	锆废碎料	千克
			8109900090*	其他锻轧锆及锆制品	千克
			2825600090*	二氧化锆	千克
		锰	8111001010	未锻轧锰废碎料	千克
			8111001090	未锻轧锰；粉末	千克
			8111009000	其他锰及制品	千克
		铍	8112120000*	未锻轧铍、铍粉末	千克
			8112130000*	铍废碎料	千克
			8112190000*	其他铍及其制品	千克
		铬	8112210000	未锻轧铬；铬粉末	千克
			8112220000	铬废碎料	千克
			8112290000	其他铬及其制品	千克
		锗	8112921010	未锻轧锗废碎料	千克
			8112921090	未锻轧的锗；锗粉末	千克
			8112991000	其他锗及其制品	千克
			2825600001	锗的氧化物	千克
		钒	8112922001	未锻轧、废碎料或粉末状的钒氮合金	千克
			8112992001	其他钒氮合金	千克
			8112922010	未锻轧的钒废碎料	千克
			8112922090	未锻轧的钒；钒粉末	千克
			8112992090	其他钒及其制品	千克
			2825301000	五氧化二钒	千克
			2825309000	其他钒的氧化物及氢氧化物	千克
		镓铼铌	8112924010	铌废碎料	千克
			8112924090	未锻轧的铌；粉末	千克
			8112929091	未锻轧的镓、铼废碎料	千克
			8112929099	未锻轧的镓、铼；粉末	千克
			8112994000	锻轧的铌及其制品	千克
			8112999090	锻轧的镓、铼及其制品	千克

续表

序号	货物种类	海关商品编号	货物名称	单位
33	硫酸二钠	2833110000	硫酸二钠	千克
34	碳化硅	2849200000	碳化硅	千克
		3824999910	粗制碳化硅（其中碳化硅含量大于15%，按重量计）	千克
35	消耗臭氧层物质	2903140010	非用于清洗剂的四氯化碳	千克
		2903191010	1，1，1-三氯乙烷（甲基氯仿），用于清洗剂的除外	千克
		2903399020	溴甲烷（甲基溴）	千克
		2903710000	一氯二氟甲烷	千克
		2903720000	二氯三氟乙烷	千克
		2903730000	二氯一氟乙烷	千克
		2903740000	一氯二氟乙烷	千克
		2903750010	1，1，1，2，2-五氟-3，3-二氯丙烷	千克
		2903750020	1，1，2，2，3-五氟-1，3-二氯丙烷	千克
		2903750090	其他二氯五氟丙烷	千克
		2903760010	溴氯二氟甲烷（halon-1211）	千克
		2903760020	溴三氟甲烷（halon-1301）	千克
		2903771000	三氯氟甲烷（CFC-11）	千克
		2903772011	二氯二氟甲烷（CFC-12）	千克
		2903772012	三氯三氟乙烷，用于清洗剂除外（CFC-113）	千克
		2903772014	二氯四氟乙烷（CFC-114）	千克
		2903772015	一氯五氟乙烷（CFC-115）	千克
		2903772016	一氯三氟甲烷（CFC-13）	千克
		2903791011	一氟二氯甲烷	千克
		2903791012	1，1，1，2-四氟-2-氯乙烷	千克
		2903791013	三氟一氯乙烷	千克
		2903791014	1-氟-1，1-二氯乙烷	千克
		2903791015	1，1-二氟-1-氯乙烷	千克
		2903791090	其他仅含氟和氯的甲烷、乙烷及丙烷的卤化衍生物	千克
		2903799021	其他仅含溴、氟的甲烷、乙烷和丙烷	千克
		3824710011	二氯二氟甲烷和二氟乙烷的混合物（R-500）	千克
		3824710012	一氯二氟甲烷和二氯二氟甲烷的混合物（R-501）	千克

续表

序号	货物种类	海关商品编号	货物名称	单位
35	消耗臭氧层物质	3824710013	一氯二氟甲烷和一氯五氟乙烷的混合物（R-502）	千克
		3824710014	三氟甲烷和一氯三氟甲烷的混合物（R-503）	千克
		3824710015	二氟甲烷和一氯五氟乙烷的混合物（R-504）	千克
		3824710016	二氯二氟甲烷和一氟一氯甲烷的混合物（R-505）	千克
		3824710017	一氟一氯甲烷和二氯四氟乙烷的混合物（R-506）	千克
		3824710018	二氯二氟甲烷和二氯四氟乙烷的混合物（R-400）	千克
		3824740011	二氟一氯甲烷、二氟乙烷和一氯四氟乙烷的混合物（R-401）	千克
		3824740012	五氟乙烷、丙烷和二氟一氯甲烷的混合物（R-402）	千克
		3824740013	丙烷、二氟一氯甲烷和八氟丙烷的混合物（R-403）	千克
		3824740014	二氟一氯甲烷、二氟乙烷、一氯二氟乙烷和八氟环丁烷的混合物（R-405）	千克
		3824740015	二氟一氯甲烷、2-甲基丙烷（异丁烷）和一氯二氟乙烷的混合物（R-406）	千克
		3824740016	五氟乙烷、三氟乙烷和二氟一氯甲烷的混合物（R-408）	千克
		3824740017	二氟一氯甲烷、一氯四氟乙烷和一氯二氟乙烷的混合物（R-409）	千克
		3824740018	丙烯、二氟一氯甲烷和二氟乙烷的混合物（R-411）	千克
		3824740019	二氟一氯甲烷、八氟丙烷和一氯二氟乙烷的混合物（R-412）	千克
		3824740021	二氟一氯甲烷、一氯四氟乙烷、一氯二氟乙烷和 2-甲基丙烷的混合物（R-414）	千克
		3824740022	二氟一氯甲烷和二氟乙烷的混合物（R-415）	千克
		3824740023	四氟乙烷、一氯四氟乙烷和丁烷的混合物（R-416）	千克
		3824740024	丙烷、二氟一氯甲烷和二氟乙烷的混合物（R-418）	千克
		3824740025	二氟一氯甲烷和八氟丙烷的混合物（R-509）	千克
		3824740026	二氟一氯甲烷和一氯二氟乙烷的混合物	千克
		3824740090	其他含甲烷、乙烷或丙烷的氢氯氟烃混合物（不论是否含甲烷、乙烷或丙烷的全氟烃或氢氟烃，但不含全氯氟烃）	千克
36	柠檬酸	2918140000	柠檬酸	千克
		2918150000	柠檬酸盐及柠檬酸酯	千克

续表

序号	货物种类	海关商品编号	货物名称	单位
37	锯材	4406110000	未浸渍的铁道及电车道针叶木枕木	千克/立方米
		4406120000	未浸渍的铁道及电车道非针叶木枕木	千克/立方米
		4407111091	经纵锯、纵切、刨切或旋切的非端部接合的红松厚板材（厚度超过6毫米）	千克/立方米
		4407111099	经纵锯、纵切、刨切或旋切的非端部接合的樟子松厚板材（厚度超过6毫米）	千克/立方米
		4407120091	经纵锯、纵切、刨切或旋切的非端部接合的濒危云杉及冷杉厚板材（厚度超过6毫米）	千克/立方米
		4407120099	经纵锯、纵切、刨切或旋切的非端部接合的其他云杉及冷杉厚板材（厚度超过6毫米）	千克/立方米
		4407112090	经纵锯、纵切、刨切或旋切的非端部接合的辐射松厚板材（厚度超过6毫米）	千克/立方米
		4407113090	经纵锯、纵切、刨切或旋切的非端部接合的花旗松厚板材（厚度超过6毫米）	千克/立方米
		4407119091	经纵锯、纵切、刨切或旋切的非端部接合的其他濒危松木厚板材（厚度超过6毫米）	千克/立方米
		4407119099	经纵锯、纵切、刨切或旋切的非端部接合的其他松木厚板材（厚度超过6毫米）	千克/立方米
		4407190091	经纵锯、纵切、刨切或旋切的非端部接合的其他濒危针叶木厚板材（厚度超过6毫米）	千克/立方米
		4407190099	经纵锯、纵切、刨切或旋切的非端部接合的其他针叶木厚板材（厚度超过6毫米）	千克/立方米
		4407210090	经纵锯、纵切、刨切或旋切的非端部接合的美洲桃花心木（厚度超过6毫米）	千克/立方米
		4407220090	经纵锯、纵切、刨切或旋切的非端部接合的苏里南肉豆蔻木、细孔绿心樟及美洲轻木（厚度超过6毫米）	千克/立方米
		4407250090	经纵锯、纵切、刨切或旋切的非端部接合的红柳桉木板材（指深红色、浅红色及巴栲红柳桉木厚度超过6毫米）	千克/立方米
		4407260090	经纵锯、纵切、刨切或旋切的非端部接合的白柳桉、其他柳桉木和阿兰木板材（厚度超过6毫米）	千克/立方米
		4407270090	经纵锯、纵切、刨切或旋切的非端部接合的沙比利木板材（厚度超过6毫米）	千克/立方米

续表

序号	货物种类	海关商品编号	货物名称	单位
37	钢锯	4407280090	经纵锯、纵切、刨切或旋切的非端部接合的伊罗科木板材（厚度超过6毫米）	千克/立方米
		4407291090	经纵锯、纵切、刨切或旋切的非端部接合的柚木板材（厚度超过6毫米）	千克/立方米
		4407294091	经纵锯、纵切、刨切或旋切的非端部接合的濒危热带红木厚板材（厚度超过6毫米）	千克/立方米
		4407294099	经纵锯、纵切、刨切或旋切的非端部接合的其他热带红木厚板材（厚度超过6毫米）	千克/立方米
		4407299091	经纵锯、纵切、刨切或旋切的非端部接合的南美蒺藜木（玉檀木）厚板材（厚度超过6毫米）	千克/立方米
		4407299092	经纵锯、纵切、刨切或旋切的非端部接合的其他未列名濒危热带木板材（厚度超过6毫米）	千克/立方米
		4407299099	经纵锯、纵切、刨切或旋切的非端部接合的其他未列名热带木板材（厚度超过6毫米）	千克/立方米
		4407910091	经纵锯、纵切、刨切或旋切的非端部接合的蒙古栎厚板材	千克/立方米
		4407910099	经纵锯、纵切、刨切或旋切的非端部接合的其他栎木（橡木）厚板材	千克/立方米
		4407920090	经纵锯、纵切、刨切或旋切的非端部接合的水青冈木（山毛榉木）厚板材（厚度超过6毫米）	千克/立方米
		4407930090	经纵锯、纵切、刨切或旋切的非端部接合的槭木（枫木）厚板材（厚度超过6毫米）	千克/立方米
		4407940090	经纵锯、纵切、刨切或旋切的非端部接合的樱桃木厚板材（厚度超过6毫米）	千克/立方米
		4407950091	经纵锯、纵切、刨切或旋切的非端部接合的水曲柳厚板材	千克/立方米
		4407950099	经纵锯、纵切、刨切或旋切的非端部接合的其他白蜡木厚板材	千克/立方米
		4407960091	经纵锯、纵切、刨切或旋切的非端部接合的濒危桦木厚板材（厚度超过6毫米）	千克/立方米
		4407960099	经纵锯、纵切、刨切或旋切的非端部接合的其他桦木厚板材（厚度超过6毫米）	千克/立方米
		4407970090	经纵锯、纵切、刨切或旋切的非端部接合的杨木厚板材（厚度超过6毫米）	千克/立方米

续表

序号	货物种类	海关商品编号	货物名称	单位
37	钢锯	4407991091	经纵锯、纵切、刨切或旋切的非端部接合的濒危红木厚板材（厚度超过6毫米，税号4407.2940所列热带红木除外）	千克/立方米
		4407991099	经纵锯、纵切、刨切或旋切的非端部接合的其他红木厚板材（厚度超过6毫米，税号4407.2940所列热带红木除外）	千克/立方米
		4407998091	经纵锯、纵切、刨切或旋切的非端部接合的其他温带濒危非针叶厚板材（厚度超过6毫米）	千克/立方米
		4407998099	经纵锯、纵切、刨切或旋切的非端部接合的其他温带非针叶厚板材（厚度超过6毫米）	千克/立方米
		4407999092	经纵锯、纵切、刨切或旋切的非端部接合的沉香木及拟沉香木厚板材（厚度超过6毫米）	千克/立方米
		4407999095	经纵锯、纵切、刨切或旋切的非端部接合的其他濒危木厚板材（厚度超过6毫米）	千克/立方米
		4407999099	经纵锯、纵切、刨切或旋切的非端部接合的其他木厚板材（厚度超过6毫米）	千克/立方米
38	棉花	5201000001	未梳的棉花（包括脱脂棉花）	千克
		5201000080	未梳的棉花（包括脱脂棉花）	千克
		5201000090	未梳的棉花（包括脱脂棉花）	千克
		5203000001	已梳的棉花	千克
		5203000090	已梳的棉花	千克
39	白银	7106101100	平均粒径在3微米以下的非片状银粉	克
		7106101900	平均粒径在3微米及以上的非片状银粉	克
		7106102100	平均粒径在10微米以下的片状银粉	克
		7106102900	平均粒径在10微米及以上的片状银粉	克
		7106911000	纯度在99.99%及以上的未锻造银（包括镀金、镀铂的银）	克
		7106919000	其他未锻造银（包括镀金、镀铂的银）	克
		7106921000	纯度在99.99%及以上的半制成银（包括镀金、镀铂的银）	克
		7106929000	其他半制成银（包括镀金、镀铂的银）	克
40	铂金（铂或白金）	7110110000	未锻造或粉末状铂（加工贸易方式）	克
		7110191000	板、片状铂（加工贸易方式）	克

续表

序号	货物种类	海关商品编号	货物名称	单位
41	铟及铟制品	8112923010	未锻轧的铟、铟粉末	千克
		8112923090	未锻轧的铟废碎料	千克
		8112993000	锻轧的铟及其制品	千克
42	摩托车（含全地形车及其发动机、车架）	8407310000	气缸容量不超过50毫升的往复式活塞内燃发动机（用于第87章所列车辆）	台/千克
		8407320000	气缸容量超过50毫升但不超过250毫升的往复式活塞内燃发动机（用于第87章所列车辆）	台/千克
		8703101100	全地形车	辆/千克
		8711100010	微马力摩托车及脚踏两用车（装有气缸容量为50毫升的往复式活塞内燃发动机）	辆/千克
		8711201000	小马力摩托车及脚踏两用车（装有气缸容量超过50毫升但不超过100毫升的往复式活塞内燃发动机）	辆/千克
		8711202000	小马力摩托车及脚踏两用车（装有气缸容量超过100毫升但不超过125毫升的往复式活塞内燃发动机）	辆/千克
		8711203000	小马力摩托车及脚踏两用车（装有气缸容量超过125毫升但不超过150毫升的往复式活塞内燃发动机）	辆/千克
		8711204000	小马力摩托车及脚踏两用车（装有气缸容量超过150毫升但不超过200毫升的往复式活塞内燃发动机）	辆/千克
		8711205010	小马力摩托车及脚踏两用车（装有气缸容量超过200毫升但在250毫升以下的往复式活塞内燃发动机）	辆/千克
		8711205090	小马力摩托车及脚踏两用车（装有气缸容量为250毫升的往复式活塞内燃发动机）	辆/千克
		8711301000	小马力摩托车及脚踏两用车（装有气缸容量超过250毫升但不超过400毫升的往复式活塞内燃发动机）	辆/千克
		8711302000	小马力摩托车及脚踏两用车（装有气缸容量超过400毫升但不超过500毫升的往复式活塞内燃发动机）	辆/千克
		8711400000	摩托车及脚踏两用车（装有气缸容量超过500毫升但不超过800毫升的往复式活塞内燃发动机）	辆/千克
		8711500000	摩托车及脚踏两用车（装有气缸容量超过800毫升的往复式活塞内燃发动机）	辆/千克
		8714100010	摩托车架	千克
43	汽车（包括成套散件）及其底盘	8701200000	半挂车用的公路牵引车	辆/千克
		8702109100	30座及以上的仅装有压燃式活塞内燃发动机（柴油或半柴油发动机）的大型客车	辆/千克

续表

序号	货物种类	海关商品编号	货物名称	单位
43	汽车（包括成套散件）及其底盘	8702109210	20 座及以上但不超过 23 座的仅装有压燃式活塞内燃发动机（柴油或半柴油发动机）的客车	辆/千克
		8702109290	24 座及以上但不超过 29 座的仅装有压燃式活塞内燃发动机（柴油或半柴油发动机）的客车	辆/千克
		8702109300	10 座及以上但不超过 19 座的仅装有压燃式活塞内燃发动机（柴油或半柴油发动机）的客车	辆/千克
		8702209100	30座及以上的同时装有压燃式活塞内燃发动机（柴油或半柴油发动机）及驱动电动机的大型客车（指装有柴油或半柴油发动机的 30 座及以上的客运车）	辆/千克
		8702209210	20座及以上但不超过23座的同时装有压燃式活塞内燃发动机（柴油或半柴油发动机）及驱动电动机的客车	辆/千克
		8702209290	24座及以上但不超过29座的同时装有压燃式活塞内燃发动机（柴油或半柴油发动机）及驱动电动机的客车	辆/千克
		8702209300	10座及以上但不超过19座的同时装有压燃式活塞内燃发动机（柴油或半柴油发动机）及驱动电动机的客车	辆/千克
		8702301000	30座及以上的同时装有点燃往复式活塞内燃发动机及驱动电动机的大型客车	辆/千克
		8702302010	20座及以上但不超过23座的同时装有点燃往复式活塞内燃发动机及驱动电动机的客车	辆/千克
		8702302090	24座及以上但不超过29座的同时装有点燃往复式活塞内燃发动机及驱动电动机的客车	辆/千克
		8702303000	10座及以上但不超过19座的同时装有点燃往复式活塞内燃发动机及驱动电动机的客车	辆/千克
		8702401000	30座及以上的仅装有驱动电动机的大型客车	辆/千克
		8702402010	20座及以上但不超过23座的仅装有驱动电动机的客车	辆/千克
		8702402090	24座及以上但不超过29座的仅装有驱动电动机的客车	辆/千克
		8702403000	10座及以上但不超过19座的仅装有驱动电动机的客车	辆/千克
		8702901000	30座及以上的大型客车（指装有其他发动机的30座及以上的客运车）	辆/千克
		8702902001	20座及以上但不超过23座的装有非压燃式活塞内燃发动机的客车	辆/千克
		8702902090	24座及以上但不超过29座的装有非压燃式活塞内燃发动机的客车	辆/千克

续表

序号	货物种类	海关商品编号	货物名称	单位
43	汽车（包括成套散件）及其底盘	8702903000	10座及以上但不超过19座的装有非压燃式活塞内燃发动机的客车	辆/千克
		8703213010	仅装有气缸容量不超过1升的点燃往复式活塞内燃发动机的小轿车	辆/千克
		8703213090	仅装有气缸容量不超过1升的点燃往复式活塞内燃发动机小轿车的成套散件	辆/千克
		8703214010	仅装有气缸容量不超过1升的点燃往复式活塞内燃发动机的越野车（4轮驱动）	辆/千克
		8703214090	仅装有气缸容量不超过1升的点燃往复式活塞内燃发动机的越野车（4轮驱动）的成套散件	辆/千克
		8703215010	仅装有气缸容量不超过1升的点燃往复式活塞内燃发动机的小客车（9座及以下）	辆/千克
		8703215090	仅装有气缸容量不超过1升的点燃往复式活塞内燃发动机的小客车的成套散件（9座及以下）	辆/千克
		8703219010	仅装有气缸容量不超过1升的点燃往复式活塞内燃发动机的其他载人车辆	辆/千克
		8703219090	仅装有气缸容量不超过1升的点燃往复式活塞内燃发动机的其他载人车辆的成套散件	辆/千克
		8703223010	仅装有气缸容量超过1升但不超过1.5升的点燃往复式活塞内燃发动机小轿车	辆/千克
		8703223090	仅装有气缸容量超过1升但不超过1.5升的点燃往复式活塞内燃发动机小轿车的成套散件	辆/千克
		8703224010	仅装有气缸容量1升但不超过1.5升的点燃往复活塞内燃发动机四轮驱动越野车	辆/千克
		8703224090	仅装有气缸容量超过1升但不超过1.5升的点燃往复活塞内燃发动机四轮驱动越野车的成套散件	辆/千克
		8703225010	仅装有气缸容量超过1升但不超过1.5升的点燃往复式活塞内燃发动机小客车（9座及以下）	辆/千克
		8703225090	仅装有气缸容量超过1升但不超过1.5升的点燃往复式活塞内燃发动机小客车的成套散件（9座及以下）	辆/千克
		8703229010	仅装有气缸容量超过1升但不超过1.5升的点燃往复式活塞内燃发动机其他载人车辆	辆/千克
		8703229090	仅装有气缸容量超过1升但不超过1.5升的点燃往复式活塞内燃发动机其他载人车的成套散件	辆/千克
		8703234110	仅装有气缸容量超过1.5升但不超过2升的点燃往复式活塞内燃发动机小轿车	辆/千克

续表

序号	货物种类	海关商品编号	货物名称	单位
43	汽车（包括成套散件）及其底盘	8703234190	仅装有气缸容量超过1.5升但不超过2升的点燃往复式活塞内燃发动机小轿车的成套散件	辆/千克
		8703234210	仅装有气缸容量超过1.5升但不超过2升的点燃往复式活塞内燃发动机越野车（4轮驱动）	辆/千克
		8703234290	仅装有气缸容量超过1.5升但不超过2升的点燃往复式活塞内燃发动机越野车的成套散件（4轮驱动）	辆/千克
		8703234310	仅装有气缸容量超过1.5升但不超过2升的点燃往复式活塞内燃发动机小客车（9座及以下）	辆/千克
		8703234390	仅装有气缸容量1.5升但不超过2升的点燃往复式活塞内燃发动机小客车的成套散件（9座及以下）	辆/千克
		8703234910	仅装有气缸容量超过1.5升但不超过2升的点燃往复式活塞内燃发动机的其他载人车辆	辆/千克
		8703234990	仅装有气缸容量超过1.5升但不超过2升的点燃往复式活塞内燃发动机的其他载人车辆的成套散件	辆/千克
		8703235110	仅装有气缸容量超过2升但不超过2.5升的点燃往复式活塞内燃发动机小轿车	辆/千克
		8703235190	仅装有气缸容量超过2升但不超过2.5升的点燃往复式活塞内燃发动机小轿车的成套散件	辆/千克
		8703235210	仅装有气缸容量超过2升但不超过2.5升的点燃往复式活塞内燃发动机越野车（4轮驱动）	辆/千克
		8703235290	仅装有气缸容量超过2升但不超过2.5升的点燃往复式活塞内燃发动机越野车的成套散件（4轮驱动）	辆/千克
		8703235310	仅装有气缸容量超过2升但不超过2.5升的点燃往复式活塞内燃发动机小客车（9座及以下）	辆/千克
		8703235390	仅装有气缸容量超过2升但不超过2.5升的点燃往复式活塞内燃发动机的小客车的成套散件（9座及以下）	辆/千克
		8703235910	仅装有气缸容量超过2升但不超过2.5升的点燃往复式活塞内燃发动机的其他载人车辆	辆/千克
		8703235990	仅装有气缸容量超过2升但不超过2.5升的点燃往复式活塞内燃发动机的其他载人车辆的成套散件	辆/千克
		8703236110	仅装有气缸容量超过2.5升但不超过3升的点燃往复式活塞内燃发动机小轿车	辆/千克
		8703236190	仅装有气缸容量超过2.5升但不超过3升的点燃往复式活塞内燃发动机小轿车的成套散件	辆/千克

续表

序号	货物种类	海关商品编号	货物名称	单位
43	汽车（包括成套散件）及其底盘	8703236210	仅装有气缸容量超过2.5升但不超过3升的点燃往复式活塞内燃发动机越野车（4轮驱动）	辆/千克
		8703236290	仅装有气缸容量超过2.5升但不超过3升的点燃往复式活塞内燃发动机越野车的成套散件（4轮驱动）	辆/千克
		8703236310	仅装有气缸容量超过2.5升但不超过3升的点燃往复式活塞内燃发动机小客车（9座及以下）	辆/千克
		8703236390	仅装有气缸容量超过2.5升但不超过3升的点燃往复式活塞内燃发动机小客车的成套散件（9座及以下）	辆/千克
		8703236910	仅装有气缸容量超过2.5升但不超过3升的点燃往复式活塞内燃发动机的其他载人车辆	辆/千克
		8703236990	仅装有气缸容量超过2.5升但不超过3升的点燃往复式活塞内燃发动机的其他载人车辆的成套散件	辆/千克
		8703241110	仅装有气缸容量超过3升但不超过4升的点燃往复式活塞内燃发动机小轿车	辆/千克
		8703241190	仅装有气缸容量超过3升但不超过4升的点燃往复式活塞内燃发动机小轿车的成套散件	辆/千克
		8703241210	仅装有气缸容量超过3升但不超过4升的点燃往复式活塞内燃发动机越野车（4轮驱动）	辆/千克
		8703241290	仅装有气缸容量超过3升但不超过4升的点燃往复式活塞内燃发动机越野车的成套散件（4轮驱动）	辆/千克
		8703241310	仅装有气缸容量超过3升但不超过4升的点燃往复式活塞内燃发动机的小客车（9座及以下）	辆/千克
		8703241390	仅装有气缸容量超过3升但不超过4升的点燃往复式活塞内燃发动机的小客车的成套散件（9座及以下）	辆/千克
		8703241910	仅装有气缸容量超过3升但不超过4升的点燃往复式活塞内燃发动机的其他载人车辆	辆/千克
		8703241990	仅装有气缸容量超过3升但不超过4升的点燃往复式活塞内燃发动机的其他载人车辆的成套散件	辆/千克
		8703242110	仅装有气缸容量超过4升的点燃往复式活塞内燃发动机小轿车	辆/千克
		8703242190	仅装有气缸容量超过4升的点燃往复式活塞内燃发动机小轿车的成套散件	辆/千克
		8703242210	仅装有气缸容量超过4升的点燃往复式活塞内燃发动机越野车（4轮驱动）	辆/千克
		8703242290	仅装有气缸容量超过4升的点燃往复式活塞内燃发动机越野车的成套散件（4轮驱动）	辆/千克

续表

序号	货物种类	海关商品编号	货物名称	单位
43	汽车（包括成套散件）及其底盘	8703242310	仅装有气缸容量超过4升的点燃往复式活塞内燃发动机的小客车（9座及以下）	辆/千克
		8703242390	仅装有气缸容量超过4升的点燃往复式活塞内燃发动机的小客车的成套散件（9座及以下）	辆/千克
		8703242910	仅装有气缸容量超过4升的点燃往复式活塞内燃发动机的其他载人车辆	辆/千克
		8703242990	仅装有气缸容量超过4升的点燃往复式活塞内燃发动机的其他载人车辆的成套散件	辆/千克
		8703311110	仅装有气缸容量不超过1升的压燃式活塞内燃发动机小轿车	辆/千克
		8703311190	仅装有气缸容量不超过1升的压燃式活塞内燃发动机小轿车的成套散件	辆/千克
		8703311910	仅装有气缸容量不超过1升的压燃式活塞内燃发动机的其他载人车辆	辆/千克
		8703311990	仅装有气缸容量不超过1升的压燃式活塞内燃发动机的其他载人车辆的成套散件	辆/千克
		8703312110	仅装有气缸容量超过1升但不超过1.5升的压燃式活塞内燃发动机小轿车	辆/千克
		8703312190	仅装有气缸容量超过1升但不超过1.5升的压燃式活塞内燃发动机小轿车的成套散件	辆/千克
		8703312210	仅装有气缸容量超过1升但不超过1.5升的压燃式活塞内燃发动机越野车（4轮驱动）	辆/千克
		8703312290	仅装有气缸容量超过1升但不超过1.5升的压燃式活塞内燃发动机越野车的成套散件（4轮驱动）	辆/千克
		8703312310	仅装有气缸容量超过1升但不超过1.5升的压燃式活塞内燃发动机小客车（9座及以下）	辆/千克
		8703312390	仅装有气缸容量超过1升但不超过1.5升的压燃式活塞内燃发动机小客车的成套散件（9座及以下）	辆/千克
		8703312910	仅装有气缸容量超过1升但不超过1.5升的压燃式活塞内燃发动机的其他载人车辆	辆/千克
		8703312990	仅装有气缸容量超过1升但不超过1.5升的装压燃式活塞内燃发动机的其他载人车辆的成套散件	辆/千克
		8703321110	仅装有气缸容量超过1.5升但不超过2升的压燃式活塞内燃发动机小轿车	辆/千克
		8703321190	仅装有气缸容量超过1.5升但不超过2升的压燃式活塞内燃发动机小轿车的成套散件	辆/千克

续表

序号	货物种类	海关商品编号	货物名称	单位
43	汽车（包括成套散件）及其底盘	8703321210	仅装有气缸容量超过1.5升但不超过2升的压燃式活塞内燃发动机越野车（4轮驱动）	辆/千克
		8703321290	仅装有气缸容量1.5升但不超过2升的压燃式活塞内燃发动机越野车的成套散件（4轮驱动）	辆/千克
		8703321310	仅装有气缸容量超过1.5升但不超过2升的装压燃式活塞内燃发动机小客车（9座及以下）	辆/千克
		8703321390	仅装有气缸容量超过1.5升但不超过2升的压燃式活塞内燃发动机小客车的成套散件（9座及以下）	辆/千克
		8703321910	仅装有气缸容量超过1.5升但不超过2升的压燃式活塞内燃发动机的其他载人车辆	辆/千克
		8703321990	仅装有气缸容量超过1.5升但不超过2升的压燃式活塞内燃发动机的其他载人车辆的成套散件	辆/千克
		8703322110	仅装有气缸容量超过2升但不超过2.5升的压燃式活塞内燃发动机小轿车	辆/千克
		8703322190	仅装有气缸容量超过2升但不超过2.5升的燃式活塞内燃发动机小轿车的成套散件	辆/千克
		8703322210	仅装有气缸容量超过2升但不超过2.5升的燃式活塞内燃发动机越野车（4轮驱动）	辆/千克
		8703322290	仅装有气缸容量超过2升但不超过2.5升的燃式活塞内燃发动机越野车的成套散件（4轮驱动）	辆/千克
		8703322310	仅装有气缸容量超过2升但不超过2.5升的燃式活塞内燃发动机小客车（9座及以下）	辆/千克
		8703322390	仅装有气缸容量超过2升但不超过2.5升的压燃式活塞内燃发动机小客车的成套散件（9座及以下）	辆/千克
		8703322910	仅装有气缸容量超过2升但不超过2.5升的压燃式活塞内燃发动机的其他载人车辆	辆/千克
		8703322990	仅装有气缸容量超过2升但不超过2.5升的压燃式活塞内燃发动机的其他载人车辆的成套散件	辆/千克
		8703331110	仅装有气缸容量超过2.5升但不超过3升的压燃式活塞内燃发动机小轿车	辆/千克
		8703331190	仅装有气缸容量超过2.5升但不超过3升的压燃式活塞内燃发动机小轿车的成套散件	辆/千克
		8703331210	仅装有气缸容量超过2.5升但不超过3升的压燃式活塞内燃发动机越野车（4轮驱动）	辆/千克
		8703331290	仅装有气缸容量超过2.5升但不超过3升的压燃式活塞内燃发动机越野车的成套散件（4轮驱动）	辆/千克

续表

序号	货物种类	海关商品编号	货物名称	单位
43	汽车（包括成套散件）及其底盘	8703331310	仅装有气缸容量超过2.5升但不超过3升的压燃式活塞内燃发动机小客车（9座及以下）	辆/千克
		8703331390	仅装有气缸容量超过2.5升但不超过3升的压燃式活塞内燃发动机小客车的成套散件（9座及以下）	辆/千克
		8703331910	仅装有气缸容量超过2.5升但不超过3升的压燃式活塞内燃发动机的其他载人车辆	辆/千克
		8703331990	仅装有气缸容量超过2.5升但不超过3升的压燃式活塞内燃发动机的其他载人车辆的成套散件	辆/千克
		8703332110	仅装有气缸容量超过3升但不超过4升的压燃式活塞内燃发动机小轿车	辆/千克
		8703332190	仅装有气缸容量超过3升但不超过4升的压燃式活塞内燃发动机小轿车的成套散件	辆/千克
		8703332210	仅装有气缸容量超过3升但不超过4升的压燃式活塞内燃发动机越野车（4轮驱动）	辆/千克
		8703332290	仅装有气缸容量超过3升但不超过4升的压燃式活塞内燃发动机越野车的成套散件（4轮驱动）	辆/千克
		8703332310	仅装有气缸容量超过3升但不超过4升的压燃式活塞内燃发动机小客车（9座及以下）	辆/千克
		8703332390	仅装有气缸容量超过3升但不超过4升的压燃式活塞内燃发动机小客车的成套散件 （9座及以下）	辆/千克
		8703332910	仅装有气缸容量超过3升但不超过4升的压燃式活塞内燃发动机的其他载人车辆	辆/千克
		8703332990	仅装有气缸容量超过3升但不超过4升的压燃式活塞内燃发动机的其他载人车辆的成套散件	辆/千克
		8703336110	仅装有气缸容量超过4升的压燃式活塞内燃发动机小轿车	辆/千克
		8703336190	仅装有气缸容量超过4升的压燃式活塞内燃发动机小轿车的成套散件	辆/千克
		8703336210	仅装有气缸容量超过4升的压燃式活塞内燃发动机越野车（4轮驱动）	辆/千克
		8703336290	仅装有气缸容量超过4升的压燃式活塞内燃发动机越野车的成套散件（4轮驱动）	辆/千克
		8703336310	仅装有气缸容量超过4升的压燃式活塞内燃发动机小客车（9座及以下）	辆/千克
		8703336390	仅装有气缸容量超过4升的压燃式活塞内燃发动机小客车的成套散件（9座及以下）	辆/千克

续表

序号	货物种类	海关商品编号	货物名称	单位
43	汽车（包括成套散件）及其底盘	8703336910	仅装有气缸容量超过4升的压燃式活塞内燃发动机其他载人车辆	辆/千克
		8703336990	仅装有气缸容量超过4升的压燃式活塞内燃发动机其他载人车辆的成套散件	辆/千克
		8703401110	同时装有点燃往复式活塞内燃发动机（气缸容量不超过1升）及驱动电动机的小轿车（可通过接插外部电源进行充电的除外）	辆/千克
		8703401190	同时装有点燃往复式活塞内燃发动机（气缸容量不超过1升）及驱动电动机的小轿车的成套散件（可通过接插外部电源进行充电的除外）	辆/千克
		8703401210	同时装有点燃往复式活塞内燃发动机（气缸容量不超过1升）及驱动电动机的越野车（4轮驱动）（可通过接插外部电源进行充电的除外）	辆/千克
		8703401290	同时装有点燃往复式活塞内燃发动机（气缸容量不超过1升）及驱动电动机的越野车（4轮驱动）的成套散件（可通过接插外部电源进行充电的除外）	辆/千克
		8703401310	同时装有点燃往复式活塞内燃发动机（气缸容量不超过1升）及驱动电动机的小客车（9座及以下，可通过接插外部电源进行充电的除外）	辆/千克
		8703401390	同时装有点燃往复式活塞内燃发动机（气缸容量不超过1升）及驱动电动机的小客车的成套散件（9座及以下，可通过接插外部电源进行充电的除外）	辆/千克
		8703401910	同时装有点燃往复式活塞内燃发动机（气缸容量不超过1升）及驱动电动机的其他载人车辆（可通过接插外部电源进行充电的除外）	辆/千克
		8703401990	同时装有点燃往复式活塞内燃发动机（气缸容量不超过1升）及驱动电动机的其他载人车辆的成套散件（可通过接插外部电源进行充电的除外）	辆/千克
		8703402110	同时装有点燃往复式活塞内燃发动机（气缸容量超过1升但不超过1.5升）及驱动电动机的小轿车（可通过接插外部电源进行充电的除外）	辆/千克
		8703402190	同时装有点燃往复式活塞内燃发动机（气缸容量超过1升但不超过1.5升）及驱动电动机的小轿车的成套散件（可通过接插外部电源进行充电的除外）	辆/千克
		8703402210	同时装有点燃往复式活塞内燃发动机（气缸容量超过1升但不超过1.5升）及驱动电动机的四轮驱动越野车（可通过接插外部电源进行充电的除外）	辆/千克

续表

序号	货物种类	海关商品编号	货物名称	单位
43	汽车（包括成套散件）及其底盘	8703402290	同时装有点燃往复式活塞内燃发动机（气缸容量超过1升但不超过1.5升）及驱动电动机的四轮驱动越野车的成套散件（可通过接插外部电源进行充电的除外）	辆/千克
		8703402310	同时装有点燃往复式活塞内燃发动机（气缸容量超过1升但不超过1.5升）及驱动电动机的小客车（9座及以下，可通过接插外部电源进行充电的除外）	辆/千克
		8703402390	同时装有点燃往复式活塞内燃发动机（气缸容量超过1升但不超过1.5升）及驱动电动机的小客车的成套散件（9座及以下，可通过接插外部电源进行充电的除外）	辆/千克
		8703402910	同时装有点燃往复式活塞内燃发动机（气缸容量超过1升但不超过1.5升）及驱动电动机的其他载人车辆（可通过接插外部电源进行充电的除外）	辆/千克
		8703402990	同时装有点燃往复式活塞内燃发动机（气缸容量超过1升但不超过1.5升）及驱动电动机的其他载人车辆的成套散件（可通过接插外部电源进行充电的除外）	辆/千克
		8703403110	同时装有点燃往复式活塞内燃发动机（气缸容量超过1.5升但不超过2升）及驱动电动机的小轿车（可通过接插外部电源进行充电的除外）	辆/千克
		8703403190	同时装有点燃往复式活塞内燃发动机（气缸容量超过1.5升但不超过2升）及驱动电动机的小轿车的成套散件（可通过接插外部电源进行充电的除外）	辆/千克
		8703403210	同时装有点燃往复式活塞内燃发动机（气缸容量超过1.5升但不超过2升）及驱动电动机的四轮驱动越野车（可通过接插外部电源进行充电的除外）	辆/千克
		8703403290	同时装有点燃往复式活塞内燃发动机（气缸容量超过1.5升但不超过2升）及驱动电动机的四轮驱动越野车的成套散件（可通过接插外部电源进行充电的除外）	辆/千克
		8703403310	同时装有点燃往复式活塞内燃发动机（气缸容量超过1.5升但不超过2升）及驱动电动机的小客车（9座及以下，可通过接插外部电源进行充电的除外）	辆/千克
		8703403390	同时装有点燃往复式活塞内燃发动机（气缸容量超过1.5升但不超过2升）及驱动电动机的小客车的成套散件（9座及以下，可通过接插外部电源进行充电的除外）	辆/千克

续表

序号	货物种类	海关商品编号	货物名称	单位
43	汽车（包括成套散件）及其底盘	8703403910	同时装有点燃往复式活塞内燃发动机（气缸容量超过1.5升但不超过2升）及驱动电动机的其他载人车辆（可通过接插外部电源进行充电的除外）	辆/千克
		8703403990	同时装有点燃往复式活塞内燃发动机（气缸容量超过1.5升但不超过2升）及驱动电动机的其他载人车辆的成套散件（可通过接插外部电源进行充电的除外）	辆/千克
		8703404110	同时装有点燃往复式活塞内燃发动机（气缸容量超过2升但不超过2.5升）及驱动电动机的小轿车（可通过接插外部电源进行充电的除外）	辆/千克
		8703404190	同时装有点燃往复式活塞内燃发动机（气缸容量超过2升但不超过2.5升）及驱动电动机的小轿车的成套散件（可通过接插外部电源进行充电的除外）	辆/千克
		8703404210	同时装有点燃往复式活塞内燃发动机（气缸容量超过2升但不超过2.5升）及驱动电动机的四轮驱动越野车（可通过接插外部电源进行充电的除外）	辆/千克
		8703404290	同时装有点燃往复式活塞内燃发动机（气缸容量超过2升但不超过2.5升）及驱动电动机的四轮驱动越野车的成套散件（可通过接插外部电源进行充电的除外）	辆/千克
		8703404310	同时装有点燃往复式活塞内燃发动机（气缸容量超过2升但不超过2.5升）及驱动电动机的小客车（9座及以下，可通过接插外部电源进行充电的除外）	辆/千克
		8703404390	同时装有点燃往复式活塞内燃发动机（气缸容量超过2升但不超过2.5升）及驱动电动机的小客车的成套散件（9座及以下，可通过接插外部电源进行充电的除外）	辆/千克
		8703404910	同时装有点燃往复式活塞内燃发动机（气缸容量超过2升但不超过2.5升）及驱动电动机的其他载人车辆（可通过接插外部电源进行充电的除外）	辆/千克
		8703404990	同时装有点燃往复式活塞内燃发动机（气缸容量超过2升但不超过2.5升）及驱动电动机的其他载人车辆的成套散件（可通过接插外部电源进行充电的除外）	辆/千克
		8703405110	同时装有点燃往复式活塞内燃发动机（气缸容量超过2.5升但不超过3升）及驱动电动机的小轿车（可通过接插外部电源进行充电的除外）	辆/千克

续表

序号	货物种类	海关商品编号	货物名称	单位
43	汽车（包括成套散件）及其底盘	8703405190	同时装有点燃往复式活塞内燃发动机（气缸容量超过2.5升但不超过3升）及驱动电动机的小轿车的成套散件（可通过接插外部电源进行充电的除外）	辆/千克
		8703405210	同时装有点燃往复式活塞内燃发动机（气缸容量超过2.5升但不超过3升）及驱动电动机的四轮驱动越野车（可通过接插外部电源进行充电的除外）	辆/千克
		8703405290	同时装有点燃往复式活塞内燃发动机（气缸容量超过2.5升但不超过3升）及驱动电动机的四轮驱动越野车的成套散件（可通过接插外部电源进行充电的除外）	辆/千克
		8703405310	同时装有点燃往复式活塞内燃发动机（气缸容量超过2.5升但不超过3升）及驱动电动机的小客车（9座及以下，可通过接插外部电源进行充电的除外）	辆/千克
		8703405390	同时装有点燃往复式活塞内燃发动机（气缸容量超过2.5升但不超过3升）及驱动电动机的小客车的成套散件（9座及以下，可通过接插外部电源进行充电的除外）	辆/千克
		8703405910	同时装有点燃往复式活塞内燃发动机（气缸容量超过2.5升但不超过3升）及驱动电动机的其他载人车辆（可通过接插外部电源进行充电的除外）	辆/千克
		8703405990	同时装有点燃往复式活塞内燃发动机（气缸容量超过2.5升但不超过3升）及驱动电动机的其他载人车辆的成套散件（可通过接插外部电源进行充电的除外）	辆/千克
		8703406110	同时装有点燃往复式活塞内燃发动机（气缸容量超过3升但不超过4升）及驱动电动机的小轿车（可通过接插外部电源进行充电的除外）	辆/千克
		8703406190	同时装有点燃往复式活塞内燃发动机（气缸容量超过3升但不超过4升）及驱动电动机的小轿车的成套散件（可通过接插外部电源进行充电的除外）	辆/千克
		8703406210	同时装有点燃往复式活塞内燃发动机（气缸容量超过3升但不超过4升）及驱动电动机的四轮驱动越野车（可通过接插外部电源进行充电的除外）	辆/千克
		8703406290	同时装有点燃往复式活塞内燃发动机（气缸容量超过3升但不超过4升）及驱动电动机的四轮驱动越野车的成套散件（可通过接插外部电源进行充电的除外）	辆/千克

续表

序号	货物种类	海关商品编号	货物名称	单位
43	汽车（包括成套散件）及其底盘	8703406310	同时装有点燃往复式活塞内燃发动机（气缸容量超过3升但不超过4升）及驱动电动机的小客车（9座及以下，可通过接插外部电源进行充电的除外）	辆/千克
		8703406390	同时装有点燃往复式活塞内燃发动机（气缸容量超过3升但不超过4升）及驱动电动机的小客车的成套散件（9座及以下，可通过接插外部电源进行充电的除外）	辆/千克
		8703406910	同时装有点燃往复式活塞内燃发动机（气缸容量超过3升但不超过4升）及驱动电动机的其他载人车辆（可通过接插外部电源进行充电的除外）	辆/千克
		8703406990	同时装有点燃往复式活塞内燃发动机（气缸容量超过3升但不超过4升）及驱动电动机的其他载人车辆的成套散件（可通过接插外部电源进行充电的除外）	辆/千克
		8703407110	同时装有点燃往复式活塞内燃发动机（气缸容量超过4升）及驱动电动机的小轿车（可通过接插外部电源进行充电的除外）	辆/千克
		8703407190	同时装有点燃往复式活塞内燃发动机（气缸容量超过4升）及驱动电动机的小轿车的成套散件（可通过接插外部电源进行充电的除外）	辆/千克
		8703407210	同时装有点燃往复式活塞内燃发动机（气缸容量超过4升）及驱动电动机的四轮驱动越野车（可通过接插外部电源进行充电的除外）	辆/千克
		8703407290	同时装有点燃往复式活塞内燃发动机（气缸容量超过4升）及驱动电动机的四轮驱动越野车的成套散件（可通过接插外部电源进行充电的除外）	辆/千克
		8703407310	同时装有点燃往复式活塞内燃发动机（气缸容量超过4升）及驱动电动机的小客车（9座及以下，可通过接插外部电源进行充电的除外）	辆/千克
		8703407390	同时装有点燃往复式活塞内燃发动机（气缸容量超过4升）及驱动电动机的小客车的成套散件（9座及以下，可通过接插外部电源进行充电的除外）	辆/千克
		8703407910	同时装有点燃往复式活塞内燃发动机（气缸容量超过4升）及驱动电动机的其他载人车辆（可通过接插外部电源进行充电的除外）	辆/千克
		8703407990	同时装有点燃往复式活塞内燃发动机（气缸容量超过4升）及驱动电动机的其他载人车辆的成套散件（可通过接插外部电源进行充电的除外）	辆/千克

续表

序号	货物种类	海关商品编号	货物名称	单位
43	汽车（包括成套散件）及其底盘	8703409010	其他同时装有点燃往复式活塞内燃发动机及驱动电动机的载人车辆（可通过接插外部电源进行充电的除外）	辆/千克
		8703409090	其他同时装有点燃往复式活塞内燃发动机及驱动电动机的载人车辆的成套散件（可通过接插外部电源进行充电的除外）	辆/千克
		8703501110	同时装有压燃式活塞内燃发动机（柴油或半柴油发动机，气缸容量不超过1升）及驱动电动机的小轿车（可通过接插外部电源进行充电的除外）	辆/千克
		8703501190	同时装有压燃式活塞内燃发动机（柴油或半柴油发动机，气缸容量不超过1升）及驱动电动机的小轿车的成套散件（可通过接插外部电源进行充电的除外）	辆/千克
		8703501910	同时装有压燃式活塞内燃发动机（柴油或半柴油发动机，气缸容量不超过1升）及驱动电动机的其他载人车辆（可通过接插外部电源进行充电的除外）	辆/千克
		8703501990	同时装有压燃式活塞内燃发动机（柴油或半柴油发动机，气缸容量不超过1升）及驱动电动机的其他载人车辆的成套散件（可通过接插外部电源进行充电的除外）	辆/千克
		8703502110	同时装有压燃式活塞内燃发动机（柴油或半柴油发动机，气缸容量超过1升但不超过1.5升）及驱动电动机的小轿车（可通过接插外部电源进行充电的除外）	辆/千克
		8703502190	同时装有压燃式活塞内燃发动机（柴油或半柴油发动机，气缸容量超过1升但不超过1.5升）及驱动电动机的小轿车的成套散件（可通过接插外部电源进行充电的除外）	辆/千克
		8703502210	同时装有压燃式活塞内燃发动机（柴油或半柴油发动机，气缸容量超过1升但不超过1.5升）及驱动电动机的四轮驱动越野车（可通过接插外部电源进行充电的除外）	辆/千克
		8703502290	同时装有压燃式活塞内燃发动机（柴油或半柴油发动机，气缸容量超过1升但不超过1.5升）及驱动电动机的四轮驱动越野车的成套散件（可通过接插外部电源进行充电的除外）	辆/千克

续表

序号	货物种类	海关商品编号	货物名称	单位
43	汽车（包括成套散件）及其底盘	8703502310	同时装有压燃式活塞内燃发动机（柴油或半柴油发动机，气缸容量超过1升但不超过1.5升）及驱动电动机的小客车（9座及以下，可通过接插外部电源进行充电的除外）	辆/千克
		8703502390	同时装有压燃式活塞内燃发动机（柴油或半柴油发动机，气缸容量超过1升但不超过1.5升）及驱动电动机的小客车的成套散件（9座及以下，可通过接插外部电源进行充电的除外）	辆/千克
		8703502910	同时装有压燃式活塞内燃发动机（柴油或半柴油发动机，气缸容量超过1升但不超过1.5升）及驱动电动机的其他载人车辆（可通过接插外部电源进行充电的除外）	辆/千克
		8703502990	同时装有压燃式活塞内燃发动机（柴油或半柴油发动机，气缸容量超过1升但不超过1.5升）及驱动电动机的其他载人车辆的成套散件（可通过接插外部电源进行充电的除外）	辆/千克
		8703503110	同时装有压燃式活塞内燃发动机（柴油或半柴油发动机，气缸容量超过1.5升但不超过2升）及驱动电动机的小轿车（可通过接插外部电源进行充电的除外）	辆/千克
		8703503190	同时装有压燃式活塞内燃发动机（柴油或半柴油发动机，气缸容量超过1.5升但不超过2升）及驱动电动机的小轿车的成套散件（可通过接插外部电源进行充电的除外）	辆/千克
		8703503210	同时装有压燃式活塞内燃发动机（柴油或半柴油发动机，气缸容量超过1.5升但不超过2升）及驱动电动机的四轮驱动越野车（可通过接插外部电源进行充电的除外）	辆/千克
		8703503290	同时装有压燃式活塞内燃发动机（柴油或半柴油发动机，气缸容量超过1.5升但不超过2升）及驱动电动机的四轮驱动越野车的成套散件（可通过接插外部电源进行充电的除外）	辆/千克
		8703503310	同时装有压燃式活塞内燃发动机（柴油或半柴油发动机，气缸容量超过1.5升但不超过2升）及驱动电动机的小客车（9座及以下，可通过接插外部电源进行充电的除外）	辆/千克

续表

序号	货物种类	海关商品编号	货物名称	单位
43	汽车（包括成套散件）及其底盘	8703503390	同时装有压燃式活塞内燃发动机（柴油或半柴油发动机，气缸容量超过1.5升但不超过2升）及驱动电动机的小客车的成套散件（9座及以下，可通过接插外部电源进行充电的除外）	辆/千克
		8703503910	同时装有压燃式活塞内燃发动机（柴油或半柴油发动机，气缸容量超过1.5升但不超过2升）及驱动电动机的其他载人车辆（可通过接插外部电源进行充电的除外）	辆/千克
		8703503990	同时装有压燃式活塞内燃发动机（柴油或半柴油发动机，气缸容量超过1.5升但不超过2升）及驱动电动机的其他载人车辆的成套散件（可通过接插外部电源进行充电的除外）	辆/千克
		8703504110	同时装有压燃式活塞内燃发动机（柴油或半柴油发动机，气缸容量超过2升但不超过2.5升）及驱动电动机的小轿车（可通过接插外部电源进行充电的除外）	辆/千克
		8703504190	同时装有压燃式活塞内燃发动机（柴油或半柴油发动机，气缸容量超过2升但不超过2.5升）及驱动电动机的小轿车的成套散件（可通过接插外部电源进行充电的除外）	辆/千克
		8703504210	同时装有压燃式活塞内燃发动机（柴油或半柴油发动机，气缸容量超过2升但不超过2.5升）及驱动电动机的四轮驱动越野车（可通过接插外部电源进行充电的除外）	辆/千克
		8703504290	同时装有压燃式活塞内燃发动机（柴油或半柴油发动机，气缸容量超过2升但不超过2.5升）及驱动电动机的四轮驱动越野车的成套散件（可通过接插外部电源进行充电的除外）	辆/千克
		8703504310	同时装有压燃式活塞内燃发动机（柴油或半柴油发动机，气缸容量超过2升但不超过2.5升）及驱动电动机的小客车（9座及以下，可通过接插外部电源进行充电的除外）	辆/千克
		8703504390	同时装有压燃式活塞内燃发动机（柴油或半柴油发动机，气缸容量超过2升但不超过2.5升）及驱动电动机的小客车的成套散件（9座及以下，可通过接插外部电源进行充电的除外）	辆/千克

续表

序号	货物种类	海关商品编号	货物名称	单位
43	汽车（包括成套散件）及其底盘	8703504910	同时装有压燃式活塞内燃发动机（柴油或半柴油发动机，气缸容量超过2升但不超过2.5升）及驱动电动机的其他载人车辆（可通过接插外部电源进行充电的除外）	辆/千克
		8703504990	同时装有压燃式活塞内燃发动机（柴油或半柴油发动机，气缸容量超过2升但不超过2.5升）及驱动电动机的其他载人车辆的成套散件（可通过接插外部电源进行充电的除外）	辆/千克
		8703505110	同时装有压燃式活塞内燃发动机（柴油或半柴油发动机，气缸容量超过2.5升但不超过3升）及驱动电动机的小轿车（可通过接插外部电源进行充电的除外）	辆/千克
		8703505190	同时装有压燃式活塞内燃发动机（柴油或半柴油发动机，气缸容量超过2.5升但不超过3升）及驱动电动机的小轿车的成套散件（可通过接插外部电源进行充电的除外）	辆/千克
		8703505210	同时装有压燃式活塞内燃发动机（柴油或半柴油发动机，气缸容量超过2.5升但不超过3升）及驱动电动机的四轮驱动越野车（可通过接插外部电源进行充电的除外）	辆/千克
		8703505290	同时装有压燃式活塞内燃发动机（柴油或半柴油发动机，气缸容量超过2.5升但不超过3升）及驱动电动机的四轮驱动越野车的成套散件（可通过接插外部电源进行充电的除外）	辆/千克
		8703505310	同时装有压燃式活塞内燃发动机（柴油或半柴油发动机，气缸容量超过2.5升但不超过3升）及驱动电动机的小客车（9座及以下，可通过接插外部电源进行充电的除外）	辆/千克
		8703505390	同时装有压燃式活塞内燃发动机（柴油或半柴油发动机，气缸容量超过2.5升但不超过3升）及驱动电动机的小客车的成套散件（9座及以下，可通过接插外部电源进行充电的除外）	辆/千克
		8703505910	同时装有压燃式活塞内燃发动机（柴油或半柴油发动机，气缸容量超过2.5升但不超过3升）及驱动电动机的其他载人车辆（可通过接插外部电源进行充电的除外）	辆/千克

续表

序号	货物种类	海关商品编号	货物名称	单位
43	汽车（包括成套散件）及其底盘	8703505990	同时装有压燃式活塞内燃发动机（柴油或半柴油发动机，气缸容量超过2.5升但不超过3升）及驱动电动机的其他载人车辆的成套散件（可通过接插外部电源进行充电的除外）	辆/千克
		8703506110	同时装有压燃式活塞内燃发动机（柴油或半柴油发动机，气缸容量超过3升但不超过4升）及驱动电动机的小轿车（可通过接插外部电源进行充电的除外）	辆/千克
		8703506190	同时装有压燃式活塞内燃发动机（柴油或半柴油发动机，气缸容量超过3升但不超过4升）及驱动电动机的小轿车的成套散件（可通过接插外部电源进行充电的除外）	辆/千克
		8703506210	同时装有压燃式活塞内燃发动机（柴油或半柴油发动机，气缸容量超过3升但不超过4升）及驱动电动机的四轮驱动越野车（可通过接插外部电源进行充电的除外）	辆/千克
		8703506290	同时装有压燃式活塞内燃发动机（柴油或半柴油发动机，气缸容量超过3升但不超过4升）及驱动电动机的四轮驱动越野车的成套散件（可通过接插外部电源进行充电的除外）	辆/千克
		8703506310	同时装有压燃式活塞内燃发动机（柴油或半柴油发动机，气缸容量超过3升但不超过4升）及驱动电动机的小客车（9座及以下，可通过接插外部电源进行充电的除外）	辆/千克
		8703506390	同时装有压燃式活塞内燃发动机（柴油或半柴油发动机，气缸容量超过3升但不超过4升）及驱动电动机的小客车的成套散件（9座及以下，可通过接插外部电源进行充电的除外）	辆/千克
		8703506910	同时装有压燃式活塞内燃发动机（柴油或半柴油发动机，气缸容量超过3升但不超过4升）及驱动电动机的其他载人车辆（可通过接插外部电源进行充电的除外）	辆/千克
		8703506990	同时装有压燃式活塞内燃发动机（柴油或半柴油发动机，气缸容量超过3升但不超过4升）及驱动电动机的其他载人车辆的成套散件（可通过接插外部电源进行充电的除外）	辆/千克
		8703507110	同时装有压燃式活塞内燃发动机（柴油或半柴油发动机，气缸容量超过4升）及驱动电动机的小轿车（可通过接插外部电源进行充电的除外）	辆/千克

续表

序号	货物种类	海关商品编号	货物名称	单位
43	汽车（包括成套散件）及其底盘	8703507190	同时装有压燃式活塞内燃发动机（柴油或半柴油发动机，气缸容量超过4升）及驱动电动机的小轿车的成套散件（可通过接插外部电源进行充电的除外）	辆/千克
		8703507210	同时装有压燃式活塞内燃发动机（柴油或半柴油发动机，气缸容量超过4升）及驱动电动机的四轮驱动越野车（可通过接插外部电源进行充电的除外）	辆/千克
		8703507290	同时装有压燃式活塞内燃发动机（柴油或半柴油发动机，气缸容量超过4升）及驱动电动机的四轮驱动越野车的成套散件（可通过接插外部电源进行充电的除外）	辆/千克
		8703507310	同时装有压燃式活塞内燃发动机（柴油或半柴油发动机，气缸容量超过4升）及驱动电动机的小客车（9座及以下，可通过接插外部电源进行充电的除外）	辆/千克
		8703507390	同时装有压燃式活塞内燃发动机（柴油或半柴油发动机，气缸容量超过4升）及驱动电动机的小客车的成套散件（9座及以下，可通过接插外部电源进行充电的除外）	辆/千克
		8703507910	同时装有压燃式活塞内燃发动机（柴油或半柴油发动机，气缸容量超过4升）及驱动电动机的其他载人车辆（可通过接插外部电源进行充电的除外）	辆/千克
		8703507990	同时装有压燃式活塞内燃发动机（柴油或半柴油发动机，气缸容量超过4升）及驱动电动机的其他载人车辆的成套散件（可通过接插外部电源进行充电的除外）	辆/千克
		8703509010	其他同时装有压燃式活塞内燃发动机（柴油或半柴油发动机）及驱动电动机的载人车辆（可通过接插外部电源进行充电的除外）	辆/千克
		8703509090	其他同时装有压燃式活塞内燃发动机（柴油或半柴油发动机）及驱动电动机的载人车辆的成套散件（可通过接插外部电源进行充电的除外）	辆/千克
		8703600000	同时装有点燃往复式活塞内燃发动机及驱动电动机、可通过接插外部电源进行充电的其他载人车辆	辆/千克
		8703700000	同时装有压燃活塞内燃发动机（柴油或半柴油发动机）及驱动电动机、可通过接插外部电源进行充电的其他载人车辆	辆/千克
		8703800010	旧的仅装有驱动电动机的其他载人车辆	辆/千克
		8703900021	其他型气缸容量不超过1升的其他载人车辆	辆/千克

续表

序号	货物种类	海关商品编号	货物名称	单位
43	汽车（包括成套散件）及其底盘	8703900022	其他型气缸容量超过1升但不超过1.5升的其他载人车辆	辆/千克
		8703900023	其他型气缸容量超过1.5升但不超过2升的其他载人车辆	辆/千克
		8703900024	其他型气缸容量超过2升但不超过2.5升的其他载人车辆	辆/千克
		8703900025	其他型气缸容量超过2.5升但不超过3升的其他载人车辆	辆/千克
		8703900026	其他型气缸容量超过3升但不超过4升的其他载人车辆	辆/千克
		8703900027	其他型气缸容量超过4升的其他载人车辆	辆/千克
		8704210000	柴油型其他小型货车（装有压燃式活塞内燃发动机，车辆总重量不超过5吨）	辆/千克
		8704223000	柴油型其他中型货车（装有压燃式活塞内燃发动机，车辆总重量超过5吨但在14吨以下）	辆/千克
		8704224000	柴油型其他重型货车（装有压燃式活塞内燃发动机，车辆总重量在14吨及以上但不超过20吨）	辆/千克
		8704230010	固井水泥车、压裂车、混砂车、连续油管车、液氮泵车用底盘	辆/千克
		8704230020	起重55吨及以上的汽车起重机用底盘	辆/千克
		8704230030	车辆总重量在31吨及以上的清障车专用底盘	辆/千克
		8704230090	柴油型的其他超重型货车（装有压燃式活塞内燃发动机，车辆总重量超过20吨）	辆/千克
		8704310000	车辆总重量不超过5吨的其他货车（汽油型，装有点燃式活塞内燃发动机）	辆/千克
		8704323000	车辆总重量超过5吨但不超过8吨的其他货车（汽油型，装有点燃式活塞内燃发动机）	辆/千克
		8704324000	车辆总重量超过8吨的其他货车（汽油型，装有点燃式活塞内燃发动机）	辆/千克
		8704900000	装有其他发动机的货车	辆/千克
		8706002100	车辆总重量在14吨及以上的货车底盘（装有发动机）	台/千克
		8706002200	车辆总重量在14吨以下的货车底盘（装有发动机）	台/千克
		8706003000	大型客车底盘（装有发动机）	台/千克
		8706009000	其他机动车辆底盘（装有发动机，用于税目87.01、87.03和87.05所列车辆）	台/千克

说明：对外贸易经营者出口标有“*”的货物可免于申领《中华人民共和国出口许可证》，但需按规定申领《中华人民共和国两用物项和技术出口许可证》。

4 国家发展改革委、商务部发布《2020年农产品进口关税配额再分配公告》

【发布单位】中华人民共和国国家发展和改革委员会 中华人民共和国商务部

【发布日期】2020年8月10日

根据《农产品进口关税配额管理暂行办法》(商务部、国家发展和改革委员会令2003年第4号，以下简称《暂行办法》)、《2020年粮食进口关税配额申请和分配细则》《2020年棉花进口关税配额申请和分配细则》(国家发展和改革委员会公告2019年第9号)和《2020年食糖进口关税配额申请和分配细则》(商务部公告2019年第42号)中的有关规定，现将2020年农产品进口关税配额再分配有关事项公告如下：

一、持有2020年小麦、玉米、大米、棉花、食糖进口关税配额的最终用户，当年未就全部配额数量签订进口合同，或已签订进口合同但预计年底前无法从始发港出运的，均应将其持有的关税配额量中未完成或不能完成的部分于9月15日前交还所在地(省、自治区、直辖市、计划单列市、新疆生产建设兵团)发展改革委、商务主管部门。国家发展改革委、商务部将对交还的配额进行再分配。对9月15日前没有交还且年底前未充分使用配额的最终用户，国家发展改革委、商务部在分配下一年农产品进口关税配额时对相应品种按比例扣减。

二、获得本公告第一条所列商品2020年进口关税配额并全部使用完毕(需提供进口报关单复印件)的最终用户，以及符合相关分配细则所列申请条件但在年初分配时未获得2020年进口关税配额的新用户，可以提出农产品进口关税配额再分配申请。

三、申请企业需在9月1日至15日向所在地(省、自治区、直辖市、计划单列市、新疆生产建设兵团)发展改革委、商务主管部门提交再分配申请材料。相关商品申请表见附件1、2、3。

四、各省、自治区、直辖市、计划单列市、新疆生产建设兵团发展改革委、商务主管部门9月1日开始接收按照要求填写完成的申请材料，并将再分配申请表中所包含的信息上传至关税配额管理系统进行网上申报，9月17日前将汇总后的再分配申请材料，以书面形式分别转报并同时抄报国家发展改革委或商务部。

五、国家发展改革委、商务部对用户交回的配额按照先来先领方式进行再分配。10月1日前将关税配额再分配的结果通知到最终用户。

六、再分配关税配额的有效期等其他事项按照《暂行办法》及相关分配细则执行。

七、小麦、玉米、大米、棉花进口关税配额的再分配，由国家发展改革委会同商务部以及各省、自治区、直辖市、计划单列市、新疆生产建设兵团发展改革委组织实施；食糖进口关税配额再分配，由商务部以及各省、自治区、直辖市、计划单列市、新疆生产建设兵团商务主管部门组织实施。

附件：

1.2020年粮食进口关税配额再分配申请表

2.2020年棉花进口关税配额再分配申请表

3.2020年食糖进口关税配额再分配申请表

国家发展改革委

商务部

2020年8月10日

附件1

2020年粮食进口关税配额再分配申请表

单位：吨

企业名称:				
企业注册地址：				
企业性质： □国有 □股份制 □民营 □外商投资				
统一社会信用代码：				
联系方式：				
申请配额品种名称：（ ）	□2020年获得该品种年度配额者 □2020年未获得该品种年度配额者			
申请配额种类、数量及贸易方式	□非国营贸易配额，其中		□国营贸易配额，其中	
	（1）一般贸易：		（1）一般贸易：	
	（2）加工贸易：		（2）加工贸易：	
2019年企业生产加工能力	加工原料名称：		产品名称：	
	该原料年加工能力：		该产品年生产能力：	
	该原料年实际用量：		该产品年实际产量：	
以下由获得年度配额的企业填写（代理企业不得将代理其他企业完成的进口量计入本企业进口实绩）				
	2019年		2020年	
	非国营贸易配额	国营贸易配额	非国营贸易配额	国营贸易配额
分配到的配额量	一般贸易：	一般贸易：	一般贸易：	一般贸易：
	加工贸易：	加工贸易：	加工贸易：	加工贸易：
实际进口量（核销量）	一般贸易：	一般贸易：	一般贸易：	一般贸易：
	加工贸易：	加工贸易：	加工贸易：	加工贸易：
中期调整退回量	一般贸易：	一般贸易：	一般贸易：	一般贸易：
	加工贸易：	加工贸易：	加工贸易：	加工贸易：

本企业已阅知《2020年农产品进口关税配额再分配公告》相关内容，并郑重承诺本企业符合粮食进口关税配额申请条件，提交的粮食进口关税配额各项申报材料真实、准确、有效；获得粮食进口关税配额后，保证按照国家有关法律、法规、规章开展进口业务。如违反本承诺，愿意承担相应法律责任和后果，并接受相关惩戒。

申请企业（盖章） 企业法定代表人（签字）：

填表说明：

1. 企业名称与统一社会信用代码必须一一对应，一码一申请。

2. 在“申请配额种类”中，企业可勾选非国营贸易配额，或者国营贸易配额，或者两者皆勾选。

3. 企业根据申请的粮食配额品种，填写对应的“企业生产加工能力”，包括：（1）对作为加工原料的粮食的年加工能力和实际用量。（2）对以粮食为主要原料生产出的产品的年生产能力和实际产量。

附件2

2020年棉花进口关税配额再分配申请表

申请企业名称：			统一社会信用代码：
2019年初以来企业是否更名：□是　□否			曾用名：
企业注册地址：			
企业性质：□国有　□股份制　□民营　□外商投资			联系电话：
注册资本（万元）：	2019年纳税额（万元）：		2019年资产负债率：
配额申请数量（吨，不区分贸易方式）：			
□2019年有棉花一般贸易进口实绩者	□2019年有棉花加工贸易进口实绩者		□2019年无棉花进口实绩者
企业生产经营情况	纺纱能力：	锭	2019年棉花用量：　吨
	其中，环锭纺：	锭	其中，进口棉用量：　吨
	转杯纺：	头	2019年纱线产量：　吨
	喷气涡流纺：	头	其中，棉纱产量：　吨
	全棉水刺非织造布产能：	吨	#纯棉纱产量：　吨
			2019年全棉水刺非织造布产量：　吨
关税配额获得及使用情况	2019年		2020年
	分配量（吨）：		分配量（吨）：
	实际进口量（吨）：		已完成进口量（吨）：
	调整期退回量（吨）：		调整期退回量（吨）：
备注：			

本企业已阅知《2020年农产品进口关税配额再分配公告》相关内容，郑重承诺：保证本企业符合国家规定的棉花进口关税配额申请条件，保证本申请表所填写的内容真实有效、有据可查，没有任何隐瞒或虚假信息。获得棉花进口关税配额后，保证按照国家有关法律、法规、规章和相关规定开展进口业务。如违反本承诺，本企业愿意承担相关责任和后果，并接受有关部门相应惩戒。

申请企业（盖章）　　　　企业法定代表人（签字）：

填表说明：

1. 企业名称与统一社会信用代码必须一一对应，一码一申请。

2. “纺纱能力”指折环锭纺产能，须填报本企业自有设备且2020年7月31日已投产使用的实际纺纱能力。转杯纺和喷气涡流纺分别按每头10锭和20锭折算为环锭纺纱锭数，全棉水刺非织造布产能按每吨6.25锭折算为环锭纺纱锭数。

3. 本表棉纱指以棉花为原料之一加工的纱线，纯棉纱指含棉量为100%的棉纱线。

4. 填报数据精确到个位。企业须保存与上述填报数据相一致的采购、销售发票和出入库凭证等证明材料备查。检查时，如无法完整提供，将视为虚假填报。

5. 2020年7月31日纺纱能力较最近一次国家发展改革委及其委托机构组织的产能现场核查及抽查有变化的，请保留相关凭据备查，并在“备注”栏说明。

附件3

2020年食糖进口关税配额再分配申请表

单位：吨

<table>
<tr><td colspan="3">企业名称：</td></tr>
<tr><td colspan="3">企业注册地址：</td></tr>
<tr><td colspan="3">企业性质： □国有 □股份制 □民营 □外商投资</td></tr>
<tr><td colspan="3">统一社会信用代码：</td></tr>
<tr><td colspan="3">联系方式：</td></tr>
<tr><td>申请配额名称：</td><td>□ 2020年获得食糖关税配额者</td><td>□ 2020年未获得食糖关税配额者</td></tr>
<tr><td rowspan="3">申请关税配额种类、数量及贸易方式</td><td>□ 非国营贸易关税配额，其中</td><td>□ 国营贸易关税配额，其中</td></tr>
<tr><td>（1）一般贸易：</td><td>（1）一般贸易：</td></tr>
<tr><td>（2）加工贸易：</td><td>（2）加工贸易：</td></tr>
<tr><td rowspan="3">2019年企业产品及生产能力</td><td colspan="2">产品名称：</td></tr>
<tr><td>年产量：</td><td>年食糖使用量：</td></tr>
<tr><td colspan="2">该产品年销售额（万元）：</td></tr>
<tr><td colspan="3">以下由获得年度配额的企业填写（不包括代理进口）</td></tr>
</table>

<table>
<tr><td rowspan="2"></td><td colspan="2">2019年</td><td colspan="2">2020年</td></tr>
<tr><td>非国营贸易配额</td><td>国营贸易配额</td><td>非国营贸易配额</td><td>国营贸易配额</td></tr>
<tr><td rowspan="2">分配到配额量</td><td>一般贸易：</td><td>一般贸易：</td><td>一般贸易：</td><td>一般贸易：</td></tr>
<tr><td>加工贸易：</td><td>加工贸易：</td><td>加工贸易：</td><td>加工贸易：</td></tr>
<tr><td rowspan="2">实际进口量（核销量）</td><td>一般贸易：</td><td>一般贸易：</td><td>一般贸易：</td><td>一般贸易：</td></tr>
<tr><td>加工贸易：</td><td>加工贸易：</td><td>加工贸易：</td><td>加工贸易：</td></tr>
<tr><td rowspan="2">中期调整退回量</td><td>一般贸易：</td><td>一般贸易：</td><td>一般贸易：</td><td>一般贸易：</td></tr>
<tr><td>加工贸易：</td><td>加工贸易：</td><td>加工贸易：</td><td>加工贸易：</td></tr>
<tr><td colspan="5">是否同意对外提供本企业配额申领数量 □是 □否</td></tr>
</table>

本企业已阅知《2020年农产品进口关税配额再分配公告》相关内容，并郑重承诺本企业符合食糖进口关税配额申请条件，提交的食糖进口关税配额各项申报材料真实、准确、有效；获得食糖进口关税配额后，保证按照国家有关法律、法规、规章开展进口业务。如违反本承诺，愿意承担相应法律责任和后果，并接受相关惩戒。

申请企业（盖章） 企业法定代表人（签字）

填表说明：

1. 企业名称与统一社会信用代码必须一一对应，一码一申请。
2. 在“申请关税配额种类”中，企业可勾选非国营贸易配额，或者国营贸易配额，或者两者皆勾选。

5　国家粮食和物资储备局、中华人民共和国财政部发布《2019年度新疆棉轮入》的公告

【发布单位】国家粮食和物资储备局　财政部

【发布文号】2019年第3号

【发布日期】2019年11月14日

为加强中央储备棉管理，进一步优化储备结构、提高储备质量，决定轮入部分新疆棉。现就有关事项公告如下：

一、轮入时间

2019年12月2日至2020年3月31日的国家法定工作日。

二、数量安排

总量50万吨左右，每日挂牌竞买7000吨左右。

三、轮入方式

轮入工作由中国储备粮管理集团有限公司（以下简称“中储粮集团公司”）具体实施，通过全国棉花交易市场公开竞价交易。

四、轮入价格

轮入竞买最高限价（到库价格）随行就市动态确定，原则上与国内棉花现货价格挂钩联动并上浮一定比例，每周调整一次。轮入期间，当内外棉价差连续3个工作日超过800元/吨时，暂停交易；当内外棉价差回落到800元/吨以内时，重新启动交易。由中储粮集团公司会同全国棉花交易市场统一公布轮入竞买最高限价和内外棉价差数据。（具体计算公式见附件）

五、质量要求

轮入的棉花为2019/2020年度生产加工且已纳入新疆棉花专业监管的锯齿细绒棉，要求每批颜色级白棉1、2、3级，长度级28mm及以上，马克隆值级B级及以上，断裂比强度中等及以上，具体质量要求由中储粮集团公司另行公布。棉花包装应采用棉布外捆扎，且符合棉花包装国家标准（GB 6975—2013）。

六、相关规定

1.新疆棉送到储备库点后，由中国纤维质量监测中心组织开展公证检验，采取现场扦样、100%检验（即包包检）方式，出具品质和重量检验证书。公检结果不符合入储要求的不得作为中央储备棉入储。

2.中储粮集团公司会同全国棉花交易市场、中国纤维质量监测中心制定储备棉轮入、竞价交易、公证检验等方面的实施细则并对外公布。

3.在新疆棉轮入过程中，如国内外棉花市场发生重大变化，根据市场调控等需要，国家粮食和物资储备局将会同有关部门对轮入安排作必要调整。

特此公告。

附件：中央储备棉轮入价格等计算公式

国家粮食和物资储备局　财政部

2019年11月14日

附件：

中央储备棉轮入价格等计算公式

1.本周储备棉轮入竞买最高限价（折标准级3128B）=上一周国内市场棉花现货价格指数算术平均值×（1+2%）。

其中，国内市场棉花现货价格指数= [中国棉花价格指数（3128B品种）+国家棉花价格指数（3128B品种）]÷2。

质量等级差价按照中国棉花协会公布的棉花质量差价表执行。

2.内外棉价差=国内市场棉花现货价格指数-国际市场棉花现货价格指数。

其中，国际市场棉花现货价格指数=考特鲁克A指数（折美元/吨）×汇率×（1+关税1%）×（1+增值税9%）。

汇率参照海关征税方式，采用上一个月第三个星期三（如逢法定节假日，则顺延采用第四个星期三）中国人民银行公布的外币对人民币的基准汇率。

6 关于组织《2019年度新疆棉轮入》的公告

【发布单位】中国储备粮管理集团有限公司

【发布文号】2019年[轮入]第1号

【发布日期】2019年11月28日

各涉棉企业：

根据国家粮食和物资储备局、财政部公告（2019年第3号）精神，中国储备粮管理集团有限公司商全国棉花交易市场、中国纤维质量监测中心制定了《2019年度新疆棉轮入实施细则》（见附件），现予以公布。新疆棉轮入竞价交易、公证检验实施细则由全国棉花交易市场、中国纤维质量监测中心另行发布。

特此公告。

附件：《2019年度新疆棉轮入实施细则》

中国储备粮管理集团有限公司

二〇一九年十一月二十八日

附件

2019年度新疆棉轮入实施细则

第一章 总 则

第一条 根据国家粮食和物资储备局、财政部2019年第3号公告及中央储备棉管理有关规定，中国储备粮管理集团有限公司特制订本实施细则。

第二条 2019年度新疆棉轮入交易时间为2019年12月2日至2020年3月31日的国家法定工作日。轮入品种为2019/20年度生产加工且已纳入新疆棉花专业监管的锯齿细绒棉。

第三条 中国储备粮管理集团有限公司授权中国储备棉管理有限公司（以下简称中储棉公司）负责具体实施，通过全国棉花交易市场（以下简称交易市场）挂牌，公开竞价交易。

第四条 中储棉公司（买方）及其直属企业、交储企业（卖方）、储备棉承储仓库、储备棉公证检验承检机构等相关各方均须遵守本实施细则。

第二章 轮入交易和价格

第五条 参加新疆棉轮入交易的交储企业须具备以下条件：

1. 经市场监管部门登记注册的企业法人；

2. 具备一般纳税人资格，并能开具增值税专用发票；

3. 无未处理完毕涉及储备棉交易纠纷、交易遗留等问题。

第六条 交易市场联合中储棉公司对参与轮入的交储企业资格进行审核，审核结果由交易市场通知有关交储企业。交储企业须在交易市场开户成为交易商后，方可参与轮入交易。

第七条 依据国家有关部门规定，中储棉公司会同交易市场通过中国棉花网和中国棉花信息网统一对外公布轮入竞买最高限价。轮入竞买最高限价为中储棉公司指定轮入仓库的到库最高限价，每周调整一次，于每周日发布下一周价格。

第八条 轮入棉花的交易报价品种为3128B级锯齿细绒棉，长度整齐度为U3档，断裂比强度为S3档，轧工质量为P2档，异性纤维含量为L档。实际货款根据公证检验结果据实结算。

第九条 每个交易日上午，中储棉公司通过中国棉花网公布当日挂牌采购详细信息，包括交货仓库、数量、采购最高限价等。由交易市场组织竞价交易，以最低价成交。具体按《2019年度新疆棉轮入竞价交易细则》执行。

交易结束后，由交易市场通过中国棉花信息网和中国棉花网统一公布每日成交价格。

第十条 交易市场根据竞价交易成交结果生成《中央储备棉采购合同》。交储企业须在成交后3个工作日内签订合同，同时将拟交储棉花批次信息作为附件提交交易市场，交易市场确认该批次为新疆专业仓储监管的棉花后，办理合同见证。

第十一条 依据国家有关部门规定，轮入期间，当国内棉花价格连续3个工作日高于国际棉花价格（按1%关税）800元/吨时，于第4个工作日起暂停轮入交易；当国内棉价与国际棉价价差回落到800元/吨以内时，于回落后第一个工作日重新启动轮入交易。

中储棉公司所属中储棉花信息中心会同交易市场有关单位负责跟踪内外棉价差，并于每个工作日上午10:00前通过中国棉花网和中国棉花信息网统一对外公布前一个工作日内外棉价差。

第十二条 轮入交易实行履约保证金和质量保证金制度。交储企业须于交易前在交易市场存放一定数额保证金。交易市场根据成交情况按照每吨500元实时扣划，其中400元作为履约保证金由交易市场保管，100元作为棉花质量保证金由中储棉公司保管。

履约保证金用于保障交储企业如期履约。棉花质量保证金用于入储期间棉花崩包、炸包、污染霉变的整理复包，保障入储棉花质量和包装符合要求，并在必要时用于有关棉花二次结算事宜。

第三章 质量与包装要求

第十三条 轮入棉花质量要求：

交储的棉花每批质量要求如下：

1. 颜色级为白棉1、2、3级的比例不得低于80%，且不含白棉5级、淡点污棉3级、淡黄染棉、黄染棉；

2. 长度级为28毫米及以上的比例不得低于90%，且不含有27毫米以下；

3. 马克隆值级要求为A级、B级比例不低于90%，且不含有C1档；

4. 长度整齐度指数为U3档（中等）及以上的比例不低于90%，且不含有U5档（很低）；

5. 断裂比强度为S3档（中等）及以上的比例不低于90%，且不含有S5档（很差）；

6. 轧工质量要求为中档及以上；

7. 单批在检验中发现异性纤维的样品个数不超过2个；

8. 现场实测单包回潮率均低于10%；

9. 其他质量要求按国家有关标准执行。

第十四条 轮入棉花包装要求采用棉布外捆扎方式。包装材料和捆扎材料须符合GB 6975—

2013《棉花包装》国家标准、GH/T 1068—2010《棉花包装用聚酯捆扎带》等规定。同一批次棉包的包装和捆扎材料应使用同一生产厂家生产的同一型号产品。棉包外形和尺寸要符合GB 6975—2013《棉花包装》国家标准中Ⅰ型包规定，单包净重227公斤（允差幅度为±10公斤）。棉包条码固定在棉包两头，刷唛要按照《棉花国家标准》（GB 1103.1—2012）中包装标识标志要求，在棉包两头刷明棉花产地、棉花加工单位、批号、包号、毛重、异性纤维含量代号、生产日期等内容，内容应齐全，字迹应清晰。

第十五条　轮入棉花原则上每批186包或93包，186包批次的不得少于170包，93包批次的不得少于85包。不同采摘方式的棉花应分别组批。棉花批号规则按国家有关规定执行。

第四章　入库初验

第十六条　交储企业应在合同签署后45日内，将拟交储棉花送到合同约定的承储仓库。

第十七条　中储棉公司根据中央储备棉采购合同下发《预入库通知书》至相关承储仓库。承储仓库据此做好入库各项准备工作。

第十八条　交储企业签订中央储备棉采购合同后，需及时与承储仓库联系，提交《申报入储公证检验表》（纸质和电子版）、《条码汇总表》（电子版）（与合同附件批次信息一致），送承储仓库审核。棉花入库时，随货提供与交储棉花包装材料相同的包皮和捆扎材料一套。

第十九条　承储仓库应对照中储棉公司下发的合同号及拟交储批次信息，审核交储企业提供的材料，并及时将审核结果通知交储企业。审核通过的，排定入库计划，通知交储企业在规定时间将交储棉花送至承储仓库。交储企业要按合同集中交货，在棉花发运前应通过中国棉花网或e棉仓登陆“储备棉轮入（自助）服务平台”进行入库预约登记，便于承储仓库协调检验机构做好入库公证检验工作。

第二十条　承储仓库负责入库初验。在接收入库前，承储仓库应检查拟入库棉花批次是否已通过审核、火车运输车厢铅封是否完好、汽车运输车辆是否苫盖严密、棉花包装是否符合要求。凡棉花批次信息、外观、包装不符合本实施细则有关规定的，一律不得接收入库。

如运输车辆未按规定苫盖的，需按规定苫盖完好，并在库外观察24小时后方可入库卸车。

第二十一条　经检查符合入库要求的棉花，由承储仓库安排入库卸车，并安排专人监卸和查验，填写《卸车情况记录表》和《入库信息登记表》，核对条码和唛头是否清晰、棉包露白比例是否超过规定、是否有污染霉变破损棉包等。

第二十二条　如承储仓库初验发现下列情况之一的整批退出，不得接收，由交储企业自行处理：

（1）棉包露白数量超过该批总包数的10%；

（2）交储棉花与《申报入储公证检验表》或合同附件批次不符的；

（3）污染、霉变、水残、雨淋的棉包单批超过3%的；

（4）混有地脚棉、回收棉等；

（5）包装材料不符合棉花包装标准；

（6）未悬挂条码，或条码不完整、脱落、丢失单批超过5%的；

（7）棉包上没有取样切割刀口；

（8）棉包包头有二次缝合或有条码更换痕迹的；

（9）入库棉花超出合同规定入库期限的。

第二十三条　如承储仓库初验发现下列情况之一的，可剔除问题棉包，按剔除后实际重量报验：

（1）单包棉花净重超标；

（2）污染、霉变、水残、雨淋的棉花单批低于3%的；

（3）未悬挂条码，或条码不完整、脱落、丢失单批低于5%的。

第二十四条　入库棉花露白包数不超过该批总包数10%的，可以入库，由承储仓库负责整理，交储企业负责整理费用。

第二十五条　初验过程中，承储仓库发现交储棉花存在弄虚作假和严重质量问题的，要及时向驻库检验机构反映，同时停止该企业棉花入库，及时上报中储棉公司。中储棉公司向国家有关部门通报，由相关部门负责组织进行核查，经核查属实的，依法对该企业进行处罚。中储棉公司通知交易市场取消该企业交储资格。

第二十六条　交储企业对入库的棉花可进行全程监卸，因承储仓库野蛮装卸导致的破包、崩包、炸包，责任由承储仓库承担。

第二十七条　每个合同实际交储批次中不得混有其他批次棉包，发现混批的棉包由承储仓库在初验入库时予以剔除。

第二十八条　《储备棉初验入库单》的填报日期作为储备棉登记库存、储备棉财产保险生效的依据。

第二十九条　棉花入库后承储仓库需72小时不间断巡查，确保安全。

第三十条　已填报《储备棉初验入库单》的棉花，承储仓库未接到中储棉公司出具的《不合格棉花出库单》《异常棉花出库单》或《储备棉出库单》等出库手续，一律不得出库及核减库存。

第三十一条　初验时查验信息不一致的、不符合入储要求的、超过合同规定期限交储的棉花不予上报初验，由承储仓库要求交储企业代表签字确认，并通知交储企业对棉花自行处置。承储仓库需填写《初验异常情况报告单》上报中储棉公司。交储企业未在承储仓库规定期限内移库的棉花，需与承储仓库签订代保管合同，并及时投保，明确责任。

第五章　公证检验

第三十二条　在中储棉新疆承储仓库专业监管且已经公证检验的棉花，在本库交储的，可以不再公检，经中国纤维质量监测中心确认后，按照监管棉公证检验结果结算。

第三十三条　中储棉公司将拟轮入承储仓库提前通知中国纤维质量监测中心，由中国纤维质量监测中心安排承检机构负责承储仓库现场公证检验。

第三十四条　入库公证检验采取现场扦样、逐包检验的方式。入库公证检验的重量和品质结果，作为交储企业提供的棉花是否符合轮入质量要求及结算货款的依据。

第三十五条　中国纤维质量监测中心指定的在库公证检验承检机构应及时与承储仓库联系和衔接。承储仓库将《申报入储公证检验表》、《条码汇总表》、包装材料等交承检机构，并根据承检力量合理安排工作场地，配备满足现场作业和公证检验需要的称重、装卸、复包、数据传输等必要设备，做好配合公证检验工作。

第三十六条　承储仓库对入储棉花数量、质量负责把关。包括核验入库重量、确保每包棉花必须现场取样、配合承检机构检查棉包是否有调换痕迹、必要时开包检查异常棉包等，以尽可能确保入储棉花质量符合要求。发现异常，应通知承检机构对异常批次停检，并及时报告中储棉公司。

第三十七条　现场扦样若必需剪开捆扎带开包，应从原取样切割刀口就近位置进行，原则上剪开捆扎带数量不得超过1根。禁止在棉包两端或随意在任意位置剪开捆扎带，禁止未经承储仓库现场人员许可随意增加剪开捆扎带数量，否则造成的后果由承检机构负责。

公检开包后的棉包，必须复包后才能码垛。

第三十八条　承检机构应在现场扦样后10日内出具储备棉公证检验证书，将公证检验电子证书交承储仓库，并进行书面交接；同时公证检验结果上报中国纤维质量监测中心数据系统。中国纤维质量监测中心统一将检验数据以电子数据接口方式交中储棉公司。

第三十九条　公证检验结果的确认：

1. 承储仓库需根据承验机构出具的公证检验证书对储备棉公证检验结果进行确认。如对公证检验结果有异议，应在2日内报告中储棉公司统一申请复检，否则视为认同检验结果。

2. 承储仓库应在收到储备棉公证检验证书后1日内通知交储企业确认检验结果。如果交储企业对公证检验结果有异议，应在收到结果后2日内向交易市场提出复检申请，交易市场初审符合申请条件的，交中国纤维质量监测中心，中国纤维质量监测中心指定复检机构按申请人申请项目进行复检。复检维持原验结果的，复检所发生的搬倒、检验等费用由申请方承担。

第四十条　中储棉公司根据公证检验结果，符合入储要求的棉花出具《储备棉入库通知书》下发承储仓库。不符合入储要求的棉花开具《不合格棉花出库单》下发承储仓库，由承储仓库通知交储企业出库。

第四十一条　承储仓库接到《储备棉入库通知书》后，要核对储备棉公证检验结果是否经本库及交储企业确认，已经确认的通过主营业务系统填制《储备棉入库单》并上报；未经确认的不得上报。

第四十二条　填报《储备棉入库单》的棉花，承储仓库未接到中储棉公司的《储备棉出库单》或《异常棉花出库单》等出库手续，一律不得出库及核减库存。任何情况下承储仓库均不得擅自动用、抵押储备棉。

第四十三条　对于公检结果不符合收储要求的棉花，得到承储仓库通知后，交储企业应对棉花自行处置。交储企业不能在承储仓库规定期限内移库的棉花，需与承储仓库签订代保管合同，并及时投保，明确责任。

第四十四条　承检机构完成检验后，除用于复检等用途消耗的，应将棉样按批整理交回承储仓库。承储仓库应按中储棉公司统一要求规范保管，直至该批棉花销售出库后，按中储棉公司要求统一处置。

第四十五条　轮入期间，中储棉公司和承储仓库可根据需要对入储棉花随机抽样，密码送检。检验结果如与承检机构出具结果差异超过合理范围，中储棉公司可申请中国纤维质量监测中心安排对该库部分或全部棉花进行再检验。再检验结果差异超过允差的，追究原承检机构责任。如已与交储企业结算的，中储棉公司将依据再检验结果与交储企业二次结算，优先从交储企业履约保证金、质量保证金中扣取，交储企业须予以配合。允差标准由中储棉公司商中国纤维质量监测中心另行规定。

第六章　货款结算与保证金释放

第四十六条　中储棉公司收到《储备棉入库单》后进行审核、登记，根据中国纤维质量监测中心提供的公证检验数据生成《储备棉入库结算单》。

第四十七条　收储棉花颜色级、长度级、马克隆值级、断裂比强度、长度整齐度、轧工质量差价按中国棉花协会2019年12月质量差价表执行，货款计算以包为单位。

第四十八条《储备棉入库结算单》通过中

国棉花网及e棉仓储备棉轮入（自助）服务平台发布，交储企业自行登录中国棉花网或e棉仓查询、下载、打印。

第四十九条 交储企业根据《储备棉入库结算单》的金额和要求开具增值税专用发票，并将发票邮寄至中储棉公司，中储棉公司收到增值税专用发票验证无误后向交储企业支付全部货款。

第五十条 交储企业若在当地农发行有贷款，应向中储棉公司提供农发行账户信息，供结算货款使用。因未提供正确账户导致货款延付等，产生的损失由交储企业自行承担。

第五十一条 释放保证金

1. 履约保证金。交储棉花入库公证检验合格后，中储棉公司根据《储备棉入库单》，通知交易市场释放履约保证金。

2. 棉花质量保证金。储备棉采购结束，如棉包未发生严重崩包炸包（即上垛后崩包炸包比例不超过3%的），中储棉公司根据《储备棉入库单》，扣除初验时崩包、炸包、污染霉变棉包的整理费用，在入库完成后90日内予以释放。新疆地区采购需中转移库的棉花，待发运至内地承储仓库，扣除复包费用后释放。

需复包整理的棉包，承储仓库应与交储企业事先确认。复包整理费用标准为：崩包炸包复包（恢复包型）50元/包，因崩包炸包造成棉垛垮塌倒垛搬倒20元/吨，污染、霉变晾晒整理25元/包，破包缝补10元/包。

如入库码垛后棉包发生严重崩包、炸包，即上垛后崩包炸包比例超过3%（含）的，棉花质量保证金全部扣除不予释放。

第五十二条 初验、公证检验等过程中产生的不符合入储要求棉花的入、出库费、保管费、配合公检费、搬倒费由承储仓库向交储企业收取。收费标准为：入（出）库费20元/吨，保管费0.27元/吨天，配合入库公检费40元/吨，倒垛搬倒费20元/吨。

第七章 违约责任

第五十三条 交储企业存在以下情形之一，按照履约违约处理，扣除全部履约保证金。

1. 因交储企业交易商在规定时间内不能向交易市场提供拟交储棉花批次信息，导致《中央储备棉采购合同》在成交后3个工作日内无法签署和履行；

2. 提交交易市场的批次信息与最终交储棉花信息不一致的；

3.未在约定时间内将拟交储棉花运抵合同指定承储仓库办理初验入库的（以承储仓库初验合格并填报《储备棉初验入库单》日期为准）。属于承储仓库原因导致交储企业违约的，由承储仓库赔偿交储企业损失；

4. 棉花质量存在掺杂使假、弄虚作假行为的；

5. 未按储备棉购销合同所约定的数量交货，每个合同实际交储数量少于合同数量超过15%的；

6. 其他严重违反本办法及有关规定情形。

第五十四条 交储企业如通过更换包装、更换唛头标识或拆包后重新加工皮棉用于交储，一经发现，中储棉公司将通知交易市场立即取消其交储资格，并通报国家有关部门依法处置。

第五十五条 轮入过程中，如交储企业提供的棉花质量、数量不符合规定的入储条件，无论棉花是否已运至中储棉公司指定仓库，所发生的费用及所有责任均由交储企业承担。

第五十六条 交储企业开具的增值税专用发票寄出后，如需作废或更改，必须征得中储棉公司同意。否则中储棉公司将暂停其交储资格，并由交储企业承担相应损失。

第五十七条　轮入棉花质量由加工企业终身负责，交储企业负总责。在入库、保管和出库使用过程中，如发现棉花质量存在入库时未发现的严重问题，必要时中储棉公司将会同中国纤维质量监测中心提交国家有关部门进行查处，交储企业须承担相应的经济和法律责任。经查属实的，中储棉公司将取消该加工企业加工棉花的交储资格，并通知交易市场暂停交储企业储备棉交易资格直至交储企业全部赔偿中储棉公司损失。

第八章　附　则

第五十八条　交易市场、中国纤维质量监测中心根据《国家粮食和物资储备局、财政部公告（2019年第3号）》，分别制定《2019年度新疆棉轮入竞价交易细则》《2019年度新疆棉轮入公证检验实施细则》。

第五十九条　本实施细则所涉及的业务时间，均在正常情况下适用。如遇特殊情况，可根据实际情况适当调整业务处理期限。

第六十条　本实施细则实施过程中如有特殊情况，中储棉公司将商有关单位另行规定。

第六十一条　本实施细则未尽事宜参照相关规定执行。

第六十二条　本实施细则由中储棉公司负责解释。

第六十三条　本实施细则自2019年12月1日起生效。

7　关于发布《2019年度新疆棉轮入竞价交易办法》的公告

【发布单位】全国棉花交易市场
【发布日期】2019年12月1日

各涉棉企业：

根据国家粮食和物资储备局、财政部公告（2019年第3号）精神，全国棉花交易市场商中国储备粮管理集团有限公司、中国纤维质量监测中心制定《2019年度新疆棉轮入竞价交易办法》见附件，现予以发布。

特此公告。

附件：2019年度新疆棉轮入竞价交易办法

全国棉花交易市场
2019年12月1日

附件

第一章　总则

第一条　为保证新疆棉轮入交易按照“公开、公正、公平”的原则进行，根据《中华人民共和国合同法》及有关规定，制订本办法。

第二条　本办法适用于规范2019年度新疆棉轮入交易行为，全国棉花交易市场（以下简称“交易市场”）、买方、卖方和承储仓库等相关各方须遵守此办法。

第二章　交易时间

第三条　轮入交易时间为2019年12月2日至2020年3月31日期间的国家法定工作日。每日具体交易时间为15：00开始交易，15：15开始30秒倒计时，15：30开始15秒倒计时，直至闭市。

根据国家有关部门规定，轮入交易期间，当国内棉花价格连续3个工作日高于国际棉花价格（按1%关税）800元/吨时，于第4个工作日起暂停轮入交易；当国内棉价与国际棉价价差（计算公式见附件）回落到800元/吨以内时，于回落后第一个工作日重新启动轮入交易。

中国储备粮管理集团有限公司（以下简称“中储粮集团”）所属中国储备棉管理有限公司（以下简称“中储棉公司”）会同交易市场负责跟踪内外棉价差，并于每个工作日上午10：00前通过中国棉花网和中国棉花信息网统一对外公布前一个工作日内外棉价差。

第三章　交易资格

第四条　轮入交易的买方为中储棉公司。

参与轮入交易的卖方为经国家市场监管部门登记注册的法人企业，资信状况良好，无不良经营记录。

参与轮入交易的卖方应注册为交易市场交易商。如企业尚未成为交易市场交易商，须按照交易市场有关规定办理入市手续，交易市场相应开通交易权限。

因严重违反本办法和中储粮集团发布的新疆棉轮入实施细则相关规定，交易市场有权取消卖方参与轮入交易的资格。

第五条　卖方通过网络远程参与轮入交易。卖方对其在交易市场的一切交易活动承担经济和法律责任。

第四章　交易方式

第六条　轮入交易通过竞买交易方式实施。

竞买交易是指中储棉公司通过交易市场预先挂牌公布拟采购的产地、生产年度、数量、质量、交货仓库和最高限价等基础数据，由符合资格的卖方自行选择拟交货仓库并自主减价，按价格优先、时间优先原则，以最低销售价成交，双方通过交易市场签订购销合同的交易方式。

第七条　竞买交易报价的品种为3128B标准级锯齿细绒棉，长度整齐度指数为U3档，断裂比强度为S3档，轧工质量为P2档，异性纤维含量为L档。卖方报价为送至中储棉公司指定交货仓库并以公定重量计算的交货价格。

竞买交易成交数量以20吨为最小单位，成交数量为20吨的整数倍。

每日轮入标准级（3128B）新疆棉最高限价（计算公式见附件）按国家有关部门规定的方式计算确定。

第八条　竞买交易实行倒计时制，即所有参与交易的卖方在规定时间内不再提出任何新的销售报价，则全场结束竞价，自动成交。

第九条　卖方每次自主减价最小幅度为10元/吨。

第十条　成交后，卖方与中储棉公司签订经国家市场监管部门登记备案的《中央储备棉采购合同》，交易市场见证。

第十一条　交易的计量单位为“吨”，计价单位为“元/吨”（含增值税）。

第五章　交易信息披露

第十二条　中储棉公司于每个交易日上午按照有关部门规定的格式向交易市场提供拟采购的产地、生产年度、数量、质量、交货仓库和最高限价等信息。

第十三条　交易市场会同中储棉公司于每个交易日上午通过官网（www.cnce.cn）、中国棉花信息网、i棉网和中国棉花网对外公布拟采购的产地、生产年度、数量、质量、交货仓库和最高限价等信息，供卖方浏览，并在成交后及时公布成交结果。

如需暂停交易或恢复交易，交易市场及时通过官网、中国棉花信息网、i棉网和中国棉花网对外发布公告。

第十四条　每日拟采购的产地、生产年度、数量、质量、交货仓库和最高限价等以交易系统实际数据为准。

第十五条　交易市场通过官网“2019年度新疆棉轮入”专栏免费提供交易实时行情服务。

第十六条　交易市场通过官网“2019年度新疆棉轮入”专栏及时公布违约情况，接受公众监督。

第十七条　交易市场及时将成交结果报送国家有关部门和中储棉公司。

第六章 保证金和手续费

第十八条 参加轮入交易的卖方须于交易前在交易市场指定账户存放不少于20万元的保证金。交易市场预存交易商交易保证金的账户实行专户管理。

交易市场只接受卖方本单位的汇款作为交易保证金。为确保保证金及时入账，请卖方在汇款用途里注明交易商代码和储备棉保证金。

第十九条 交易过程中，如卖方保证金不足，交易市场将暂停卖方交易，直至卖方补足保证金方可开通交易权限。

第二十条 成交后，交易市场从卖方交易保证金中根据成交数量按500元/吨的标准暂扣保证金，其中400元/吨作为履约保证金，100元/吨作为质量保证金。

第二十一条 卖方须于成交后3个工作日内签订《中央储备棉采购合同》并同步提交拟交储批次信息作为附件。为简化操作手续，卖方在交易市场提供的《中央储备棉采购合同》和附件上加盖电子印章即视为签订《中央储备棉采购合同》，具体办理手续按交易市场有关规定程序执行。

拟交储批次须为2019年度已纳入新疆专业仓储监管的新疆棉。

第二十二条 交易市场根据中储棉公司的通知释放卖方保证金。

第二十三条 交易市场按10元/吨（含税）向成交的卖方收取交易手续费。中储棉公司的交易手续费按有关政策规定执行。

第七章 交货与货款结算

第二十四条 除不可抗力外，卖方应按《中央储备棉采购合同》要求于45日内将符合轮入要求的棉花送至中储棉公司指定交货仓库。

第二十五条 中国纤维质量监测中心按相关要求在库100%抽样检验，并出具公证检验证书。在中储棉公司新疆承储仓库本库申报入库的棉花，由中国纤维质量监测中心组织按照相应批次的监管棉公证检验结果直接出具储备棉轮入公证检验证书。

第二十六条 中储棉公司根据《中央储备棉采购合同》成交价和实际批次棉花的公证检验结果计算货款。

轮入期间，货款质量差价按中国棉花协会公布的2019年12月质量差价表执行。

第二十七条 交货流程、货款结算等按中储粮集团或中储棉公司发布的相关规定执行。

第八章 质量重量纠纷与违约处理

第二十八条 拟轮入的棉花在实施在库公检并出具公证检验结果后，买卖双方均可作为申请方对拟轮入的棉花提出复检。中储棉公司作为买方直接向中国纤维质量监测中心提出复检。

卖方对在库公检结果有异议，可向交易市场提交复检申请，交易市场经初审符合申请条件的，及时转交中国纤维质量监测中心并抄送中储棉公司，中国纤维质量监测中心指定复检机构按申请人申请项目进行复检。经过在库公证检验的拟轮入的新疆棉可接受公定重量、颜色级、轧工质量、长度、马克隆值、断裂比强度和长度整齐度指数的复检申请。

有关复检程序和结果反馈按照中国纤维质量监测中心有关规定执行。

交易市场复检申请传真号码：010-88087278；联系电话：010-59338692。

第二十九条 申请方在提交复检申请的同时，需将复检费用预存在交易市场储备棉交易保证金账户，或申请方保证在交易市场预存的可动用保证金数额足够支付复检费用。

复检检验费用标准按照国家棉花公证检验经费管理相应规定中的费用成本标准执行，仓库配合复检发生的搬倒费用（40元/吨）由申请方承担。

第三十条　质量复检结果中，颜色级、轧工质量、长度级、马克隆值级、断裂比强度、长度整齐度指数中任意一项指标超出中国纤维质量监测中心规定的允差幅度，则该项目按照新的公证检验结果计算货款。在此情况下，交易市场将除公证检验搬倒费以外的其他预交复检费用退回申请方。

质量、重量复检结果作为最终货款结算依据。

第三十一条　发生下列情形之一，视为卖方违约。

1. 在成交后3个工作日内未签订《中央储备棉采购合同》或未及时提交拟交储批次信息；

2 未在规定时间内将符合交储条件的棉花送至交货仓库；

3. 最终交储批次与《中央储备棉采购合同》附件批次不一致；

4. 经有关单位认定掺杂使假；或交储棉花公证检验结果不符合轮入要求；或棉包内部有污染、霉变现象时卖方不能提供符合轮入质量要求的棉花；

5. 未按《中央储备棉采购合同》所约定的数量交货。

发现卖方存在掺杂使假等严重质量问题时，按照《棉花质量监督管理条例》由棉花质量监督机构予以处理。

第三十二条　卖方违约时，交易市场扣划卖方保证金作为违约金，并定期将违约金划转给中储粮集团或中储棉公司，由中储粮集团上交中央财政。

第三十三条　为规范卖方行为，凡参与2019年度新疆棉轮入的卖方发生一次违约，则在扣除其违约保证金的基础上暂停交易一周，累计出现三次违约，则直接取消其本年度储备棉交易资格。

第三十四条　交易市场鼓励交易双方协商解决纠纷，协商不成的可向交易市场申请调解，协商或调解不成的，可以向合同签订地人民法院提起法律诉讼。

第九章　附则

第三十五条　在交易或交货过程中发现交易资料有误时，属于提供资料错误，由中储棉公司负责；属于交易市场数据处理错误，由交易市场负责。因上述原因造成的退货，不作为卖方违约处理。

第三十六条　承储仓库和卖方存在历史债务纠纷，不得与入库业务挂钩。

第三十七条　交货过程中，所有票据的合法性和有效性由提供方负责。

第三十八条　交易市场于轮入交易结束后及时向买卖双方交付各种费用清单和发票。

第三十九条　轮入交易期间，交易市场每日对外公布价格行情、成交结果等信息。

第四十条　轮入交易过程通过各种媒体向社会公开，接受公众监督。交易市场咨询、举报电话：4008106850。

第四十一条　本办法由交易市场负责制订和解释。

附件：

中央储备棉轮入价格等计算公式

中央储备棉轮入价格等计算公式：

1. 本周储备棉轮入竞买最高限价（折标准级3128B）=上一周国内市场棉花现货价格指数算术平均值×（1+2%）。

其中，国内市场棉花现货价格指数=[中国棉花价格指数（3128B品种）+国家棉花价格指数（3128B品种）]÷2。

质量等级差价按照中国棉花协会公布的棉花质量差价表执行。

2. 内外棉价差=国内市场棉花现货价格指数−国际市场棉花现货价格指数。

其中，国际市场棉花现货价格指数=考特鲁克A指数（折美元/吨）×汇率×（1+关税1%）×（1+增值税9%）。

汇率参照海关征税方式，采用上一个月第三个星期三（如逢法定节假日，则顺延采用第四个星期三）中国人民银行公布的外币对人民币的基准汇率。

2019年度新疆棉轮入公证检验实施细则

第一章 总则

第一条 为配合2019年度中央储备棉（以下简称储备棉）轮入工作，做好轮入储备棉的公证检验，保障轮入储备棉的数量和质量检验数据客观、准确，根据《棉花质量监督管理条例》、国家粮食和物资储备局、中华人民共和国财政部2019年第3号公告关于轮入部分新疆棉的相关部署及中央储备棉管理和棉花公证检验管理有关规定，制定本实施细则。

第二条 本实施细则适用于参加2019年度储备棉竞价交易的新疆棉的公证检验。

第二章 组织管理

第三条 中国纤维质量监测中心负责轮入储备棉公证检验的管理工作，按照统一受理申报、统一检验标准、统一技术规范、统一质量考核、统一经费核算的原则负责组织专业纤维检验机构（以下简称承检机构）对轮入的储备棉实施公证检验。

第四条 承检机构由承担在仓库检验的机构（以下简称在库机构）和承担实验室检验的机构（以下简称公检实验室）组成。

承检机构的工作内容包括：入库重量检验（以下简称重量检验）、抽取品质检验样品（以下简称取样）和品质检验样品的后续仪器化公证检验（以下简称品质检验）。

第三章 工作职责

第五条 中国纤维质量监测中心职责

（一）根据国家有关部门研究确定的2019年度储备棉轮入工作职责分工和检验项目与要求，制定公证检验实施细则，组织承检机构做好相关准备。

（二）根据国家有关部门制定的2019年度储备棉轮入计划及竞买成交情况，按照中国储备棉管理有限公司（以下简称中储棉公司）提供的入库地点及数量，及时组织承检机构实施公证检验。

（三）负责向国家有关部门提供储备棉轮入公证检验进度和相关情况，并及时协调有关单位解决公证检验中的问题。

（四）负责向中储棉公司提供轮入储备棉公证检验结果的电子数据。

第六条　检验机构职责

（一）按照中国纤维质量监测中心的管理要求，提前做好储备棉轮入公证检验各项准备工作。

（二）在库机构根据中国纤维质量监测中心下达的检验任务，及时与承储仓库联系接洽，督促其落实配合公证检验所需的现场工作条件及搬倒设备，确定启动公证检验的时间；按时到库，对经过仓库初验可以入库的批次进行核验，查看批号、包号等信息与报验信息是否一致；按照国家标准和检验操作规程进行重量公证检验、报送电子数据，出具重量公检证书；逐批抽取品质检验所需的样品并与公检实验室在仓库进行交接。

在库机构需配合承储仓库做好各项安全防范工作。

（三）公检实验室根据中国纤维质量监测中心下达的公证检验任务，及时与在库机构做好衔接，确定在库机构开始工作时间；按时到仓库与在库机构进行样品交接，在符合要求的公检实验室完成品质检验，报送电子数据，出具品质公检证书。

第七条　中储棉公司职责

（一）负责提供成交储备棉的入库地点、数量、时间及承储仓库联系方式等信息。

（二）负责通知承储仓库做好公证检验相关准备工作，并抄送中国纤维质量监测中心等有关单位。

（三）负责协调承储仓库配备满足现场检验所需的工作场地及装卸、搬倒、称重等设备。

（四）协调承储仓库配合公检机构做好公证检验，保证公证检验进度。

第八条　承储仓库职责

（一）根据承储仓库实际条件，提供满足现场公证检验所需的装卸、搬倒、称重等设备和配合人员。称重等现场设备应在有效法定检定周期内，并确保称重设备准确可靠。

（二）开辟专门的检验工作区域，按检验需求将到库棉花逐批码放在检验区，配合承检机构做好公证检验。

（三）提供独立并由在库机构负责管理的待交接检验样品场所。

（四）对交储棉花进行初验。

（五）指定专人负责解决公证检验期间相关事宜。

（六）保障现场检验安全；负责现场取样棉包的复包整理等。

第四章　质量要求

第九条　承检机构依据《棉花　第1部分：锯齿加工细绒棉》国家标准（GB 1103.1—2012）和中国纤维质量监测中心发布的技术规范，对竞买成交的储备棉实施公证检验，逐批出具公证检验证书。

重量检验包括测定毛重、皮重、回潮率、含杂率，计算公定重量。

品质检验项目包括轧工质量、颜色级、长度、马克隆值、断裂比强度、长度整齐度指数。

在实验室进行品质检验的过程中，对于发现异性纤维的样品，按批标注发现异性纤维的样品个数。

第十条　交储的棉花每批质量要求如下：

（一）颜色级为白棉1、2、3级的比例不得低于80%，且不含白棉5级、淡点污棉3级、淡黄染棉、黄染棉；

（二）长度级为28毫米及以上的比例不得低于90%，且不含有27毫米以下；

（三）马克隆值级要求为A级、B级比例不低于90%，且不含有C1档。

（四）长度整齐度指数为U3档（中等）及以上的比例不低于90%，且不含有U5档（很低）；

（五）断裂比强度为S3档（中等）及以上的比例不低于90%，且不含有S5档（很差）；

（六）轧工质量要求为中档及以上；

（七）单批在检验中发现异性纤维的样品个数不超过2个；

（八）现场实测单包回潮率均低于10%；

（九）其他质量要求按国家有关标准执行。

第十一条　轮入棉花包装要求采用棉布外捆扎方式。包装材料和捆扎材料须符合GB 6975—2013《棉花包装》国家标准、GH/T 1068—2010《棉花包装用聚酯捆扎带》等规定。同一批次棉包的包装和捆扎材料应使用同一生产厂家生产的同一型号产品。棉包外形和尺寸要符合GB 6975—2013《棉花包装》国家标准中Ⅰ型包规定，单包净重227公斤（允差幅度为±10公斤）。棉包条码固定在棉包两头，刷唛要按照《棉花国家标准》（GB 1103.1—2012）中包装标识标志要求，在棉包两头刷明棉花产地、棉花加工单位、批号、包号、毛重、异性纤维含量代号、生产日期等内容，内容应齐全，字迹应清晰。

第五章　报验与入库要求

第十二条　在库公检采取预约方式。交储企业竞拍成功后，中国纤维质量监测中心根据中储棉公司“储备棉轮入自助服务平台”导出的入库预约登记信息及时安排承检机构；承检机构收到公检通知后，及时与仓库进行联系，准备入库公检；仓库确定棉花拟到库的具体时间后，应尽早（至少提前24小时）通知在库机构。

第十三条　交储企业在中储棉公司“储备棉轮入自助服务平台”提交预约信息后，不得修改。经中储棉公司同意修改的，需由中储棉公司通知中国纤维质量监测中心确认后，方可修改。

第十四条　在库机构到库后，承储仓库将审核后的《申报入储公证检验表》（纸质和电子版）、《条码汇总表》（电子版）交承检机构。对棉花到库前未完成报验，及报验材料不完整、内容不准确或提供的电子文件格式不正确的，承储仓库要及时通知交储企业补充或修改材料至符合要求后，方可进行公证检验。

第十五条　轮入棉花原则上每批186包或93包，186包批次的不得少于170包，93包批次的不得少于85包。不同采摘方式的棉花应分别组批。棉花批号规则按国家有关规定执行。

第十六条　交储企业组批装车发运应当本着提高入库和公证检验效率的原则，以批为单位申报公证检验。装车和卸车放置时应尽量采用对排码包方式，即棉包唛头朝外码放。

第十七条　同一批次全部棉包到库后，方可对该批棉花进行公证检验。

对以下情况，经承储仓库向交储企业书面确认该批棉包不再到货的情况下，在库机构可对实际到货的该批棉花进行入库公证检验，且不再接受对后续补充的该批次其他棉包进行检验：

（一）实际到库件数少于报验件数，但满足第十五条中规定批次最少件数。

（二）承储仓库初验或在库机构扫码核查时，将发现混入的其他批次棉包剔除后，入库公检件数少于报验件数，但满足第十五条中规定批次最少件数。

第六章　公证检验程序及相关要求

第十八条　承储仓库按照中储棉公司《2019年度国产储备棉轮入实施细则》进行入库初验合格后，通知承检机构开展公证检验。承检机构在公证检验中如发现不符合仓库初验相关规定的，立即暂停公证检验，通知仓库重新进行初验，初验通过后开始公证检验。

为提高入库效率，在条件允许的情况下，承储仓库的入库初验可与在库机构的重量检验和取样工作同步进行。

第十九条　在库机构应在储备棉到库过磅后，及时完成重量检验、取样及重量检验结果的审核上传，并与公检实验室在仓库及时完成样品交接。公检实验室应在收到样品后及时完成品质检验及品质检验结果的审核上传。

承检机构应及时完成检验出证，由在库机构统一在中国纤维质量监测中心储备棉轮入公证检验信息系统中下载公证检验电子证书，在整批棉包全部到库过磅后10日内交承储仓库，并进行交接书面签收。

第二十条　交储棉花的重量检验、取样工作，原则上按照“边入库、边公检”（即过磅、卸车、扫码核查、取样、测水、码垛、回皮、测杂）的流程进行。

在非集中入库时期，中国纤维质量监测中心将根据入库预约情况，合理安排在库机构进行重量检验、取样工作。

第二十一条　承检机构要建立健全工作质量管理和责任追究制度，严格执行中国纤维质量监测中心的相关规定，保证检验数据真实、可靠。

第七章　扫码核查与重量检验

第二十二条　在库机构入库前，通过中国纤维质量监测中心储备棉入库公证检验管理系统将报验信息下载至手持扫描设备内。通过逐包扫描棉包条码，核查棉包条码信息与报验信息是否一致。

下列情况，要暂停相应批次的检验，如实记录并经在库机构和承储仓库共同签字确认后，由承储仓库及时通知交储企业在48小时内予以改正。改正后重新核对无误或经过妥善处理的棉花，承储仓库通知在库机构重新安排重量检验和取样工作。未按规定改正的棉花，要予以剔除。

（一）报验材料不完整、内容不准确或提供的电子文件格式不正确；

（二）棉包条码卡不完整、不清晰，或棉包条码卡无法扫描；

（三）棉包两头刷唛信息不完整或明显错误；

（四）存在严重污染、水渍（冰块）、雨淋、火烧、霉变、炸包；

（五）外包装材质不符合包装标准规定。

（六）混入其他批次棉包的。

第二十三条　毛重检验采取逐批整车过磅方式称重，不得混批称重。混批次装载的，应先挑包整理批次，然后再逐批过磅称重。称重记录、空车回皮的全过程由在库机构和承储仓库工作人员共同承担并共同签字确认。

第二十四条　棉花入库时，交储企业应随货提供与交储棉花包装材料相同的包皮和捆扎材料一套用于测试皮重。交储企业不能提供的，经交储企业同意，可由在库机构打开一个棉包进行皮重测试，因开包测试皮重造成该棉包不符合交储条件的，交储企业自负责任。

第二十五条　在棉包按批过磅称重、卸车后，随机选取该批棉包数量10%的样品测试回潮率，并填写棉花回潮率检验单。回潮率检验执行现行有效的国家标准。

遇有天气状况可能影响检验结果的，应暂停检验；若交储企业和承储仓库均同意立即检验的，应详细记录并经双方签字确认后方可继续检验。

第二十六条　杂质检验样品应当和品质检验样品同时抽取，每10包抽取1包形成一个总重量不少于600克的杂质项目检验样品，依据《原棉含杂率试验方法》（GB/T 6499—2012）国家标准进行含杂率检验，填写棉花含杂率检验单。不得采取估验方式进行杂质检验。

第二十七条　重量检验工作完成后，在库机构应及时将重量检验相关数据通过中国纤维质量监测中心储备棉轮入公证检验管理软件上传中国纤维质量监测中心，并将入库报验材料及重量检验原始单据装订成册，以存档备查。具备在线上传条件的项目，通过在线实时上传方式上传。

第二十八条　在库机构应对重量检验及取样完成的棉包包身和包头加盖验讫印章。印章内容应清晰可见。印章内容包括：验讫标志、检验机构代码和入储公检标志。印章形状为圆形，直径6cm。印章第一行内容是检验机构代码，第二行内容是“入储公检”字样，第三行内容是“验讫”字样。

第八章　取样

第二十九条　在库机构必须在卸车后、上垛前逐包取样。样品为长方形且平整不乱，且每个样品的重量应控制在125~150克范围内，符合品质检验的要求。

现场扦样若必需剪开捆扎带开包，应从原取样切割刀口就近位置进行，原则上剪开捆扎带数量不得超过1根。禁止在棉包两端或随意在任意位置剪开捆扎带，禁止未经承储库现场人员许可随意增加剪开捆扎带数量，否则造成的后果由承检机构负责。

第三十条　每个样品应按照纵向、平整要求从棉包上取下，连同清晰可识读的条码卡联逐一装入样品包装小袋中。取样过程中要保证样品、条码卡一一对应。

在库机构须对装有样品和条码卡的包装小袋逐一清点无误后，按批集中装入品质检验样品袋。

第三十一条　品质检验样品包装袋中需放入已填写企业名称、批号、公检实验室名称、样品数量和包装袋编号的棉花公证检验品质检验样品交接卡（见附件1）。

第三十二条　品质检验样品包装袋由仪器化公检实验室提供，必须为棉布材料，并印有“棉花质量公证检验专用样品袋”字样和包装袋编号。

样品包装小袋由在库机构提供，要求为质量较好、透明度高的塑料小包装袋。

第三十三条　每个品质检验样品包装袋内的样品必须属于同一个批次，不得混入其他批次样品。样品交接前，品质检验样品包装袋按批次集中存放于全程受在库机构控制的样品交接周转库房。

第三十四条　取样完成后，在库机构样品交接人员应填写棉花品质检验样品交接单（见附件2），一式2份，1份由在库机构留存，1份由公检实验室留存。样品交接单的内容必须与实际情况相符。

第九章　样品交接验收和品质检验

第三十五条　公检实验室应派样品管理人员到承储仓库与在库机构取样人员进行样品交接，对在库机构的取样工作是否规范进行检查，并按照样品交接单核对以下项目：

（一）样品袋数、样品交接卡、批号是否与样品交接单相符；

（二）样品交接单和样品交接卡填写是否规范、真实、准确。

同一加工批的样品应一次完成交接。发现含有不符合要求的样品的情况，整批样品不得交接。

第三十六条　公检实验室应在样品到达实验室后进行样品验收，用手持扫码装置逐样扫描核查以下项目：

（一）每个样品是否夹有条码卡；

（二）条码卡打印是否正确、清晰；

（三）逐样扫描核查条码卡能否识读、是否有重复或混有其他加工批的条码；

（四）样品规格是否符合要求；

（五）样品交接单人员签字是否完整。

对不符合品质检验要求的样品，应立即协调在库机构核对、重新抽样。

第三十七条　样品交接和运输过程中应当保证样品外观形态不受破坏，防止样品雨淋、污染和丢失等。

在库机构取样人员取样时、在库机构取样人员与公检实验室样品管理人员交接样品时、仪器化公检实验室样品管理人员运输样品过程中，应当采取必要措施防止异性纤维混入。

第三十八条　公检实验室完成品质检验后，除用于复检等用途消耗的，应将品质公证检验样品保管30天后，将棉样按批整理，以批为单位交回承储仓库，并做交接签收。对于承储仓库和交储企业均已按照《2019年度国产储备棉轮入实施细则》有关规定完成公证检验结果确认的批次，承储仓库可通知公检实验室提前退还样品。

第三十九条　公检实验室进行品质检验时，按照中国纤维质量监测中心制定发布的现行《棉花质量仪器化公证检验工作规程》执行。

第十章　复检

第四十条　承储仓库收到在库机构交接的公证检验电子证书后，如对公证检验结果有异议，应在2日内报告中储棉公司统一申请复检，否则视为认同检验结果。

交储单位如对公证检验结果有异议，应在收到承储仓库向其提供的公证检验电子证书后2日内向全国棉花交易市场（以下简称交易市场）提出复检申请，交易市场初审符合申请条件的，交中国纤维质量监测中心，中国纤维质量监测中心指定复检机构，按申请人申请项目进行复检。

第四十一条　复检申请人可在现场监督复检过程，未派代表到达复检现场的，视同认可复检程序和结果。

第四十二条　复检样品原则上使用留样检验，必要时可重新抽样。

第四十三条　申请复检应当提交的材料：《储备棉轮入公证检验复检申请》（见附件3）、申请复检批次的入储合同复印件。复检申请材料应当加盖申请方单位公章。

第四十四条　中国纤维质量监测中心收到符合要求的复检申请资料后，出具《储备棉（轮入）公证检验复检受理通知书》（见附件4），符合受理条件的，向复检申请人告知复检机构，并抄送复检机构；不符合受理条件的，向复检申请人告知不予受理理由。

对超出规定时限的复检申请不予受理。

第四十五条　复检机构应当在收到《储备棉轮入公证检验复检申请单》之日起7个工作日内出具复检证书，原公证检验证书作废。一次复检为终局检验。复检申请方对复检结论仍有异议，可依法向人民法院提起诉讼。

第四十六条　复检申请方提起复检申请时应通过交易市场预缴复检费用，根据复检允差值判定标准，复检结果与原公证检验结果一致的，由复检申请方承担因复检发生的搬倒、检验等相关费用；复检结果与原公证检验结果不一致的，复检申请方只承担搬倒费用。

第四十七条　复检的检验费用标准按照国家棉花公证检验经费管理相关规定中的费用成本标准执行。

第四十八条　复检项目：公定重量、轧工质量、颜色级、长度、马克隆值、断裂比强度、长度整齐度指数。

第十一章　质量问题和举报投诉处理

第四十九条　对在公证检验过程中发现存在弄虚作假和严重质量问题线索的（如：将棉花及通过更换包装、更换唛头标识或拆包后重新加工皮棉用于交储等迹象的），承检机构应立即暂停公证检验，报中国纤维质量监测中心，中国纤维质量监测中心会同中储棉公司通报国家有关部门依法查证处置。

第五十条　对在公证检验过程中不能正确履行职责或存在严重工作质量问题的承检机构，中国纤维质量监测中心将暂停其公证检验工作，并依据相关规定予以处理。

第五十一条　中国纤维质量监测中心欢迎棉花货权人、承储仓库以及其他人员对承检机构的工作质量、工作作风等进行监督。监督举报电话：010-51006258，邮箱：jubao@cfi.gov.cn。

第十二章　附则

第五十二条　在中储棉新疆承储仓库本库申报入储的棉花，收到中储棉公司报验信息后，由中国纤维质量监测中心组织按照相应批次的监管棉公证检验结果直接出具储备棉轮入公证检验证书。证书交仓库后，仓库应及时在相应批次棉包上加盖储备棉验讫印章。

第五十三条　本实施细则由中国纤维质量监测中心制定和解释。并根据国家有关部门关于储备棉轮入相关要求对本实施细则部分规定进行补充和调整。

第五十四条　本实施细则自发布之日起实施。

附件1

棉花公证检验品质检验样品交接卡（编号：　　）

批号	
棉花加工企业名称	
仪器化公检实验室	
包装袋号	
样品数	
备注：	

在库机构品质检验样品取样人员：
仪器化公检实验室样品管理员：
交接时间：　　年　　月　　日　　时　　分
交接地点：

附件2

棉花公证检验品质检验样品交接单（编号：　　　）

仪器化公检实验室			在库机构		
监管仓库					
序号	加工批号	加工企业	包装袋编号	样品只数	备注
				只	
				只	
				只	
				只	
				只	
				只	
				只	
				只	
				只	
				只	
				只	
				只	
				只	
备注					

在库机构取样人员：

仪器化公检实验室样品管理员：

交接时间：　　年　　月　　日　　时　　分

交接地点：

附件3

储备棉轮入公证检验复检申请

中国纤维质量监测中心：

我单位在储备棉轮入过程中，认为公证检验结果与我单位自检结果不一致，特提出复检申请，请安排检验机构进行复检。

如复检结果与原验结果在允差范围内，我公司同意缴纳复检所需费用。

申请单位：（加盖公章）					申请日期	
全国棉花交易市场初审意见					审核日期	
入储仓库						
棉花现存放单位						
棉花现存放地址						
申请方联系人及联系电话						
棉花是否件数完整、按批次单独码放						
序号	批号	产地	件数	公检证书编号	出证日期	申请复检项目
1						
2						
3						
4						
公检结果（附证书复印件）：						
自检结果（附检验报告复印件）：						
购棉企业质量验收过程、使用的仪器设备型号、仪器设备检定情况：						

附件4

储备棉（轮入）公证检验复检受理通知书

______________________：

你单位提出的轮入储备棉公证检验复检申请（公检证书编号：______________________），经我单位审核，□同意／□不同意受理。

对我单位同意复检的申请，请你单位据此受理通知书及时联系复检机构，安排复检事宜。

特此通知。

附：

（一）复检机构：____________________（同意受理情况下填写）

联系人：____________________

电　话：____________________

（二）不予受理原因：（不同意受理情况下填写）

1.	
2.	
3.	
4.	
5.	

中国纤维质量监测中心（复检受理章）

年　　月　　日

8 国家粮食和物资储备局、中华人民共和国财政部发布《2020年中央储备棉轮出》的公告

【发布单位】国家粮食和物资储备局 财政部

【发布文号】2020年第1号

【发布日期】2020年6月30日

为优化中央储备棉结构，确保质量良好，增强中央储备调控能力，2020年将对部分中央储备棉进行轮换。现将有关事项公告如下：

一、轮出安排

（一）时间。2020年7月1日至2020年9月30日期间的国家法定工作日。

（二）数量。总量安排50万吨左右。实行均衡投放，原则上每工作日挂牌销售0.8万吨左右。

（三）价格。挂牌销售底价随行就市动态确定，原则上与国内外棉花现货价格挂钩联动，由国内市场棉花现货价格指数和国际市场棉花现货价格指数各按50%的权重计算确定，每周调整一次。轮出期间，当国内市场棉花现货价格指数低于11500元/吨时，下个工作日起暂停交易；当国内市场棉花现货价格指数连续三个工作日超过11500元/吨时，下个工作日重新启动交易。（具体计算公式见附件）

（四）方式。通过全国棉花交易市场公开竞价挂牌销售。

（五）公证检验。轮出的储备棉由中国纤维质量监测中心组织对质量和重量进行全面公证检验。

二、轮入安排

根据储备棉实际轮出情况和棉花市场供需情况，国家有关部门择机安排轮入，具体安排将尽快另行公告。

三、相关规定

（一）为做好中央储备棉轮换工作，中国储备粮管理集团有限公司、全国棉花交易市场和中国纤维质量监测中心将制定储备棉出入库、竞价交易、公证检验等方面的实施细则，并通过各自官网和全国棉花交易市场网站（www.cnce.cn）对外公布。

（二）在中央储备棉轮换过程中，如国内外棉花市场发生重大变化，根据市场调控等需要，国家粮食和物资储备局将会同国家发展改革委、财政部对轮换安排作必要调整，届时另行公布。

特此公告。

附件：中央储备棉轮出销售底价计算公式

国家粮食和物资储备局 财政部

2020年6月30日

附件

中央储备棉轮出销售底价计算公式

中央储备棉轮出销售底价每周调整确定一次，具体计算公式如下：

本周储备棉轮出销售底价（折标准级3128B）=上一周国内市场棉花现货价格指数算术平均值×权重50%+上一周国际市场棉花现货价格指数算术平均值×权重50%。其中：

1. 国内市场棉花现货价格指数=[中国棉花价格指数（3128B品种）+国家棉花价格指数（3128B品种）]÷2；

2. 国际市场棉花现货价格指数=考特鲁克A指数（折美元/吨）×汇率×（1+关税1%）×（1+增值税9%）；

3. 汇率参照海关征税方式，采用上一个月第三个星期三（如逢法定节假日，则顺延采用第四个星期三）中国人民银行公布的外币对人民币的基准汇率。

质量等级差价按照中国棉花协会公布的棉花质量差价表执行。

9 关于组织《2020年中央储备棉轮出销售》的公告

【发布单位】中国储备粮管理集团有限公司

【发布文号】2020年[轮出]第1号

【发布日期】2020年6月30日

各涉棉企业：

根据国家粮食和物资储备局、财政部公告（2020年第1号）精神，中国储备粮管理集团有限公司制订了《2020年中央储备棉轮出实施细则》（见附件），现予以公布。

为确保储备棉轮出顺利开展，各竞买企业应及时按要求提货，加快出库。如不及时出库影响轮出进度及相关工作的，有关方面将采取措施限制其参与竞价交易。

特此公告。

附件：2020年中央储备棉轮出实施细则

中国储备粮管理集团有限公司

二〇二〇年六月三十日

附件

2020年中央储备棉轮出实施细则

根据国家粮食和物资储备局、财政部联合发布的2020年第1号公告有关精神，中国储备粮管理集团有限公司制订2020年中央储备棉轮出实施细则。

一、轮出储备棉数量、结构和库点安排

本年度轮出储备棉为2011—2013年度储备棉。具体轮出储备棉结构和库点根据出库公证检验情况，同时兼顾储备棉安全管理需要进行安排。

二、储备棉销售和提货流程

（一）储备棉销售方式。2020年储备棉轮出通过全国棉花交易市场（以下简称“交易市场”）公开竞价挂牌销售。

（二）依据国家有关部门规定，轮出期间，当国内市场棉花现货价格指数低于11500元/吨时，下个工作日起暂停交易；当国内市场棉花现货价格指数连续三个工作日超过11500元/吨时，下个工作日重新启动交易。

中国储备棉管理有限公司（以下简称中储棉公司）会同交易市场有关单位负责跟踪国内市场棉花现货价格指数，并于每个工作日下午17:00通过中国棉花网和中国棉花信息网统一对外公布国内市场棉花现货价格指数。如需暂停交易或恢复交易，中储棉公司会同交易市场分别通过中国棉花网和中国棉花信息网及时对外发布公告。

（三）数据的发布和传递。储备棉出库库点和储备棉相关检验数据由中储棉公司、中国纤维

质量监测中心、全国棉花交易市场对外发布。交易数据由中储棉公司在交易的前一日向交易市场提供。交易闭市后交易市场将成交结果及时传中储棉公司。

（四）签订合同。竞卖交易成交即《中央储备棉购销合同》（见附件1）生效。在成交后次日起3个工作日内，买方应通过电子印章、传真等方式办理盖章签字手续并经交易市场见证以完备合同形式，否则视为买方违约。

（五）货款结算。买方须于成交后次日起5个工作日内将成交货款汇至中储棉公司“储备棉结算专户”，账号为：

收款单位：中国储备棉管理有限公司

开户行：中国农业发展银行总行营业部

行 号：203100000027

账 号：20399990010100000242801

中储棉公司不接受承兑汇票和代付款。超过5个工作日未收到货款视同买方违约，中储棉公司通知交易市场扣除相应保证金。为加快结算速度，减少资金在途时间，买方要按照合同金额汇款，并在汇款备注栏标注成交合同号。

（六）办理提货单。中储棉公司确认资金到账后的2个工作日内开具《储备棉出库单》，《储备棉出库单》由中储棉公司客服中心统一办理。中储棉公司客服中心地址及联系方式：

地址：北京市海淀区紫竹院路116号嘉豪国际中心B座15层

邮编：100097

联系电话：010-58931136

传真号码：010-58931123

（七）提货要求。买方凭《储备棉出库单》原件或者电子验证码到相应承储单位办理提货手续。买方应于《储备棉出库单》开具之日起10个工作日（含）内提货，超过10个工作日（不含）未提货的，承储单位必须转作商品棉保管，并移出储备棉存储区域，买方应及时与承储单位签订商品棉保管合同，明确保管、保险等相关责任及费用标准，有关费用由买方承担。转为商品棉后，棉花若发生保管及出库等问题与中储棉公司无关。

应买方要求，承储单位应在代办运输、申报车皮计划、搬倒、装运等方面提供必要协助。储备棉出库费执行国家有关部门统一规定。除双方事先另有约定外，储备棉承储单位不得额外收取任何费用，不得强行要求买方使用指定的运输工具。提货批次中存在崩包、炸包情况的，买方与承储单位现场协商解决。储备棉提货过程中所有票据的合法性和有效性由提供方负责。

（八）释放交易保证金。开具《储备棉出库单》或提供电子验证码后，中储棉公司通知交易市场释放买方交易保证金。保证金已释放，如买方出现违约，中储棉公司将从买方货款中扣除违约金。

（九）开具增值税专用发票。买方需提货完成并验收无误后，方可向中储棉公司申请开具增值税专用发票。买方通过储备棉出库（自助）服务信息系统《开票申请》模块在线提交开具增值税专用发票申请，中储棉公司不接收纸质《开票申请》。

为提高开具发票速度，确保提供开票的相关资料准确无误，买方须通过储备棉出库（自助）服务信息系统在线填写《储备棉竞买企业基本信息备案表》（见附件2），并盖章传真至中储棉公司客服中心。

储备棉出库（自助）服务信息系统 网址：http://paochu.emiancang.com/。

（十）交易手续费。中储棉公司根据有关规定，按照最终销售出库的数量支付交易手续费。

三、公证检验和质量纠纷处理

（一）储备棉出库公证检验

本年度出库的储备棉按照国家有关规定进行公证检验，质量和重量差异在允差范围内的按照轮出公证检验结果销售。出库储备棉质量和重量以相关机构出具的公证检验证书为准。

出库公证检验由中国纤维质量监测中心组织实施，相关细则按照《2015/2016年度国家储备棉轮出公证检验实施办法》（办法中“国家储备棉”即中央储备棉，下同）执行，相关承储单位要全力做好配合公正检验工作，确保储备棉出库任务顺利进行。

（二）质量重量纠纷处理

质量重量纠纷采用复检机制进行处理。买方按照《2015/2016年国家储备棉轮出公证检验实施办法》关于复检的有关规定，向交易市场提出申请，交易市场初审后转中国纤维质量监测中心受理复检。

已经销售的储备棉除以下情况外，一律不予退货。

1. 经中国纤维质量监测中心认定属于掺杂使假。

2. 经中国纤维质量监测中心组织复检，质量或重量不相符的。

3. 棉包内部有严重污染、霉变情况。

鉴于储备棉按捆销售，发生以上情况退货时，仅接受整捆棉花全部退货，买方负责将退货棉花交回指定承储单位，经验收无误后方可退货。

在库复检和退货所发生的配合公检费、入库费按国家核定标准执行。退货棉花需保持包装完好，如需回包整理的，费用由买方承担。

四、信息发布和上报

中储棉公司通过中国棉花网和中国棉花信息网发布每日上市数据和相关公告，每周将出库情况汇总统计，连同存在的问题报有关部门。

五、其他事项

（一）此次出库储备棉按捆销售，每捆棉花具体情况以中国棉花网、交易市场官网、中国棉花信息网公布的上市数据为准。

（二）买方须出具委托书，委托指定经办人员办理《储备棉出库单》以及增值税专用发票领取等手续。

（三）中储棉公司委托中储棉花信息中心有限公司（以下简称信息中心）免费对《储备棉出库单》实行电子认证，买方可凭《储备棉出库单》验证码短信到相关承储库办理提货手续，也可凭中储棉公司出具的纸质《储备棉出库单》原件到相关仓库办理提货手续。使用《储备棉出库单电子认证服务》详见信息中心发布的《关于〈储备棉出库单〉电子认证服务有关事项的公告》。

（四）储备棉出库费为45元/吨（国家法定节假日出库费为60元/吨）。由于本年度储备棉提前进行出库公证检验，大部分储备棉压批堆码，装车出库时需倒垛。倒垛费最高不得超过40元/吨。以上费用由买方自行承担，提货前与相关承储单位结清。严禁承储单位超标准收费。

（五）各承储单位要进一步完善出库流程，接到中储棉公司出库指令后，及时联系买方，合理安排出库时间，不得以任何理由延迟出库。如发生买方投诉或提起诉讼，将由故意拖延提货的承储企业承担相应责任。

（六）买方违约后，交易市场定期将违约金划转至中储棉公司账户。本次储备棉竞卖结束后，由中储棉公司统一上缴财政部。

（七）中储棉公司投诉电话：400-660-2856，传真：010-58931123。买方企业也可登录储备棉出库（自助）服务信息系统《在线投诉与评价》模块进行投诉和在线评价。

附件：1.《中央储备棉购销合同》

2.《储备棉竞买企业基本信息备案表》

中国储备粮管理集团有限公司

二〇二〇年六月三十日

附件1

中央储备棉购销合同

出卖人: 合同编号: 签订地点：北京市西城区

买受人: 见证编号: 签订时间: 年 月 日

捆号	数量（吨）	单价（元/吨）	金额（元）	承储仓库	备注
					提货需倒垛或转商品棉后需移出储备棉存放区域产生的费用由买方自行承担
人民币金额（大写）					

第一条　根据《中华人民共和国合同法》及国家粮食和物资储备局、财政部公告（2020年第1号），经双方协商一致，签订本合同。

第二条　数量、单价、承储仓库。

第三条　质量标准：按（GB 1103.1—2012）《棉花锯齿加工细绒棉国家标准》《2015/2016年度国家储备棉轮出公证检验实施办法》及有关规定执行。

第四条　验收办法：按相关检验机构出具的公证检验证书及有关公告规定验收。

第五条　交（提）货方式：本合同项下货物所有权自出卖人将《储备棉出库单》或电子验证码交付买受人时转移至买受人。买受人自提。出库费由买受人自理。

第六条　运输方式：买受人负责运输，费用及风险自理，出卖人可代办运输。

第七条　货款支付方式、期限及结算：买受人自交易成交后次日起5个工作日内，按合同载明的金额和出卖人账号向出卖人支付货款。出卖人不接受承兑汇票和代付款。出卖人在收到货款后向买受人开具《储备棉出库单》或提供电子验证码。买受人对所购买棉花验收无异议，且提货完毕后，提出开票申请，出卖人开具增值税发票。

第八条　履约保证金：经双方认可同意，各自向全国棉花交易市场交纳履约保证金1000元/吨。如合同执行完毕，双方没有异议，由全国棉花交易市场退还各自的履约保证金。如一方有违约行为，按第九条规定，由全国棉花交易市场负责从违约方的履约保证金中扣除相应的金额给另一方。

第九条　违约责任：

（一）买受人未按合同第七条付款，超过合同规定付款期限之日起，出卖人有权单方解除合同，买受人应按未履行的合同数量按1000元/吨的标准向出卖人偿付违约金。违约金由出卖人上交国家财政。

（二）买受人已支付货款，出卖人未按合同交货，并未能及时纠正的，买受人有权单方解除合同。合同终止后，出卖人应于10个工作日内退还货款，并按中国人民银行同期存款利率标准，支付已预付货款的利息。

（三）买受人须于出卖人开具《储备棉出库单》或生成电子验证码之日起10个工作日（含）内提货完毕。买受人10个工作日（含）内未完成提货的，买受人应与承储仓库签订商品棉保管合同，并将棉花移出储备棉存储区域，全部仓库费用包括但不限于仓储费等及货物毁损灭失风险由买受人承担。

（四）因不可抗力不能执行本合同或需修改合同时，需经双方协商认可并报全国棉花交易市场备案或见证。

第十条　合同履行中发生争议可由当事人双方协商解决；协商不成，可报请全国棉花交易市场调解；协商或调解不成，当事人双方一致同意向出卖人所在地人民法院提起诉讼。

第十一条　《2020年中央储备棉轮出竞价交易办法》《2020年中央储备棉轮出实施细则》《2015/2016年国家储备棉轮出公证检验实施办法》及中国棉花网（www.cncotton.com）或全国棉花交易市场官网（www.cnce.cn）或中国棉花信息网（www.cottonchina.org.cn）适时发布的相关规定与本合同具有同等法律效力。

第十二条　其他事项：

（一）买受人如对购买的储备棉质量和重量检验结果有异议，应在《储备棉出库单》出具之日起的10个工作日内向全国棉花交易市场提交复检申请，全国棉花交易市场经初审符合申请条件的，及时转交中国纤维质量监测中心，中国纤维质量监测中心指定复检机构按买受人申请项目进行复检；超出10个工作日的，视为质量和重量符合要求。具体按《2015/2016年国家储备棉出库轮出检验实施办法》《2020年中央储备棉轮出竞价交易办法》《2020年中央储备棉轮出实施细则》和有关规定处理；（二）出卖人交货是指出卖人在确认收到买受人货款后开具《储备棉出库单》或提供电子验证码，同时向承储仓库发出出库通知。承储仓库根据出库量情况及时安排合同项下货物出库；（三）未尽事宜，双方协商解决。

第十三条　本合同一式三份，出卖人、买受人各一份，全国棉花交易市场见证一份。本合同由全国棉花交易市场给出唯一编号，并加盖全国棉花交易市场见证专用章。

出卖人（章）：中国储备棉管理有限公司	买受人（章）：	
地址：北京市西城区华远街17号	地址：	
邮编：100032	邮编：	
法定代表人：卜春海	法定代表人：	
委托人：	委托人：	见证（章）：
电话：010-83326550	电话：	
开户行：中国农业发展银行总行营业部	开户行	
行号：203100000027		
账号：20399990010100000242801	账号：	经办人：
税号：911100007109309745	税号：	

附件2

储备棉竞买企业基本信息备案表

<table>
<tr><td rowspan="9">企业
基本
信息</td><td>单位名称</td><td colspan="2"></td><td>交易商代码</td><td></td></tr>
<tr><td>所在地</td><td colspan="2"></td><td>企业类型</td><td></td></tr>
<tr><td>纱锭规模（万锭）</td><td></td><td>2019年用棉总量（吨）</td><td colspan="2"></td></tr>
<tr><td>2019年纯棉纱产量（吨）</td><td></td><td>是否织布</td><td colspan="2"></td></tr>
<tr><td>主要纱线品种（支）</td><td></td><td>使用进口棉产地</td><td colspan="2"></td></tr>
<tr><td>通讯地址</td><td></td><td>邮编</td><td colspan="2"></td></tr>
<tr><td>法定代表人姓名</td><td></td><td>手机号码</td><td colspan="2"></td></tr>
<tr><td>业务联系人姓名</td><td></td><td>手机号码</td><td colspan="2"></td></tr>
<tr><td>座机号码</td><td></td><td>传真号码</td><td colspan="2"></td></tr>
<tr><td rowspan="8">增值税
发票
开票
信息</td><td>单位名称</td><td colspan="4"></td></tr>
<tr><td>纳税人类型</td><td colspan="4"></td></tr>
<tr><td>纳税人识别号</td><td colspan="4"></td></tr>
<tr><td>地址</td><td colspan="4"></td></tr>
<tr><td>电话</td><td colspan="4"></td></tr>
<tr><td>开户行</td><td colspan="4"></td></tr>
<tr><td>银行账号</td><td colspan="4"></td></tr>
<tr><td>财务联系人</td><td></td><td>电话</td><td colspan="2"></td></tr>
</table>

注 1. 交易商代码为竞拍企业在全国棉花交易市场的交易商代码；
2. 首次填写，请将纸质版备案表加盖公章传真至中储棉客户服务中心；
3. 如需变更信息请在线修改，并将纸质版备案表加盖公章传真至中储棉客户服务中心；
4. 提交前认真查看录入内容，保证信息正确性。
5. 联系电话010-58931136 传真号码：010-58931123

企业名称：
（加盖企业公章）
年 月 日

10 关于发布《2020年中央储备棉轮出竞价交易办法》的公告

【发布单位】全国棉花交易市场

【发布日期】2020年6月30日

各涉棉企业：

根据国家粮食和物资储备局、财政部公告（2020年第1号），中央储备棉轮出通过全国棉花交易市场公开竞价挂牌销售。为此，全国棉花交易市场制定了《2020年中央储备棉轮出竞价交易办法》（见附件），经有关部门同意，现予以公布。

特此公告。

附件：2020年中央储备棉轮出竞价交易办法

全国棉花交易市场

2020年6月30日

附件

2020年中央储备棉轮出竞价交易办法

第一章 总则

第一条 为保证中央储备棉（以下简称“储备棉”）轮出交易按照“公开、公正、公平”的原则进行，根据《中华人民共和国合同法》及有关规定，制定本办法。

第二条 本办法适用于规范2020年储备棉轮出交易行为，全国棉花交易市场（以下简称“交易市场”）、买方、卖方和储备棉承储仓库等相关各方须遵守此办法。

第二章 交易时间

第三条 轮出交易时间为2020年7月1日至2020年9月30日期间的国家法定工作日。每日具体交易时间为15：00开始交易，15：30开始30秒倒计时，16：00开始15秒倒计时，直至闭市。

依据国家有关部门规定，轮出期间，当国内市场棉花现货价格指数低于11500元/吨时，下个工作日起暂停交易；当国内市场棉花现货价格指数连续三个工作日超过11500元/吨时，下个工作日重新启动交易。

中国储备粮管理集团有限公司所属中国储备棉管理有限公司（以下简称“中储棉公司”）会同交易市场负责跟踪国内市场棉花现货价格指数，并于每个工作日下午17：00通过中国棉花网和中国棉花信息网统一对外公布国内市场棉花现货价格指数。如需暂停交易或恢复交易，中储棉公司会同交易市场分别通过中国棉花网和中国棉花信息网及时对外发布公告。

第三章　交易资格

第四条　储备棉轮出交易的卖方为中储棉公司。

参与储备棉轮出交易的买方为经国家市场监管部门登记注册的法人企业，资信状况良好，无不良经营记录，无未处理完毕及涉及储备棉交易纠纷、交易遗留等问题。

参与轮出交易的买方应注册为交易市场交易商。如企业尚未成为交易市场交易商，须按照交易市场有关规定办理入市手续，交易市场相应开通交易权限。

第五条　交易商通过网络远程参与轮出交易。交易商应对其在交易市场的一切交易活动承担经济和法律责任。

第四章　交易方式

第六条　储备棉轮出通过竞卖交易方式销售。

竞卖交易是指拟销售的储备棉质量和数量等基础数据通过交易市场预先公布后挂牌报价，由符合资格的买方交易商（以下简称“买方”）自主加价，按价格优先、时间优先原则，以最高购买价成交，双方通过交易市场签订购销合同的交易方式。

第七条　竞卖交易实行倒计时制。即所有参与交易的买方对当日所有批次的储备棉在规定时间内不再提出任何新的报价，则全场结束竞价，自动成交。

第八条　标准级（3128B）储备棉的销售底价按国家有关部门规定的方式计算确定，非标准级储备棉的销售底价由交易市场按中国棉花协会公布的有关质量差价表计算确定。每日上市数量和实际批次储备棉的销售底价以届时公布的上市数据为准。

买方在销售底价基础上自主加价，每次最小加价幅度为20元/吨。

第九条　成交后，买方与中储棉公司签订经国家市场监管部门登记备案的《储备棉购销合同》（见附件），交易市场见证。

第十条　交易的计量单位为“吨”，计价单位为“元/吨”（含增值税）。

第五章　交易信息披露

第十一条　可上市交易的轮出储备棉的公证检验数据及时通过交易市场网站发布。

第十二条　储备棉轮出交易资源由国家有关部门委托中国储备粮管理集团有限公司负责组织，由中国纤维质量监测中心按照GB 1103.1—2012《棉花　第1部分：锯齿加工细绒棉》国家标准组织全面公证检验，每批储备棉的公证检验证书标示结果作为参与交易和成交结算货款的质量、重量依据。

第十三条　中储棉公司至迟于上市交易前1个工作日前按照有关部门规定的格式向交易市场提供拟上市交易的储备棉生产年度、产地、存放仓库、质量、数量、上市日期等基础资料。

第十四条　交易市场至迟于上市交易前1个工作日对外公布拟上市交易的储备棉资料。

第十五条　交易市场通过官网（www.cnce.cn）“2020年储备棉轮出”专栏免费提供交易实时行情服务。

第十六条　交易市场及时将成交情况报送国家有关部门。

第六章　保证金、货款收付和手续费

第十七条　参加储备棉轮出交易的买方须于交易前在交易市场指定账户存放不少于30万元的保证金。交易市场预存交易商的交易保证金实行专户管理。

交易市场只接受本单位的汇款作为交易保证金。为确保保证金及时入账，请在汇款用途里注明交易商代码和储备棉保证金。

第十八条　交易过程中，买方如保证金不足，将暂停交易，直至补足为止。

第十九条　成交后，交易市场从买方预存保证金中根据成交数量按1000元/吨的标准暂扣其保证金作为履约保证金。

第二十条　买方须于成交后次日起3个工作日内签订《储备棉购销合同》，并于成交后次日起5个工作日内将成交货款汇至中储棉公司“储备棉结算专户”，否则视为买方违约，交易市场扣除相应合同违约金后，相关批次棉花重新上市交易。

为简化操作手续，买方通过在交易市场提供的《储备棉购销合同》上加盖电子印章的方式完成买方签订购销合同的手续，具体办理手续按交易市场有关规定程序执行。

为加快结算速度，减少资金在途时间，买方应按照合同金额汇款，并在汇款备注栏中标注成交合同号。

第二十一条　交易市场根据中储棉公司的通知释放买方履约保证金，或将有关保证金扣为违约金。交易市场定期将违约金划转给中储棉公司，由中储棉公司上交中央财政。

为规范买方行为，凡参与2020年储备棉竞卖的买方发生一次违约，则在扣除其违约保证金的基础上暂停竞买一周，累计出现三次违约，则直接取消其本年度储备棉交易资格。交易市场通过官网（www.cnce.cn）“2020年储备棉轮出”专栏公布违约情况，接受公众监督。

第二十二条　交易市场按10元/吨（含税）向成交的买方收取交易手续费。中储棉公司的交易手续费按有关政策规定执行。

第七章　交货及提货

第二十三条　除不可抗力外，买方应于有关批次《储备棉出库单》开具之日起10个工作日（含）内提货完毕，承储仓库应及时办理出库有关事宜，不得无故拒绝、拖延、阻挠。

买方逾期未提货的，相关棉花转作商品棉管理，具体由买方与承储仓库协商签订商品棉保管合同，并按双方协议执行。

第二十四条　应买方要求，承储仓库应在代办运输、申报车皮计划、搬倒、装运等方面提供必要协助。

第二十五条　储备棉交货和提货过程中，所有票据的合法性和有效性由提供方负责。

第二十六条　储备棉出库相关费用执行国家有关部门统一规定的标准。除双方事先另有约定外，储备棉承储仓库不得额外收取任何费用，不得强行要求买方使用指定的运输工具。

第八章　质量重量保障和交易纠纷处理

第二十七条　买方如对购买的储备棉的质量和重量检验结果有异议，可以在《储备棉出库单》出具之日起的10个工作日内向交易市场提交复检申请，交易市场经初审符合申请条件的，及时转交中国纤维质量监测中心并抄送中储棉公司，中国纤维质量监测中心指定复检机构按申请人申请项目进行复检；超出10个工作日，有关单位不接受复检申请。

公证检验的储备棉可接受公定重量、颜色级、轧工质量、长度、马克隆值、断裂比强度和长度整齐度指数的复检申请。

有关复检程序和结果反馈按照中国纤维质量监测中心有关规定执行。

交易市场复检申请传真号码：010-88087278；联系电话：010-59338692。

第二十八条 买方在提交复检申请的同时，需将复检费用预存在交易市场储备棉交易保证金账户，或保障买方在交易市场预存的可动用保证金数额足够支付复检费用。

复检费用标准为：只检验质量的，费用标准为58元/吨；只检验重量的，费用标准为42元/吨；同时检验质量和重量的，费用标准为100元/吨。

第二十九条 储备棉的质量复检结果中，颜色级、轧工质量、长度级、马克隆值级、断裂比强度级、长度整齐度指数中任意一项指标与原公证检验结果不一致的，买方可提出退货，如买方选择不退货，仍按原公证检验结果结算货款。

储备棉的重量复检结果与原公定重量检验结果差异在1%及以内的，按原公定重量检验结果结算货款；重量复检结果与原公定重量检验结果差异在1%以上的，买方可提出退货，如买方选择不退货，仍按原公定重量检验结果结算货款。

仓库配合复检发生的搬倒费用（40元/吨）由买方承担。如复检结果与原公证检验结果一致的，有关复检费用由买方承担，否则，买方交易商不承担复检费用。

质量复检结果与原公证检验结果是否一致的标准按中国纤维质量监测中心有关规定执行。

第三十条 除非发生下列情形，已成交储备棉不予退货。

1. 经中国纤维质量监测中心认定的掺杂使假；

2. 经中国纤维质量监测中心复检认定质量或重量与原检验结果不一致的；

3. 棉包内部有严重污染、霉变现象。

轮出的储备棉如存在掺杂使假等严重质量问题，按照《棉花质量监督管理条例》由棉花质量监督机构予以处理。

第三十一条 在买方购买的储备棉符合退货条件且买方选择退货的情况下，中储棉公司按相关规定办理退货手续。

买方只能按成交时的整“捆”办理退货。

第三十二条 交易市场鼓励交易双方协商解决纠纷，协商不成的可向交易市场申请调解，协商或调解不成的，可以向合同签订地人民法院提起法律诉讼。

第九章 其他

第三十三条 买方可到中储棉公司自行领取《储备棉出库单》（纸质）以及增值税专用发票，也可委托指定人员凭委托书到中储棉公司办理有关单据和发票的领取手续。

第三十四条 在交易或提货过程中发现交易资料有误时，属于提供资料错误，由中储棉公司负责；属于交易市场数据处理错误，由交易市场负责。因上述原因造成的退货，不作为买方违约处理。

第三十五条 承储仓库和买方的历史债务纠纷，不得与储备棉提货业务挂钩。

第三十六条 买方对所购买储备棉验收无异议后，向中储棉公司申请开具增值税发票。

第三十七条 交易市场于轮出交易结束后及时向买卖双方交付各种费用清单和发票。

第十章 附则

第三十八条 储备棉轮出交易期间，交易市场每日对外公布价格行情、成交量、成交单位、成交价格等信息。公布的价格行情主要包括最高价、最低价、加权平均价等。

第三十九条 储备棉轮出交易过程通过各种媒体向社会公开，接受公众监督。交易市场咨询、举报电话：4008106850。

第四十条 本办法由交易市场负责制定和解释。

附件

中央储备棉购销合同

出卖人：　　　　合同编号：　　　　签订地点：北京市西城区

买受人：　　　　见证编号：　　　　签订时间：　　年　月　日

捆号	数量（吨）	单价　（元/吨）	金额（元）	承储仓库	备注
					提货需倒垛或转商品棉后需移出储备棉存放区域产生的费用由买方自行承担
人民币金额（大写）					

第七条　根据《中华人民共和国合同法》及国家粮食和物资储备局、财政部公告（2020年第1号），经双方协商一致，签订本合同。

第八条　数量、单价、承储仓库。

第九条　质量标准：按（GB 1103.1—2012）《棉花锯齿加工细绒棉国家标准》、《2015/2016年度国家储备棉轮出公证检验实施办法》及有关规定执行。

第十条　验收办法：按相关检验机构出具的公证检验证书及有关公告规定验收。

第十一条　交（提）货方式：本合同项下货物所有权自出卖人将《储备棉出库单》或电子验证码交付买受人时转移至买受人。买受人自提。出库费由买受人自理。

第十二条　运输方式：买受人负责运输，费用及风险自理，出卖人可代办运输。

第七条　货款支付方式、期限及结算：买受人自交易成交后次日起5个工作日内，按合同载明的金额和出卖人账号向出卖人支付货款。出卖人不接受承兑汇票和代付款。出卖人在收到货款后向买受人开具《储备棉出库单》或提供电子验证码。买受人对所购买棉花验收无异议，且提货完毕后，提出开票申请，出卖人开具增值税发票。

第十一条　履约保证金：经双方认可同意，各自向全国棉花交易市场交纳履约保证金1000元/吨。如合同执行完毕，双方没有异议，由全国棉花交易市场退还各自的履约保证金。如一方有违约行为，按第九条规定，由全国棉花交易市场负责从违约方的履约保证金中扣除相应的金额给另一方。

第十二条　违约责任：

（五）买受人未按合同第七条付款，超过合同规定付款期限之日起，出卖人有权单方解除合同，买受人应按未履行的合同数量按1000元/吨的标准向出卖人偿付违约金。违约金由出卖人上交国家财政。

（六）买受人已支付货款，出卖人未按合同交货，并未能及时纠正的，买受人有权单方解除合同。合同终止后，出卖人应于10个工作日内退还货款，并按中国人民银行同期存款利率标准，支付已预付货款的利息。

（七）买受人须于出卖人开具《储备棉出库单》或生成电子验证码之日起10个工作日（含）内提货完毕。买受人10个工作日（含）内未完成提货的，买受人应与承储仓库签订商品棉保管合同，并将棉花移出储备棉存储区域，全部仓库费用包括但不限于仓储费等及货物毁损灭失风险由买受人承担。

（八）因不可抗力不能执行本合同或需修改合同时，需经双方协商认可并报全国棉花交易市场备案或见证。

第十三条 合同履行中发生争议可由当事人双方协商解决；协商不成，可报请全国棉花交易市场调解；协商或调解不成，当事人双方一致同意向出卖人所在地人民法院提起诉讼。

第十一条 《2020年中央储备棉轮出竞价交易办法》《2020年中央储备棉轮出实施细则》《2015/2016年国家储备棉轮出公证检验实施办法》及中国棉花网（www.cncotton.com）或全国棉花交易市场官网（www.cnce.cn）或中国棉花信息网（www.cottonchina.org.cn）适时发布的相关规定与本合同具有同等法律效力。

第十二条 其他事项：

（一）买受人如对购买的储备棉质量和重量检验结果有异议，应在《储备棉出库单》出具之日起的10个工作日内向全国棉花交易市场提交复检申请，全国棉花交易市场经初审符合申请条件的，及时转交中国纤维质量监测中心，中国纤维质量监测中心指定复检机构按买受人申请项目进行复检；超出10个工作日的，视为质量和重量符合要求。具体按《2015/2016年国家储备棉出库轮出检验实施办法》《2020年中央储备棉轮出竞价交易办法》《2020年中央储备棉轮出实施细则》和有关规定处理；（二）出卖人交货是指出卖人在确认收到买受人货款后开具《储备棉出库单》或提供电子验证码，同时向承储仓库发出出库通知。承储仓库根据出库量情况及时安排合同项下货物出库；（三）未尽事宜，双方协商解决。

第十三条 本合同一式三份，出卖人、买受人各一份，全国棉花交易市场见证一份。本合同由全国棉花交易市场给出唯一编号，并加盖全国棉花交易市场见证专用章。

出卖人（章）：中国储备棉管理有限公司	买受人（章）：	
地址：北京市西城区华远街17号	地址：	
邮编：100032	邮编：	
法定代表人：卜春海	法定代表人：	
委托人：	委托人：	见证（章）：
电话：010-83326550	电话：	
开户行：中国农业发展银行总行营业部	开户行	
行号：203100000027		
账号：20399990010100000242801	账号：	经办人：
税号：911100007109309745	税号：	

11　关于发布《2020年中央储备棉轮出公证检验》的公告

【发布单位】中国纤维质量监测中心
【发布日期】2019年4月30日

根据国家粮食和物资储备局中华人民共和国财政部公告（2020年第1号）精神，轮出的储备棉由中国纤维质量监测中心组织对质量和重量进行全面公证检验。经研究，公证检验相关事宜按照原中国纤维检验局发布的《2015/2016年度国家储备棉轮出公证检验实施办法》（见附件，办法中"国家储备棉"改为"中央储备棉"，"中国纤维检验局"改为"中国纤维质量监测中心"）执行。

特此公告。

附件：《2015/2016年度国家储备棉轮出公证检验实施办法》

中国纤维质量监测中心
2020年6月30日

附件

2015/2016年度国家储备棉轮出公证检验实施办法

第一章　总则

第一条　为配合2015/2016年度国家储备棉（以下简称国储棉）轮出工作，做好轮出国储棉的公证检验，保障轮出国储棉质量和重量检验数据的真实性和准确性，根据《棉花质量监督管理条例》、国家有关部门发布的2015/2016年度国储棉轮出计划，制定本办法。

第二条　本办法适用于2015/2016年度轮出的国储棉公证检验。

第二章　组织管理及检验项目

第三条　中国纤维检验局（以下简称中纤局）负责轮出国储棉公证检验的管理工作，并依据2015/2016年度国储棉轮出计划，负责组织承担国储棉公证检验的专业纤维检验机构（以下简称承检机构）对轮出的国储棉实施公证检验。

承检机构由承担在仓库检验的机构（以下简称在库机构）和承担实验室检验的机构（以下简称公检实验室）组成。

第四条　检验依据及检验方式：依据《棉花　第1部分：锯齿加工细绒棉》国家标准（GB 1103.1—2012）和中纤局发布的技术规范，承检机构对轮出的国储棉实施公证检验，逐批出具公检证书。

第五条　公证检验项目：国产棉检验公定重量、颜色级、轧工质量、长度、马克隆值、断裂比强度、长度整齐度指数；进口棉检验颜色级、轧工质量、长度、马克隆值、断裂比强度、长度整齐度指数。

第三章 工作职责

第六条 中纤局职责

（一）根据国家有关部门研究确定的2015/2016年度国储棉轮出工作职责分工和检验项目与要求，制定公证检验实施办法，组织承检机构做好相关准备。

（二）根据国家有关部门制定的2015/2016年度国储棉轮出计划及销售进度，以及中国储备棉管理总公司（以下简称中储棉总公司）提供的国储棉存放地点及数量，及时下达公证检验任务并组织承检机构实施公证检验。

（三）负责向国家有关部门提供轮出国储棉公证检验进度和相关情况，并及时协调有关单位解决公证检验中的新问题、新情况。

（四）负责向中储棉总公司提供轮出国储棉公证检验结果的电子数据。

第七条 检验机构职责

（一）按照中纤局的管理要求，提前做好国储棉轮出公证检验各项准备工作。

（二）在库机构根据中纤局下达的检验任务，及时与承储仓库联系接洽，督促其落实配合公证检验所需的现场工作条件及搬倒设备，确定启动公证检验的时间；按时到库，负责现场核验轮出国储棉的实物、数量、垛位卡、批号、包号等信息与中储棉总公司提供的台账等报验信息是否一致；按照国家标准和检验操作规程对国产棉进行重量公证检验、报送电子数据，出具重量公检证书；分别按照对进口棉和国产棉的抽样比例要求，逐批抽取品质公证检验所需的样品并与公检实验室在仓库进行交接。

在库机构需配合承储仓库做好各项安全防范工作。

（三）公检实验室根据中纤局下达的公证检验任务，及时与在库机构做好衔接，确定在库机构开始工作时间；按时到仓库与在库机构进行样品交接，在符合要求的公检实验室完成品质公证检验，报送电子数据，出具品质公检证书。

第八条 中储棉总公司职责

（一）负责提供轮出国储棉的存放地点、数量、台账明细表及承储仓库联系方式等报验信息。

（二）负责通知承储仓库做好公证检验相关准备工作，并抄送中纤局等有关单位。

（三）负责协调承储仓库配备满足现场检验所需的工作场地及装卸、搬倒、称重等设备。

（四）协调承储仓库配合公检机构做好公证检验，保证公证检验进度。

第九条 承储仓库职责

（一）根据承储仓库实际条件，提供满足现场公证检验所需的装卸、搬倒、称重等设备和配合人员。称重等现场设备应在有效法定检定周期内。

（二）开辟专门的检验工作区域，对需要公证检验的国储棉进行拆垛整理，按检验需求逐批码放在检验区，配合承检机构做好公证检验。

（三）指定专人负责解决公证检验期间相关事宜。

（四）保障现场检验安全；负责现场取样棉包的回包、回垛整理等。

第四章 公证检验工作流程

第十条 拆捆整理：

承储仓库将待公证检验的国储棉进行拆捆整理，按批次码放到检验区域。原则上应以4层8包或3层6包为一个单元，码放时要露出棉包两侧的取样口。同一批棉花应码放在同一个工作面上。

在可以达到随机抽样的比例要求的前提下，进口棉可以不进行拆捆，在原棉垛抽样。抽样时仓库应提供必要的配合人员和设备。

在确保安全作业和检验工作质量的前提下，在库机构应与承储仓库配合，根据仓库实际情况优化流程，可以采取棉花下垛、过磅、取样穿插进行的方式进行检验。

第十一条　核验货物：

中纤局将中储棉公司提供的台账明细表下发承检机构，在库机构据此现场核验棉包实物、数量、垛位卡、批号、包号等信息与中储棉公司提供的台账等报验信息是否一致。有以下任一情况，该批棉花暂不检验，在库机构与承储仓库确认情况后，及时上报中纤局，中纤局协调中储棉总公司进行检查核实后，由中纤局和中储棉总公司分别将处理意见书面通知在库机构和承储仓库。

（一）批次棉包实物与报验信息不一致或存在人为调换迹象的，如：同一批次棉包唛头标示不一致、悬挂条码与唛头标识不符、改换包头、无验讫印章等现象；

（二）在库机构收到中纤局下发的台账信息中批次总包数与导出条码明细的批次总数不一致的；

（三）承储仓进行拆捆时，整理出的某批次实际包数未达到该批次报验包数，且缺失数量达到或超过报验包数5%的；

（四）因复包等原因出现白包数量占该批次总包数的比例达到或超过5%的；

（五）棉包出现严重污染、水渍，发现火烧、霉变等现象，或者有异味及包装不完整、严重崩包（炸包）等现象的。

第十二条　国产棉重量公证检验：

国产棉重量公证检验的项目包括：毛重、皮重、净重、回潮率、含杂率、公定重量。

毛重检验由在库机构在承储仓库的配合下完成，相关记录填写在棉花衡重检验单上。

皮重检验的棉包皮重原则上采用入库检验的棉包皮重结果。必要时可在现场测试一个棉包。

回潮率检验执行现行有效的国家标准。遇有天气状况可能影响检验结果的，应暂停检验。

含杂率检验样品应当和品质检验样品同时抽取，依据《原棉含杂率试验方法》（GB/T 6499—2012）国家标准进行检验，填写棉花含杂率检验单。不得采取估验方式进行杂质检验。

在库机构应于每日将当日已完成批次的检验数据进行审核，审核后及时将相关电子数据报送至中纤局。数据一经上报，不得变更。

重量公证检验过程中的原始单据应与台账明细等报验材料装订成册，存档备查。

第十三条　取样：

所有样品抽取应当在称重之后进行。

在库机构依据棉花国家标准规定的取样方法及国家有关部门要求，进口棉按照10%的比例、国产棉按照100%比例对核验合格批次的国储棉逐批抽取品质检验样品，并抽取含杂率检验样品。

对于无法取到符合检验需求样品的棉包，可开包取样。但要避免对棉包包装的过度破坏，以减小对回垛及运输的影响。

第十四条　加盖验讫印章：

对取样的棉包应逐包加盖验讫印章，印章字迹应清晰可辨认。棉布包装的加盖在棉包包身和包头，塑料包装的棉包加盖在不干胶标签上。对无法加盖印章的棉包（如塑料材质包装），须标注便于辨认的标记。

印章内容包括：验讫标志、检验机构代码和中储棉总公司英文缩写（CNCRC）。印章形状为圆形，直径6cm。印章第一行内容是中储棉总公司英文缩写，第二行内容是检验机构代码，第三行内容是验讫标志。

第十五条 样品交接：

在库机构和公检实验室样品交接人员按照检验操作规程有关要求，逐批清点样品无误后，在样品交接单上签字确认，完成交接。

第十六条 品质公证检验：

依据棉花国家标准、相关技术规范和棉花颜色级、轧工质量实物标准等，公检实验室对抽取棉样进行品质公证检验，检验项目包括：颜色级、轧工质量、长度、马克隆值、断裂比强度、长度整齐度指数。

品质公证检验执行中纤局制定发布的相关检验操作规程。

公检实验室应于每日将当日已完成批次的检验数据进行审核，审核后及时将电子数据报送中纤局。数据一经上报，不得变更。

第十七条 中纤局审核发送数据：

中纤局对承检机构上报的公证检验数据审核后，以电子数据形式发送至中储棉总公司。同时，中纤局将审核结果通知承检机构。

第十八条 出具公检证书：

在库机构和公检实验室分别根据中纤局通知的审核结果出具重量公检证书和品质公检证书。品质公检证书由公检实验室交予在库机构后，在库机构将品质公检证书与重量公检证书一并交予承储仓库，并与承储仓库办理证书交接手续。证书一式两联，一联由承储仓库留存，一联随货同行。

第十九条 交接公检证书时，相应批次的品质检验样品应随证书一同交接给承储仓库并办理交接手续，供承储仓库随货提供给购棉方（与中储棉总公司签署合同的买受人）。

第五章 复检规定

第二十条 购棉方应对所购国储棉质量、重量进行验收，对轮出国储棉中存在崩包、炸包问题的，应在提货时及时协调仓库予以解决。购棉方若对质量、重量有异议，且提供相关检验结果的，可在储备棉出库单开具后10个工作日内向全国棉花交易市场提交复检申请，全国棉花交易市场初审符合申请条件的交中纤局，中纤局指定复检机构，按申请人申请项目进行复检。

第二十一条 复检项目：2014/2015年度公证检验的进口棉可接受颜色级、轧工质量、长度、马克隆值的复检申请；2015/2016年度公证检验的进口棉可接受颜色级、轧工质量、长度、马克隆值、断裂比强度、长度整齐度指数的复检申请；2015/2016年度公证检验的国产棉可接受公定重量、颜色级、轧工质量、长度、马克隆值、断裂比强度、长度整齐度指数的复检申请。

第二十二条 复检样品重新抽取，申请人应确保棉花按批次单独码放，件数完整、未经使用。

第二十三条 申请复检应当提交的材料：《国家储备棉（轮出）公证检验复检申请单》（附件1）、购买合同复印件、储备棉出库单复印件、轮出国储棉公证检验证书复印件。复检所有申请材料应当加盖购棉方单位公章。

第二十四条 中纤局收到符合要求的复检申请资料后，出具《国家储备棉（轮出）公证检验复检受理通知书》（附件2），向复检申请人告知复检机构或不予受理理由。

对超出规定时限的复检申请不予受理。

第二十五条 复检后由复检单位出具棉花国家公证检验复检证书，原公检证书作废。一次复检为终局检验。

第二十六条 根据复检允差值判定标准（附件3），复检结果与原公证检验结果一致的，由复检申请方承担因复检发生的相关费用；复检结果与原公证检验结果不一致的，复检申请方不承担任何费用。

第六章　附则

第二十七条　对公证检验过程中发现质量违法问题线索的，停止公证检验，按照《棉花质量监督管理条例》予以处理。

第二十八条　中纤局接受各购棉企业、承储仓库以及涉棉行业的企业单位对检验机构的工作质量、工作作风等进行监督。中纤局监督举报电话：010-51006258，举报邮箱：jubao@cfi.gov.cn。

第二十九条　本办法由中国纤维检验局负责解释。

第三十条　本办法自发布之日起实施。

附件：1. 国家储备棉（轮出）公证检验复检申请单

2. 国家储备棉（轮出）公证检验复检受理通知书

3. 国家储备棉（轮出）公证检验复检允差判定标准

附件1：

国家储备棉（轮出）公证检验复检申请单

中国纤维检验局：

我公司竞拍购买的国家储备棉，经初步检验与公检结果不一致，特提出复检申请，请你局安排检验机构进行复检。

如复检结果与原验结果一致，我公司同意缴纳复检所需费用。

<table>
<tr><td colspan="4">申请单位：（加盖公章）</td><td colspan="2"></td><td>申请日期</td><td></td></tr>
<tr><td colspan="4">全国棉花交易市场初审意见</td><td colspan="2"></td><td>审核日期</td><td></td></tr>
<tr><td colspan="4">储备棉轮出提货仓库</td><td colspan="4"></td></tr>
<tr><td colspan="4">棉花现存放单位</td><td colspan="4"></td></tr>
<tr><td colspan="4">棉花现存放地址</td><td colspan="4"></td></tr>
<tr><td colspan="4">联系人及联系电话</td><td colspan="4"></td></tr>
<tr><td colspan="6">棉花是否未经使用、件数完整、按批次单独码放</td><td colspan="2"></td></tr>
<tr><td>序号</td><td>批号</td><td>产地</td><td>件数</td><td>公检证书编号</td><td>出证日期</td><td colspan="2">申请复检项目</td></tr>
<tr><td>1</td><td></td><td></td><td></td><td></td><td></td><td colspan="2"></td></tr>
<tr><td>2</td><td></td><td></td><td></td><td></td><td></td><td colspan="2"></td></tr>
<tr><td>3</td><td></td><td></td><td></td><td></td><td></td><td colspan="2"></td></tr>
<tr><td>4</td><td></td><td></td><td></td><td></td><td></td><td colspan="2"></td></tr>
</table>

公检结果（附证书复印件）：

自检结果（附检验报告复印件）：

购棉企业质量验收过程、使用的仪器设备型号、仪器设备检定情况：

附件2：

国家储备棉（轮出）公证检验复检受理通知书

__________________：

你单位提出的轮出国储棉公证检验复检申请（轮出国储棉公检证书编号：________________），经我局审核，□同意/□不同意受理。

对我局同意复检的申请，请你单位据此受理通知书及时联系复检机构，安排复检事宜。

特此通知。

附表：

（一）复检机构：__________（同意受理情况下填写）

联系人：____________

电话：______________

（二）不予受理原因：（不同意受理情况下填写）

1.	
2.	
3.	
4.	
5.	

中国纤维检验局（复检受理章）

年 月 日

附件3：

国家储备棉（轮出）公证检验复检允差判定标准

项目	单位	允差值	判定标准
上半部平均长度	mm	± 0.6	批次比对，平均长度在允差值范围内，判定为一致
长度整齐度指数	%	± 1.5	批次比对，长度整齐度指数平均值在允差值范围内，判定为一致
断裂比强度	cN/tex	± 1.5	批次比对，断裂比强度平均值在允差值范围内，判定为一致
马克隆值	—	± 0.2	批次比对，马克隆值平均值在允差值范围内，判定为一致
颜色级	—	—	逐样比对，每批棉花颜色级相符率不低于80%，判定为一致
轧工质量	好、中、差	—	逐样比对，每批棉花轧工质量相符率不低于80%，判定为一致
公定重量	kg	± 1%	复检公定重量与原公定重量相差在 ± 1%范围内，判定为一致

附　录

附录1　国内主要涉棉机构通讯录

涉棉机构	通信地址	电话
国家发展和改革委员会经济贸易司	北京市西城区月坛南街38号	010-68502000
财政部经济建设司	北京市西城区三里河南三巷3号	010-68551114
商务部对外贸易司	北京市东长安街2号	010-65197420
农业农村部种植业管理司	北京市朝阳区农展馆南里11号	010-64193366
农业农村部农村经济研究中心	北京市西城区西四砖塔胡同56号	010-66115901
中国海关总署信息中心	北京市建国门内大街6号	010-65195623
国家发展和改革委员会农村经济司	北京市西城区月坛南街38号	010-68783311
国家统计局工交司	北京市西城区月坛南街57号	010-68782859
中国农业发展银行	北京市西城区月坛北街甲2号	010-68081453
中国纤维质量监测中心	北京市东城区安定门东大街5号	010-51106110
中国棉花协会	北京市复兴门内大街45号主楼7层	010-66053900
中国棉花协会棉花加工分会	北京市西直门南大街2号成铭大厦	010-66118607
中国棉纺织行业协会	北京市朝阳区东二环朝阳门北大街18号7层	010-85229479
中国纺织品进出口商会	北京市朝阳区潘家园南里12号楼	010-67739316
中国储备棉管理有限公司	北京市西城区华远街17号	010-58519365
中华棉花集团有限公司	北京市西城区宣武门外大街甲1号环球财讯中心B座11-12层	010-59338189
中棉工业有限责任公司	北京市西城区宣武门外大街甲1号环球财讯中心B座6层	010-59338976
中纺棉花进出口公司	北京市建国门内大街19号中纺大厦9层	010-85112255
国家棉花市场监测系统	北京市海淀区紫竹院路116号嘉豪国际中心B座15层	010-58931122
全国棉花交易市场	北京市西城区宣武门外大街甲1号环球财讯中心B座15层	010-88086850
郑州商品交易所	河南省郑州市郑东新区商务外环路30号	0371-65610069
中国农业科学院棉花研究所	河南省安阳市开发区黄河大道38号	0372-2562200
安徽财经大学棉花工程研究所	安徽省蚌埠市宏业路255号	0552-3112124

附录2　国内主要棉花纤维检验机构

单位名称	地址	电话
中国纤维质量监测中心	北京市东城区安定门东大街5号	010-51106110
北京市纺织纤维检验所	北京市朝阳区朝阳北路60号	010-59796990
天津市纺织纤维检验所	天津市南开区科研西路2号增6号	022-60266979
河北省纤维质量监测中心	河北省石家庄市中华南大街537号	0311-67568296
山西省纤维质量监测中心	山西省太原市并州西街51号	0351-2024189
内蒙古自治区纤维质量监测中心	内蒙古自治区呼和浩特市新城区内蒙古展览馆东路	0471-4963542
辽宁省纤维质量监测中心	辽宁省沈阳市和平区永安北路8号	024-23894057
吉林省纤维质量监测中心	吉林省长春市卫星路7440号	0431-85315584
黑龙江省纤维质量监测中心	黑龙江省哈尔滨市香坊区珠江路100号	0451-82309475
上海市纤维质量监测中心	上海市长乐路1228号	021-62495305
江苏省纤维质量监测中心	江苏省南京市光华东街3号	025-84670512
浙江省纤维质量监测中心	浙江省杭州市天目山路222号	0571-85123534
宁波市纤维质量监测中心	浙江省宁波市江南路1588号F座	0574-87326309
安徽省纤维质量监测中心	安徽省合肥市包河工业园省质检中心园区内（延安路13号）	0551-63356467
福建省纤维质量监测中心	福建省福州市仓山区照屿路17号	0591-83710801 0591-87893952
江西省纤维质量监测中心	江西省南昌市高新技术开发区火炬大街188号	0791-8101480
山东省纤维质量监测中心	山东省济南市经二路343号（济南二环北路18号）	0531-87911540
青岛市纺织纤维检验所	山东省青岛市延安三路123号	0532-83890032

续表

单位名称	地址	电话
河南省纤维质量监测中心	河南省郑州市东明路北17号	0371-63297181
湖北省纤维质量监测中心	湖北省武汉市武昌区公平路8号	027-88224867
湖南省纤维质量监测中心	湖南省长沙市新建西路41号	0731-89967222
广州市纤维质量监测中心	广东省广州市海珠区滨江中路草芳围35-2号	020-34402303
广西壮族自治区纤维检验所	广西南宁市新竹路12号	0771-5869795 0771-5843391
重庆市纤维质量监测中心	重庆市渝北区高新园云杉北路50号	023-89232606
四川省纤维质量监测中心	四川省成都市蜀都大道少城路7号（人民公园斜对面）	028-86639111
贵州省纤维质量监测中心	贵州省贵阳市云岩区头桥海马冲街45号	0851-6518084
云南省纤维质量监测中心	云南省昆明市教场东路21号	0871-5191011
陕西省纤维质量监测中心	陕西省西安市西八路尚平路18号	029-87444832
甘肃省纤维质量监测中心	甘肃省兰州市金昌南路208号质检大楼	0931-8828553
青海省纤维质量监测中心	青海省西宁市西关大街31号古城台青海质监大楼	0971-6111169
宁夏回族自治区纤维质量监测中心	宁夏银川市兴庆区凤凰南街193号	0951-7860500
新疆维吾尔自治区纤维质量监测中心	新疆乌鲁木齐市新华南路167号	0991-2823582

附录3 2019/2020年度全国新体制棉花加工企业名录

（全国统计967家，时间截至2020年8月31日24点）

序号	企业名称	序号	企业名称
自治区662家		22	精河县托里金穗棉业有限公司
1	博尔塔拉蒙古自治州中亚有限责任公司	23	新疆惠农棉业有限公司大河沿子轧花厂
2	博乐市聚鑫棉业有限责任公司	24	新疆贝正国合棉业有限公司八家户轧花厂
3	博尔塔拉蒙古自治州恒昌棉业有限责任公司	25	精河县天顺祥棉花加工有限公司
4	博州亚东有限责任公司	26	新疆贝正国合棉业有限公司南方轧花厂
5	博乐市银博棉业有限责任公司	27	新疆惠农棉业有限公司阿合其轧花厂
6	博乐银丰棉花加工有限责任公司	28	精河县诺森农业发展有限公司
7	博乐捷福棉业有限公司贝乡轧花厂	29	新疆惠农棉业有限公司棉种轧花厂
8	博乐市协力棉花加工有限责任公司	30	新疆贝正国合棉业有限公司二牧场轧花厂
9	博尔塔拉蒙古自治州华棉棉业有限责任公司	31	精河县天顺祥棉花加工有限公司河西分公司
10	博尔塔拉蒙古自治州恒昌棉业有限责任公司套特轧花厂	32	精河县康瑞棉花加工有限公司
		33	精河县和丰棉业有限公司
11	博乐捷福棉业有限公司乌镇轧花厂	34	新疆贝正国合棉业有限公司曼福轧花厂
12	新疆新贝棉业有限公司	35	新疆贝正国合棉业有限公司托托轧花厂
13	新疆东新旺棉业有限责任公司	36	精河县鸿泰民丰棉业有限公司
14	新疆昊星八十四棉业有限公司	37	精河县裕泰棉业有限公司
15	博乐市华棉棉业有限公司	38	精河县西域阳光纺织有限公司原料加工厂
16	博乐市鑫诚油脂有限公司	39	新疆丰汇棉业有限公司
17	新疆贝正国合棉业有限公司贝正轧花厂	40	昌吉一通工贸有限公司大西渠轧花厂
18	精河县恒隆棉业有限公司	41	新疆昌吉州棉麻有限责任公司
19	精河县裕泰棉业有限公司河西分公司	42	中棉集团昌吉市棉花有限公司老龙河轧花厂
20	精河县群品棉业有限公司	43	昌吉利华棉业有限责任公司昌吉市佃坝轧花厂
21	精河县保利农业科技发展有限公司	44	昌吉市下巴湖棉花加工厂

续表

序号	企业名称	序号	企业名称
45	新疆锦华东戈壁棉业有限公司	74	吉木萨尔县庭州棉麻有限责任公司
46	昌吉回族自治州海天棉花加工有限责任公司	75	中棉集团玛纳斯棉业有限公司
47	昌吉利华棉业有限责任公司昌吉市老龙河分公司	76	玛纳斯银天棉业有限公司乐土驿轧花厂
48	阜康市喜丰棉业有限责任公司	77	玛纳斯县拓宏棉业有限责任公司
49	呼图壁县万源棉业有限公司	78	玛纳斯县金海利棉业有限公司
50	呼图壁县新浙农业开发有限责任公司	79	玛纳斯新众棉业有限责任公司
51	呼图壁县宏昌棉业有限公司	80	新疆鑫棉科技发展有限责任公司六户地镇轧花厂
52	呼图壁县新米棉业有限责任公司	81	新疆广物棉业有限责任公司
53	新疆锦华廿里店棉业有限公司	82	玛纳斯银天棉业有限公司北五岔金仕达轧花厂
54	新疆锦华大桥棉业有限公司	83	玛纳斯银天棉业有限公司北五岔轧花厂
55	呼图壁县隆祥轧花有限责任公司	84	玛纳斯县丰元棉花育种基地良种棉轧花厂
56	呼图壁县银丰棉业有限公司	85	玛纳斯县丰棉棉业有限公司
57	呼图壁县三富棉业有限公司	86	玛纳斯县沣泽棉业有限责任公司
58	呼图壁县嘉丰棉业有限公司	87	玛纳斯县兰桥棉业有限公司
59	呼图壁县天源棉业有限公司	88	玛纳斯万盈棉业有限公司
60	新疆锦华祁家户棉业有限公司	89	玛纳斯县大漠棉业有限责任公司
61	新疆锦华北戈壁棉业有限公司	90	新疆宏祥棉业有限公司
62	玛纳斯县鸿盛祥棉业有限公司	91	玛纳斯县新民畜产品有限责任公司
63	呼图壁县康瑞棉花加工有限公司	92	玛纳斯县潮鑫棉业有限责任公司
64	呼图壁县西域良种棉有限责任公司	93	玛纳斯县久宇棉业有限公司
65	呼图壁县云龙棉业集团有限公司	94	哈密市锦渝棉业有限责任公司
66	新疆超翔农业发展有限公司	95	哈密市益加棉业有限公司
67	新疆京驰农业科技有限公司	96	哈密市万隆棉花有限责任公司
68	呼图壁县隆华棉业有限公司	97	哈密市绵棉种植专业合作社
69	呼图壁县天鼎棉业有限公司	98	哈密市祥腾农副产品专业合作社
70	呼图壁县东泉棉业有限公司	99	哈密二堡镇白银棉花专业合作社
71	呼图壁县大丰棉业有限公司	100	哈密市欢乐农民专业合作社
72	新疆万达棉业有限公司	101	新疆利嘉棉业有限公司
73	乌鲁木齐市米东区供销棉麻有限责任公司昌吉市农之鑫轧花厂	102	哈密市良种棉加工厂
		103	哈密市中发农产品专业合作社

续表

序号	企业名称	序号	企业名称
104	克拉玛依群德棉业有限公司	133	奎屯叁强棉麻工贸有限公司
105	克拉玛依市独山子华银棉花产业有限责任公司	134	奎屯裕盛棉业有限公司
106	克拉玛依华扬棉业有限公司	135	奎屯银瑞棉花贸易有限公司
107	克拉玛依鑫达棉业有限公司	136	沙湾县瑞银海棉业有限公司
108	克拉玛依市银磊棉业有限公司	137	和布克赛尔县察和特开发区禹杰棉花加工厂
109	克拉玛依市天地农牧实业有限公司棉花加工厂	138	和布克赛尔蒙古自治县华丰有限责任公司察和特棉花加工厂
110	克拉玛依市小拐乡聚源机械化采棉农民专业合作社		
111	奎屯银锦棉业有限公司	139	沙湾县康瑞棉花加工有限责任公司
112	奎屯瑞丰轧花有限公司锦丰分公司	140	沙湾县鑫盛祥棉业有限公司
113	奎屯利锦棉业有限公司	141	沙湾县银瑞丰农业发展有限公司
114	奎屯泰鑫棉业有限公司	142	沙湾县秦岭棉业有限责任公司
115	奎屯聚丰棉业有限责任公司	143	沙湾德盛棉业有限责任公司
116	奎屯昌鑫棉业有限责任公司	144	沙湾县康华工贸有限责任公司康华棉业分公司
117	奎屯利丰棉业有限责任公司	145	沙湾利华棉业有限公司第七棉花加工厂
118	奎屯恒锦棉业有限公司	146	沙湾利华棉业有限公司第二棉花加工厂
119	奎屯林丰棉业有限责任公司	147	沙湾利华棉业有限公司第六棉花加工厂
120	奎屯起步达农业发展有限公司	148	沙湾利华棉业有限公司第五棉花加工厂
121	新疆佰郑棉纺有限公司	149	沙湾县棉花产业有限责任公司优质棉分公司
122	伊犁哈萨克自治州伊欣棉业有限责任公司棉花油脂蛋白厂	150	沙湾利华棉业有限公司第四棉花加工厂
		151	新疆沙龙棉业有限责任公司柳毛湾分公司
123	奎屯浩泰棉业有限公司	152	新疆天鹰鑫绿农业科技有限公司
124	奎屯瑞丰轧花有限公司	153	沙湾县思远棉业有限责任公司
125	伊犁州奎屯银和棉业有限公司	154	沙湾县元一棉业有限责任公司
126	奎屯世丰棉业有限公司	155	沙湾县棉花产业有限责任公司秦棉分公司
127	新疆华纺纺织有限公司	156	中棉集团沙湾棉业有限公司
128	奎屯银雪棉业有限公司	157	沙湾县棉花产业有限责任公司荣棉分公司
129	奎屯康瑞棉花加工有限公司	158	沙湾县棉花产业有限责任公司兴棉分公司
130	奎屯准噶尔棉业有限公司	159	沙湾县鑫达有限公司
131	奎屯康泰棉麻有限公司	160	沙湾县银珠棉业有限责任公司
132	新疆银汇棉纺织有限公司	161	新疆宝地种业有限责任公司棉花加工厂

续表

序号	企业名称	序号	企业名称
162	沙湾利华棉业有限公司第八棉花加工厂	192	乌苏市汇通棉花加工厂
163	沙湾县元康棉业有限公司	193	乌苏市星光棉麻有限责任公司
164	沙湾如意品诚棉业有限公司	194	乌苏市汇康棉业有限责任公司
165	沙湾利华棉业有限公司	195	乌苏利华棉业有限公司第三棉花加工厂
166	沙湾利华棉业有限公司第三棉花加工厂	196	乌苏市昌茂纺织有限责任公司九间楼棉花加工厂
167	沙湾县泰和棉业有限公司	197	乌苏市阿克其棉业有限公司
168	新疆太和龙瑞农业发展有限责任公司	198	乌苏市光辉棉花加工有限责任公司汇银分公司
169	沙湾优采棉业有限公司	199	乌苏市利达棉花加工有限责任公司
170	沙湾县棉花产业有限责任公司银棉分公司	200	乌苏市杨帅棉花加工有限责任公司
171	沙湾县锦棉有限责任公司	201	乌苏市顺达棉业有限公司
172	托里县顺志棉业加工有限公司	202	乌苏市光辉棉花加工有限责任公司隆兴分公司
173	托里县兵锦棉业有限公司	203	乌苏市锦和棉业有限公司西湖分公司
174	乌苏市锦鹏棉纺织有限公司宏发棉花加工厂	204	乌苏市百泉棉业有限责任公司
175	乌苏市恒辉棉业有限责任公司	205	乌苏市锦泰棉花加工有限责任公司
176	乌苏市骏腾工贸有限公司	206	乌苏市光辉棉花加工有限责任公司新棉分公司
177	乌苏市昌和棉业有限公司	207	乌苏市古尔图锦纺棉业有限责任公司
178	乌苏市宏翔棉业有限公司	208	乌苏市新鑫棉业有限责任公司
179	乌苏市新海棉业有限公司	209	乌苏市康隆棉业有限责任公司
180	乌苏市天和祥瑞棉业有限公司	210	乌苏市石桥银翔棉业有限责任公司
181	乌苏市鑫胜棉业有限责任公司	211	乌苏市皇宫银海棉业有限公司
182	乌苏市祥瑞棉业有限公司	212	乌苏市新棉创业棉业有限责任公司
183	乌苏市锦和棉业有限公司	213	乌苏利华棉业有限公司第二棉花加工厂
184	乌苏市江海棉业有限公司	214	乌苏市隆兴棉业有限责任公司
185	乌苏市星光棉麻有限责任公司头台分公司	215	乌苏市立新棉花加工有限责任公司
186	乌苏市锦丰祥良种棉科技开发有限公司	216	乌苏市康瑞棉花加工有限责任公司
187	乌苏市聚鑫棉业有限责任公司	217	乌苏市星亚棉花加工有限责任公司
188	乌苏市鑫力棉业有限责任公司	218	乌苏市新棉红星棉业有限责任公司
189	乌苏市光辉棉花加工有限责任公司	219	乌苏市甘河子恒丰棉业有限公司
190	乌苏市创锦棉业有限公司	220	乌苏市创新棉业有限公司
191	乌苏市哈图布呼农牧发展有限责任公司	221	乌苏市胜远棉业有限责任公司

续表

序号	企业名称	序号	企业名称
222	乌苏利华棉业有限公司	252	乌苏市福昌棉业有限公司
223	乌苏市嘉鑫棉业有限公司	253	乌苏市鹏飞棉业有限责任公司
224	乌苏市鼎和祥棉业有限公司	254	乌苏市盛峰棉业有限责任公司
225	乌苏市利鑫棉业有限公司	255	乌苏市顺舟棉业有限公司
226	乌苏市盛飞棉业有限责任公司	256	乌苏市明惠棉业有限责任公司
227	乌苏市恒顺棉业有限责任公司	257	乌苏市鹏鸣棉业有限公司
228	乌苏市丰和棉业有限责任公司	258	乌苏市银利棉业有限责任公司
229	乌苏市聚兴棉业有限公司	259	乌苏市赛凌棉业有限公司
230	乌苏市顺超棉业有限责任公司	260	乌苏市鹏达棉业有限公司
231	乌苏市锦辉棉业有限公司	261	乌苏市嘉华棉业有限公司
232	乌苏市伟妍棉业有限公司	262	乌苏市福兴棉业有限公司
233	乌苏市祥顺棉业有限责任公司	263	乌苏市盛天棉业有限责任公司
234	乌苏市跃达棉业有限责任公司	264	乌苏市昌瑞棉业有限公司
235	乌苏市伟林棉业有限公司	265	新疆万意缘棉业有限公司
236	乌苏市益润棉业有限公司	266	乌苏市顺越棉业有限责任公司
237	乌苏市鑫启航棉业有限公司	267	乌苏市润通棉业有限公司
238	乌苏市鼎晟棉业有限公司	268	乌苏市新河棉业有限公司
239	乌苏市博远棉业有限公司	269	乌苏市鑫隆元棉业有限公司
240	乌苏市远达棉业有限责任公司	270	乌苏市鑫秀棉业有限公司
241	乌苏市恒汇棉业有限公司	271	新疆农垦现代农业有限公司乌苏市一二三棉业分公司
242	乌苏市豫四通棉业有限公司		
243	乌苏市昌鑫棉业有限公司	272	新疆农垦现代农业有限公司乌苏市一二八棉业分公司
244	乌苏市康辉棉业有限责任公司		
245	乌苏市强顺棉业有限公司	273	奎屯银丰棉业有限公司
246	乌苏市棉鑫棉业有限责任公司	274	喀什众恒棉业有限公司
247	乌苏市康鑫棉业有限公司	275	巴州一点水棉业有限责任公司
248	乌苏市盛达棉业有限公司	276	新疆北亭棉业有限公司
249	乌苏市东峰棉业有限责任公司	277	阿拉尔市众联幸福棉业有限公司
250	乌苏市恒信棉业有限责任公司	278	图木舒克市五零棉业有限公司
251	乌苏市新源河棉业有限公司	279	鄯善县新昱棉麻有限责任公司新城棉花加工厂

续表

序号	企业名称	序号	企业名称
280	吐鲁番市大林棉业有限公司	307	阿克苏天成棉业有限责任公司
281	托克逊县天马棉业有限责任公司	308	阿克苏恒信棉业有限公司
282	托克逊县工尚棉花加工有限责任公司	309	阿克苏地区友谊棉花加工有限责任公司
283	托克逊县天马棉业有限责任公司第一分公司	310	阿克苏市金田农场有限责任公司
284	托克逊县天马种子有限公司	311	阿克苏昌盛棉业有限责任公司
285	托克逊县银星棉业有限责任公司	312	阿克苏新得利棉业有限公司
286	乌鲁木齐市米东区供销棉麻有限责任公司蒋家湾轧花厂	313	新疆阿克苏市广联实业有限公司
		314	阿克苏永兴棉业有限责任公司
287	乌鲁木齐市米东区供销棉麻有限责任公司昌吉市黎明轧花厂	315	阿克苏地区宏欣棉业有限公司
		316	阿克苏地区永衡棉业有限责任公司
288	乌鲁木齐市米东区供销棉麻有限责任公司昌吉市五十户轧花厂	317	阿克苏地区供销社兴农合作农场棉花加工厂
		318	阿克苏贝乐棉业有限公司
289	奎屯华生棉业有限责任公司	319	阿克苏地区百隆棉业有限责任公司
290	奎屯诚丰棉业有限公司	320	新和县华瑞棉业有限公司
291	奎屯银乐棉业有限公司	321	阿克苏地区天宇棉业有限责任公司
292	奎屯盛丰祥棉业有限公司	322	库车盛华棉业有限公司
293	奎屯裕鼎棉业有限公司	323	阿克苏鑫牛棉业有限公司
294	伊犁八棉锡达棉业有限公司	324	阿克苏地区金翔棉业有限责任公司
295	阿克苏市同旺纺织有限责任公司棉花加工厂	325	新疆汇联棉花加工有限公司
296	阿克苏兴昌棉业有限公司	326	库车利生棉业有限责任公司
297	阿克苏地区金诚棉业有限责任公司	327	阿克苏润德棉业有限公司
298	阿克苏地区天泉棉业有限责任公司	328	阿克苏昌盛实业轧花有限公司
299	阿克苏联发棉业有限公司	329	阿拉尔市新赛棉业有限公司
300	阿克苏地区金泰棉业有限责任公司	330	阿克苏永翔棉业有限责任公司
301	阿克苏润通仓储服务有限责任公司	331	中棉集团阿瓦提棉花产业化有限公司阿瓦提县第二轧花厂
302	阿克苏建光棉业有限责任公司		
303	新疆阿克苏沧源棉业有限责任公司	332	阿克苏利华新创棉业有限公司一厂
304	阿克苏地区宏丰棉业有限责任公司	333	阿克苏永华棉业有限责任公司
305	阿克苏科润良种棉业有限公司	334	新疆得力棉业有限公司塔里木轧花厂
306	阿克苏鹏源棉业有限责任公司	335	新疆鑫隆棉业有限公司

续表

序号	企业名称	序号	企业名称
336	中棉集团阿瓦提县棉业有限公司	364	库车县棉麻公司哈尼喀塔木轧花三厂
337	阿瓦提新新棉业有限责任公司乌鲁却勒棉花收购加工厂	365	库车昊昆棉业有限公司
		366	库车县龟兹种业公司比西巴格轧花厂
338	新疆三场丰收棉业有限责任公司第一加工厂	367	库车腾欣棉业有限公司库车棉花加工厂
339	阿瓦提银花棉业有限责任公司	368	库车泰昌棉业有限公司
340	阿瓦提禾源棉业有限公司	369	新疆腾丰棉花产业有限公司库车草湖棉花加工厂
341	阿瓦提县农科院丰元科技有限责任公司	370	库车县天富棉业有限公司
342	阿瓦提县天韵棉业有限责任公司	371	库车腾宏丰棉业有限公司库车宏达棉花加工厂
343	阿瓦提新雅棉业有限公司一厂	372	库车昆仑棉业有限公司
344	阿克苏渝棉农业有限公司	373	库车县恒丰棉业有限责任公司
345	中棉集团阿瓦提棉花产业化有限公司	374	库车县纵横棉业有限责任公司
346	阿瓦提县金泰棉业有限公司	375	库车银花棉业有限责任公司
347	阿瓦提万隆棉业有限责任公司	376	库车县龟兹种业公司良种棉轧花厂
348	阿瓦提县泰兴棉业有限公司	377	库车县白泉棉业有限责任公司
349	新疆嘉圣华棉业有限公司	378	阿克苏英达雅军垦农场棉业有限公司
350	新疆华孚恒丰棉业有限公司棉花加工厂	379	库车金朋棉业有限责任公司团结轧花厂
351	阿瓦提县棉麻公司多浪棉花收购加工厂	380	新疆恺缌珈棉业有限责任公司
352	阿瓦提新新棉业有限责任公司塔木托拉克棉花收购加工厂	381	新疆腾丰棉花产业有限公司库车墩阔坦棉花加工厂
		382	库车县金朋棉业有限责任公司轧花厂
353	阿瓦提县新雅宏伟棉业有限公司	383	库车联发棉业有限公司
354	柯坪县汇隆棉业有限责任公司	384	库车金鑫棉业有限公司
355	柯坪县金泰棉业有限公司	385	库车永翔棉业有限责任公司
356	柯坪县海峰棉业有限责任公司	386	库车腾丰棉业有限公司库车县二八台棉花加工厂
357	柯坪县兴丰棉业有限责任公司	387	库车水控农业发展有限公司
358	库车益康棉业有限公司	388	沙雅富力棉花有限责任公司托依堡轧花厂
359	库车县兴合棉花有限责任公司	389	沙雅利华棉业有限公司古力巴克加工厂
360	库车天润棉业有限公司	390	沙雅利华棉业有限公司红旗加工厂
361	库车县白钻石棉花油脂加工有限责任公司	391	沙雅新垦棉花有限责任公司
362	库车腾联棉业有限公司库车英叶棉花加工厂	392	沙雅银花棉业有限责任公司
363	库车中棉棉业科技有限公司	393	沙雅塔里木兴农棉花有限责任公司

续表

序号	企业名称	序号	企业名称
394	新疆天玉丰收棉业有限公司	424	新和县永红有限责任公司棉花加工厂
395	沙雅国泰棉花有限公司	425	新和金泰实业有限公司
396	沙雅益康棉业有限公司红旗轧花厂	426	新疆益康集团有限责任公司轧花厂
397	沙雅正大棉业有限责任公司	427	新和县嘉丰棉业有限公司
398	沙雅纵横棉花有限责任公司	428	新和县永红有限责任公司玉奇喀特乡棉花加工厂
399	沙雅县华瑞棉业有限责任公司	429	新和银花棉业有限责任公司
400	新疆沙雅白云商贸有限责任公司努尔巴格轧花厂	430	新和县宏信棉业有限责任公司
401	新疆守信种业科技有限责任公司	431	新和县宏信机采棉有限公司
402	沙雅守信棉业有限公司	432	新和县凯程兴农机采棉有限公司
403	新疆国泰棉业有限公司	433	博湖宝丰棉业有限责任公司博斯腾湖棉花收购加工厂
404	阿克苏溢达棉业有限公司		
405	沙雅银泰棉业有限公司	434	博湖县桦峰棉业有限责任公司
406	新疆鸿力棉业有限公司海楼乡包孜墩轧花厂	435	新疆银通棉业有限公司
407	沙雅恒洋棉业有限责任公司	436	新疆银硕棉业有限责任公司
408	沙雅新源棉业有限责任公司	437	和硕县利华棉业有限责任公司
409	沙雅益康棉业有限公司托依堡分公司	438	新疆豫棉惠农农业发展有限公司库尔勒第一棉花加工厂
410	沙雅县利华创新棉业有限公司		
411	新疆鸿力棉业有限公司盖孜库木轧花厂	439	新疆豫棉惠农农业发展有限公司库尔勒第二棉花加工厂
412	沙雅利华棉业有限公司盖孜库木加工厂		
413	沙雅县利华创新棉业有限公司沙雅第三棉花加工厂	440	新疆豫棉惠农农业发展有限公司库尔勒第三棉花加工厂
414	温宿利华棉业有限公司		
415	温宿银花棉业有限责任公司	441	库尔勒市良种棉轧花厂
416	阿克苏永源棉业有限责任公司	442	库尔勒宝丰棉业有限责任公司
417	新和益新棉业有限公司	443	库尔勒鑫福棉业有限责任公司
418	新疆致诚棉业有限责任公司	444	新疆维吾尔自治区国家农作物原种场库尔勒哈拉苏轧花厂
419	温宿信泰棉业有限责任公司		
420	温宿县银利棉业有限公司	445	巴州正圣棉业有限公司
421	新疆金丰源种业股份有限公司良种棉加工一厂	446	新疆利华（集团）股份有限公司第一棉花加工厂
422	中棉集团新和棉业有限公司	447	新疆银通棉业有限公司库尔勒轧花厂
423	阿克苏丰盛棉花加工厂	448	巴州睿泰棉业有限公司

续表

序号	企业名称	序号	企业名称
449	库尔勒市银翔棉业有限公司	479	巴州鸿泰棉业有限公司轧花三厂
450	库尔勒顺盛棉业有限责任公司	480	巴州国欣棉业有限公司
451	新疆银通棉业有限公司哈拉玉宫轧花厂	481	且末县新垦棉业有限责任公司
452	库尔勒包头湖棉花加工有限责任公司	482	且末县昆仑棉业有限责任公司棉花加工二厂
453	巴州万和棉业有限公司	483	且末县昆仑棉业有限责任公司棉花加工三厂
454	巴州冠农棉业有限责任公司库尔勒库尔楚轧花厂	484	若羌县川棉棉业有限公司
455	巴州恒熙棉业有限公司	485	巴州宏业统其克棉花加工有限公司
456	巴州浩鑫棉业有限公司轧花厂	486	巴州天华种业有限责任公司
457	巴州德润商贸有限公司普惠棉花加工厂	487	巴州富德纺织有限责任公司
458	巴州德福农贸有限责任公司	488	尉犁县全俊棉业有限公司
459	新和百川棉业有限公司	489	尉犁县众望纺织有限公司
460	新疆利华（集团）股份有限公司第二棉花加工厂	490	中棉集团巴州棉业有限公司
461	新疆利华（集团）股份有限公司第三棉花加工厂	491	巴州恒通棉业有限公司
462	巴州同庆丰棉业有限公司	492	新疆千棉棉业有限责任公司
463	新疆利华（集团）股份有限公司第四棉花加工厂	493	尉犁县中良棉业有限责任公司
464	新疆利华（集团）股份有限公司第五棉花加工厂	494	铁门关利华棉业有限公司尉犁塔里木棉花加工厂
465	库尔勒惠祥棉种有限公司	495	巴州惠丰华裕棉业有限公司
466	新疆西部汇通棉业有限公司	496	轮台县中加棉业有限责任公司
467	巴州宏益棉业有限公司轧花厂	497	尉犁县诸旺农牧业有限公司
468	巴州尉杨棉业有限公司	498	尉犁县九九棉业有限公司
469	巴州鸿泰棉业有限公司轧花二厂	499	尉犁泰富棉业有限公司
470	轮台鸿泰种业有限公司草湖乡棉花收购站	500	巴州泰昌农业开发有限公司轧花厂
471	巴州鸿泰棉业有限公司野云沟棉花收购站	501	尉犁县瑞华棉业有限责任公司
472	轮台县家家旺棉业有限责任公司	502	铁门关利华棉业有限公司尉犁琼库勒分公司
473	轮台县远江农工贸有限责任公司棉花加工厂	503	巴州孔雀棉业有限责任公司
474	轮台县塔河棉业有限责任公司	504	巴州迈思创棉业有限公司
475	轮台县永盛棉花工贸有限责任公司	505	尉犁兴平棉业有限责任公司
476	巴州鸿泰棉业有限公司轧花一厂	506	尉犁县林丰棉业有限公司
477	轮台县银恒棉业有限公司	507	巴州顺泰棉业有限责任公司
478	轮台鸿泰种业有限公司原种棉轧花厂	508	尉犁县中良棉业有限责任公司库尔勒分厂

续表

序号	企业名称
509	尉犁县恒裕商贸有限公司
510	和田银丰棉业有限责任公司
511	和田县银河棉业有限责任公司
512	新疆中垦农业科技有限公司
513	新疆尊泰棉业有限公司
514	喀什神农丰棉业有限公司
515	新疆棉花产业（集团）巴楚棉业有限责任公司英吾斯坦轧花厂
516	巴楚县汇富棉业有限公司
517	巴楚县银信棉纺有限公司
518	新疆棉花产业（集团）巴楚棉业有限责任公司唐巴扎轧花厂
519	新疆棉花产业（集团）巴楚棉业有限责任公司阿克萨克马热勒轧花厂
520	新疆棉花产业（集团）巴楚棉业有限责任公司群库恰克轧花厂
521	新疆棉花产业（集团）巴楚棉业有限责任公司阿拉根轧花厂
522	巴楚县良种轧花厂（有限公司）三厂
523	巴楚县良种轧花厂（有限公司）
524	巴楚县银鑫良种棉有限责任公司
525	新疆棉花产业（集团）巴楚棉业有限责任公司下马力轧花厂
526	新疆棉花产业（集团）巴楚棉业有限责任公司色力布亚轧花厂
527	巴楚县光大棉业有限责任公司
528	巴楚县康顺棉业有限责任公司
529	巴楚县鑫鹏棉业有限责任公司
530	新疆润孚棉业有限公司
531	巴楚县博泰棉业有限公司
532	新疆棉花产业（集团）巴楚棉业有限责任公司阿瓦提轧花厂
533	巴楚县裕华棉业有限公司
534	巴楚县济舟棉业有限责任公司
535	巴楚县金谷棉业有限公司
536	巴楚县华联棉业有限责任公司
537	巴楚县冠农棉业有限责任公司
538	巴楚县德昌棉业有限公司
539	巴楚县新迪棉业有限公司
540	巴楚县机采棉棉业有限公司
541	巴楚县惠利棉业有限公司
542	巴楚县中泰棉业有限公司
543	新疆棉花产业集团伽师棉业有限公司卧里托呼拉克乡轧花厂
544	喀什伽师金诚棉业有限公司
545	新疆棉花产业集团伽师棉业有限公司古勒鲁克乡轧花厂
546	新疆棉花产业集团伽师棉业有限公司米夏乡轧花厂
547	新疆棉花产业集团伽师棉业有限公司玉代克力克乡轧花厂
548	伽师县银丰棉花有限责任公司
549	新疆棉花产业集团伽师棉业有限公司县城轧花厂
550	新疆棉花产业集团伽师棉业有限公司和夏瓦提乡轧花厂
551	新疆棉花产业集团伽师棉业有限公司夏普吐勒乡轧花厂
552	喀什广新纺织股份有限公司
553	伽师新雅棉业有限公司
554	新疆棉花产业集团伽师棉业有限公司克孜勒苏乡轧花厂

续表

序号	企业名称	序号	企业名称
555	伽师县中加棉业有限公司	579	新疆棉花产业（集团）莎车棉业有限责任公司阿瓦提轧花厂
556	喀什永泰现代农业开发有限公司		
557	喀什新粤弘丰棉业有限公司	580	新疆棉花产业（集团）莎车棉业有限责任公司艾力西湖轧花厂
558	喀什亿顺农业开发有限责任公司		
559	新疆前海泽农棉业股份有限公司	581	新疆棉花产业（集团）莎车棉业有限责任公司阿斯兰巴格轧花厂
560	新疆棉花产业（集团）麦盖提棉业有限责任公司尕孜库勒轧花厂	582	新疆棉花产业（集团）莎车棉业有限责任公司吾达力克轧花厂
561	麦盖提县机采棉加工厂有限公司		
562	麦盖提县博锦农业发展有限公司	583	新疆棉花产业（集团）莎车棉业有限责任公司依什库力轧花厂
563	新疆棉花产业（集团）麦盖提棉业有限责任公司吐曼塔勒轧花厂		
564	麦盖提县创强农业发展有限公司	584	新疆棉花产业（集团）莎车棉业有限责任公司荒地轧花厂
565	新疆棉花产业（集团）麦盖提棉业有限责任公司希依提墩轧花厂	585	新疆棉花产业（集团）莎车棉业有限责任公司再热甫夏提轧花厂
566	新疆棉花产业（集团）麦盖提棉业有限责任公司央塔克轧花厂	586	莎车县新龙棉业有限责任公司
		587	莎车县良种场轧花厂
567	新疆棉花产业（集团）麦盖提棉业有限责任公司克孜勒阿瓦提轧花厂	588	新疆棉花产业（集团）莎车棉业有限责任公司阿拉买提轧花厂
568	新疆棉花产业（集团）麦盖提棉业有限责任公司库尔玛轧花厂	589	新疆棉花产业（集团）莎车棉业有限责任公司阿扎提巴格轧花厂
569	麦盖提良种棉业有限公司	590	新疆棉花产业（集团）莎车棉业有限责任公司巴格阿瓦提轧花厂
570	麦盖提九九棉业有限公司		
571	喀什新花棉业有限公司	591	莎车县中加棉业有限公司
572	喀什水控棉业有限公司	592	莎车县昆仑棉业有限责任公司
573	麦盖提县宏丰棉业有限公司	593	莎车县银絮棉业有限责任公司
574	喀什星宇农业开发有限公司	594	喀什利明棉业有限公司
575	伽师县皖新棉业有限责任公司	595	疏勒县忠兴棉业有限公司
576	麦盖提县浩丰实业有限公司	596	新疆棉花产业（集团）叶城棉业有限责任公司江格勒斯轧花厂
577	新疆棉花产业（集团）莎车棉业有限责任公司伯什坎轧花厂	597	喀什丝绸棉业有限公司
578	莎车华丰棉业有限公司	598	叶城县兵棉棉业有限公司

续表

序号	企业名称	序号	企业名称
599	英吉沙县棉麻公司克孜勒加工厂	625	阿图什市供销合作社联合社棉麻公司
600	新疆棉花产业集团岳普湖棉业有限公司下巴扎乡轧花厂	626	中棉集团尉犁棉业有限公司
601	喀什富新棉业有限公司	627	铁门关永瑞供销有限公司巴州棉麻二分公司
602	岳普湖县兵棉棉业有限公司	628	巴州冠农棉业有限责任公司普惠轧花厂
603	喀什君丰农业发展有限公司	629	新疆群克棉业有限公司
604	新疆棉花产业集团岳普湖棉业有限公司阿其克乡轧花厂	630	尉犁银丰棉业有限公司
		631	巴州冠农棉业有限责任公司铁门关市第七轧花厂
605	新疆棉花产业集团岳普湖棉业有限公司铁力木乡轧花厂	632	且末县昆山棉业有限公司
		633	尉犁县银莱棉业有限公司
606	新疆棉花产业集团岳普湖棉业有限公司绿洲轧花厂	634	铁门关利华棉业有限公司
607	岳普湖震源棉业有限公司	635	新疆前海新农棉业股份有限公司
608	新疆棉花产业集团岳普湖棉业有限公司巴依瓦提轧花厂	636	图木舒克市南银棉业有限责任公司
		637	新疆前海益农棉业股份有限公司
609	岳普湖县鸿辉棉业有限责任公司	638	莎车县三得利棉业有限责任公司
610	岳普湖县良种棉轧花厂	639	奎屯创锦棉业有限公司
611	喀什银利农业开发有限公司	640	新疆博赛银丰棉业有限公司
612	岳普湖县双泓机采棉有限公司	641	双河市康顺棉业有限公司
613	岳普湖县恒昌棉业有限公司	642	沙湾县新赛棉业有限责任公司
614	岳普湖县鲁豫鑫棉业有限责任公司	643	新疆新赛精纺有限公司
615	新疆棉花产业集团泽普棉业有限公司古鲁巴格乡轧花厂	644	博州盛太棉业有限责任公司
		645	麦盖提县邦顺棉业有限公司
616	泽普县富强棉业有限责任公司	646	克拉玛依市锦田棉业有限公司
617	阿克陶县昌隆棉业有限公司	647	奎屯顺裕棉业有限公司
618	阿克陶县金泰棉业有限公司	648	呼图壁县宏盛棉业有限公司
619	阿克陶县盛丰棉业有限责任公司	649	新疆生产建设兵团第十三师立亨棉业有限公司
620	阿克陶县奔达实业有限公司	650	哈密市鑫棉棉业有限责任公司银华棉花加工厂
621	阿克陶县天人棉业有限责任公司	651	哈密银天棉业有限责任公司银盛棉花加工厂
622	阿克陶县盛丰棉业有限责任公司第二轧花厂	652	哈密银天棉业有限责任公司天之隆棉花加工厂
623	阿图什市海纳棉业有限公司	653	新疆生产建设兵团第十三师天元供销（集团）有限公司棉花加工厂
624	中棉集团克州棉业有限公司		

续表

序号	企业名称	序号	企业名称
654	和田金泰棉业有限公司	21	阿拉尔市利华棉业有限公司绿园镇分公司
655	阿拉尔市天绒棉业有限责任公司	22	阿拉尔市新来达鹏丰棉业有限责任公司
656	新疆生产建设兵团棉麻有限公司库尔勒轧花厂	23	新疆水控国棉科技有限公司铁门关吾瓦轧花一厂
657	伽师县兵棉棉业有限公司	24	铁门关永瑞供销有限公司双丰一厂
658	新疆三丰棉业有限公司	25	巴州亿博棉业有限公司
659	昌吉金西域棉业有限责任公司玛纳斯县分公司	26	铁门关永瑞供销有限公司尉犁县蒲昌一厂
660	哈密市兵棉棉业有限公司	27	新疆水控国棉科技有限公司铁门关蒲昌轧花厂
661	沙雅宏信棉花有限责任公司	28	铁门关永瑞供销有限公司尉犁县乌鲁克二厂
662	阿克苏锦阿棉业有限责任公司	29	铁门关永瑞供销有限公司尉犁县英库勒一厂
生产建设兵团216家		30	新疆水控国棉科技有限公司铁门关乌鲁克轧花一厂
1	阿拉尔市鹏锦棉业有限责任公司	31	巴州冠农棉业有限责任公司
2	阿拉尔市利华棉业有限公司夏合勒克镇分公司	32	新疆水控国棉科技有限公司铁门关吾瓦轧花二厂
3	阿拉尔市金银川镇金鹏棉业有限公司	33	铁门关永瑞供销有限公司双丰二厂
4	阿拉尔市鹏越棉业有限责任公司	34	新疆水控国棉科技有限公司铁门关卡拉轧花厂
5	阿拉尔市鹏创棉业有限责任公司	35	铁门关市丰润棉业有限公司
6	阿拉尔市利华棉业有限公司玛滩镇分公司	36	铁门关永瑞供销有限公司尉犁县英库勒二厂
7	阿拉尔市鹏发棉业有限责任公司	37	铁门关市永祥棉业有限公司
8	阿拉尔市鹏硕棉业有限责任公司	38	新疆美纺棉业有限公司
9	阿拉尔市新来达鹏辉棉业有限责任公司	39	铁门关市程凯棉业有限公司
10	新疆塔里木河种业股份有限公司金银川分公司	40	铁门关市冠呈棉业有限公司
11	阿拉尔市鹏岗棉业有限责任公司	41	东方前海棉花股份有限公司四分公司
12	阿拉尔市鹏运棉业有限责任公司	42	东方前海棉花股份有限公司三分公司
13	阿拉尔市鹏达棉业有限责任公司	43	图木舒克市准噶尔棉业有限公司
14	新疆银徕通实业有限公司	44	东方前海棉花股份有限公司二分公司
15	新疆塔里木河种业股份有限公司阿拉尔分公司	45	东方前海棉花股份有限公司五分公司
16	阿拉尔市金银川镇金枫棉业有限公司	46	东方前海棉花股份有限公司七分公司
17	阿拉尔农一师棉麻鹏飞棉业有限责任公司	47	东方前海棉花股份有限公司八分公司
18	新疆蓝泊湾棉业有限责任公司	48	东方前海棉花股份有限公司六分公司
19	阿拉尔市利华棉业有限公司新井子镇分公司	49	东方前海棉花股份有限公司一分公司
20	阿拉尔市利华棉业有限公司塔门镇分公司	50	新疆丰达农业有限公司

续表

序号	企业名称	序号	企业名称
51	可克达拉市榆树庄子棉花加工厂	81	新疆准噶尔棉麻有限公司一〇六团分公司
52	沙湾县宏基农业发展有限公司	82	新疆准噶尔棉麻有限公司芳草湖一场分公司
53	新疆源开祥棉业有限公司	83	新疆准噶尔棉麻有限公司芳草湖三场分公司
54	可克达拉市六十四团苇湖棉花加工厂	84	新疆准噶尔棉麻有限公司芳草湖五场分公司
55	可克达拉市六十七团洪海棉花加工厂	85	新疆芳草湖准噶尔棉业有限责任公司
56	新疆锦硕源农业科技有限公司	86	新疆鹏飞棉业有限公司
57	双河市新赛博汇农业发展有限公司	87	阜康市六运湖天山棉业有限公司
58	新疆昊星八十三棉业有限公司	88	玛纳斯县旺隆农业开发有限公司
59	新疆铭创棉业有限公司	89	新疆兵棉天盛棉业有限公司
60	双河市欣欣棉业有限公司	90	新疆准噶尔棉麻有限公司新湖七场分公司
61	新疆棉达棉业有限公司	91	新疆准噶尔棉麻有限公司新湖四场分公司
62	新疆昊星八十五棉业有限公司	92	新疆茂顺棉业有限公司
63	双河市协鼎棉业有限公司	93	五家渠新来达棉业有限责任公司
64	新疆昊星八十六棉业有限公司	94	新疆温贸华域棉业有限公司
65	新疆双河水控八十九棉业有限公司	95	五家渠市吉鑫棉业有限公司
66	新疆双河水控九十棉业有限公司	96	五家渠兵棉棉业有限公司
67	新疆双河水控九十一棉业有限公司	97	新疆耀强棉业有限公司
68	新疆昊星八十二棉业有限公司	98	五家渠国懋棉麻有限公司
69	新疆准噶尔棉麻有限公司新湖三场分公司	99	五家渠新来达鑫瑞棉业有限公司
70	新疆准噶尔棉麻有限公司一〇三团分公司	100	五家渠新来达鑫盛棉业有限公司
71	新疆准噶尔棉麻有限公司芳草湖四场分公司	101	五家渠新来达鑫和棉业有限公司
72	新疆准噶尔棉麻有限公司一〇五团分公司	102	五家渠市龙佰力棉业有限公司
73	新疆准噶尔棉麻有限公司一〇二团分公司	103	五家渠新来达鑫诚棉业有限公司
74	新疆准噶尔棉麻有限公司新湖一场分公司	104	五家渠天银棉业有限公司
75	新疆准噶尔棉麻有限公司枣园分公司	105	五家渠七纺棉业有限公司
76	新疆准噶尔棉麻有限公司芳草湖二场分公司	106	五家渠嘉纺棉业有限公司
77	新疆准噶尔棉麻有限公司芳草湖六场分公司	107	五家渠新来达鑫棉业有限公司
78	新疆准噶尔棉麻有限公司共青团分公司	108	五家渠嘉立棉业有限公司
79	新疆准噶尔棉麻有限公司新湖二场分公司	109	五家渠巨昇棉业有限公司
80	新疆准噶尔棉麻有限公司新湖六场分公司	110	五家渠诚鑫棉业有限公司

续表

序号	企业名称	序号	企业名称
111	五家渠恒达棉业有限公司	139	奎屯环翊棉业有限公司
112	五家渠永盛棉业有限公司	140	新疆胡杨河利华棉业有限公司乌苏柳沟分公司
113	五家渠浙新棉业有限公司	141	石河子市银康棉业有限公司
114	五家渠市西域芳乡农业发展有限责任公司	142	石河子市银泽棉业有限公司
115	新疆广联昌盛农业发展有限公司	143	石河子市银北棉业有限公司
116	新疆杰华棉业有限公司	144	石河子市银耀棉业有限公司
117	新疆思华乐棉业有限公司	145	石河子市银宏棉业有限公司
118	新疆新芳丰丰棉业有限公司	146	石河子市银恒棉业有限公司
119	新疆永润棉业有限公司	147	石河子市银硕棉业有限公司
120	新疆胡杨河宝达棉业有限公司乌苏分公司	148	石河子市利华棉业有限责任公司下野地第一分公司
121	新疆胡杨河利华棉业有限公司乌苏高泉分公司	149	石河子市银安棉业有限公司
122	奎屯锦垦棉业有限公司	150	石河子市中棉华丰棉业有限公司华侨分公司
123	新疆胡杨河利华棉业有限公司乌苏科克兰木分公司	151	石河子市银旭棉业有限公司
124	新疆冠维农业科技有限公司	152	石河子市银冠棉业有限公司
125	新疆农垦现代农业有限公司克拉玛依一三零棉业分公司	153	石河子市银鼎棉业有限公司
		154	石河子市银畅棉业有限公司
126	新疆农垦现代农业有限公司克拉玛依一二九棉业分公司	155	石河子市银沙棉业有限公司
		156	石河子市石城棉业有限责任公司
127	新疆锦棉种业科技股份有限公司良种加工二厂	157	石河子市富银棉业有限公司
128	新疆锦棉种业科技股份有限公司良种加工一厂	158	石河子开发区银祥棉业有限责任公司
129	新疆胡杨河利华棉业有限公司乌苏苏兴滩分公司	159	克拉玛依市银晓棉业有限公司
130	奎屯锦和棉业有限责任公司	160	石河子市农丰良种棉脱棉加工有限公司
131	奎屯龙浩棉业有限公司	161	石河子市宏兴和棉业有限公司
132	克拉玛依市乌尔禾区锦宏棉业有限公司	162	石河子开发区华丰棉业有限责任公司
133	新疆奎屯云森纺织有限公司	163	新疆银力棉业股份有限公司
134	新疆明瑞棉业有限公司	164	石河子市都邦天云棉业有限公司
135	克拉玛依市杰鑫棉花加工厂	165	石河子市鸿福棉业有限公司
136	奎屯锦姿棉业有限公司	166	新疆万德源棉业有限责任公司
137	奎屯惠民棉业有限公司	167	新疆荣华阳棉业有限公司
138	奎屯诚丰棉业有限公司分公司	168	石河子华孚宏盛棉业有限公司

续表

序号	企业名称
169	石河子市宝达棉业有限公司
170	石河子市利华棉业有限责任公司莫索湾第三分公司
171	石河子市利华棉业有限责任公司下野地第二分公司
172	石河子市中棉宏泰棉业有限公司
173	新疆铭鑫创达棉业有限公司
174	新疆万德利棉业有限责任公司
175	新疆鑫鼎泰棉业有限公司
176	新疆旭耀棉业有限公司
177	新疆天广银棉业有限公司
178	石河子市正森棉业有限公司
179	石河子市惠泽棉业有限责任公司
180	新疆天辰农业科技发展有限公司
181	石河子市宸银棉业有限责任公司
182	石河子市鑫满仓棉业有限责任公司
183	石河子市泉水盛润农业科技有限公司
184	石河子市力丰达棉业有限公司
185	石河子市力丰和棉业有限公司
186	石河子市中棉华丰棉业有限公司新安分公司
187	石河子市中棉华丰棉业有限公司沙门子分公司
188	石河子市中棉华丰棉业有限公司北泉分公司
189	石河子市嘉创信合棉业有限责任公司
190	石河子市万会和棉业有限公司
191	石河子市鑫福金棉业有限公司
192	石河子市泰海星棉业有限公司
193	石河子市九霞棉业有限公司
194	石河子开发区德威立业工贸有限责任公司基地轧花厂
195	石河子华孚宏盛棉业有限公司第二分公司
196	新疆景阳棉业有限公司
197	新疆达丰棉业有限公司
198	新疆源立航农业科技发展有限公司
199	新疆嘉亿峰棉业有限公司
200	新疆耘旺棉业有限公司
201	石河子市鑫泰棉业有限公司
202	石河子市锦农丰农业发展有限公司
203	新疆朋汇棉业有限公司
204	新疆锦泓润达农业科技有限公司
205	新疆旗盛棉业有限公司
206	新疆圣一棉业有限公司
207	新疆万德通棉业有限责任公司
208	新疆万农银泰棉业有限公司
209	新疆旺硕棉花有限公司
210	哈密银天棉业有限责任公司
211	新疆屯南圣洁棉麻有限公司
212	哈密市鑫棉棉业有限责任公司
213	新疆生产建设兵团第十三师天元供销（集团）有限公司哈密市银顺棉花加工厂
214	哈密花乡棉业有限责任公司
215	哈密东有棉业有限责任公司
216	哈密市鑫棉棉业有限责任公司二牧场棉花加工厂
甘肃省11家	
1	瓜州敦种棉业有限公司
2	瓜州县宏祥棉业有限责任公司
3	瓜州县广源农业开发有限责任公司
4	瓜州县长兴棉业有限责任公司
5	敦煌联友棉业有限责任公司
6	金塔县金举棉业有限公司
7	瓜州银地棉业有限公司
8	瓜州县张氏农业综合开发有限责任公司
9	瓜州县广至钰翔棉业有限责任公司
10	瓜州县蜀陇棉业有限责任公司

续表

序号	企业名称	序号	企业名称
11	洪湖市龙桥棉花贸易有限公司	7	滨州诚宸实业有限公司
河北省14家		8	山东顺鑫棉业有限公司
1	东光县兴业棉业有限公司	9	菏泽立宇棉业股份有限公司
2	吴桥俊龙棉业有限公司	10	武城县瑞金棉业有限公司
3	东光县玉洁棉业有限公司	11	武城县發洋棉业有限公司
4	东光县聚兴棉业有限公司	12	武城县天宏棉业有限公司
5	沧州腾胜棉业有限公司	13	武城县银海棉花加工厂
6	吴桥麒丰棉业有限公司	14	武城县银恒棉业有限公司
7	成安县成聚棉业有限公司	15	武城县第九棉花加工厂
8	故城县融润棉业有限公司	16	武城县厚丰棉业有限公司
9	唐山市丰南区星河棉花收购加工厂	17	夏津县旺盛皮棉经营有限公司
10	唐山市丰南鸿运棉花收购加工厂	18	夏津县宏丰棉业有限公司
11	唐山市丰南区鑫硕棉业有限公司	19	武城县万兴棉业有限公司
12	威县裕华棉业有限责任公司	20	武城县星海棉业有限公司
13	南宫市云鑫棉业有限公司	21	武城县龙强棉业有限公司
14	河北德博棉业有限公司	22	武城县恒德棉业有限公司
湖北省4家		23	武城县广发棉业有限公司
1	荆州市华盛棉业有限公司	24	武城县金亿棉业有限公司
2	石首市茂祥棉贸有限公司	25	武城县鑫玉棉业有限公司
3	仙桃市银基棉业有限公司	26	广饶县鲁饶棉业有限公司
4	黄梅县益民工贸有限公司	27	利津中正纺织有限公司
江苏省1家		28	广饶县利源棉业有限公司
1	江苏华星轧花油脂有限公司	29	高唐昊宇棉业有限公司
山东省58家		30	东营华茂农业发展有限公司
1	滨州市泽兴棉业有限公司	31	巨野县泰金棉业有限公司
2	阳信县润田棉业有限公司	32	成武县鑫隆棉业有限公司
3	山东省惠民县聚鑫棉业有限责任公司	33	巨野县光顺棉业有限公司
4	博兴县昌盛棉业有限公司	34	成武县昌韵棉业有限公司
5	山东省博兴县华茂棉业有限公司	35	成武县新鲁棉棉业有限公司
6	滨州鑫源棉花加工有限公司	36	巨野县国丰棉业有限公司

续表

序号	企业名称	序号	企业名称
37	成武县东仁棉业有限公司	49	金乡县银星农贸有限公司
38	巨野县振烨棉业有限公司	50	济宁市众鑫棉纺织股份有限公司
39	巨野县宏兴棉业有限责任公司	51	金乡县泰升棉业有限公司
40	夏津县银东弘润棉业有限公司	52	金乡县华星棉业有限公司
41	济宁市利民棉纺织股份有限公司	53	济宁市明源棉业有限公司
42	金乡县霍古商贸有限公司	54	金乡县泰鑫棉业有限公司
43	金乡县银利农贸有限公司	55	金乡县东信棉业有限公司
44	金乡县众鑫商贸有限公司	56	高唐县晟泽棉业有限公司
45	金乡县宏大棉业有限公司	57	高唐县鑫洲棉业有限公司
46	金乡县东方棉业有限公司	58	高唐县利源棉业有限公司
47	金乡县利顺祥棉业有限公司	陕西省1家	
48	济宁锦花商贸股份有限公司	1	瓜州县三祥棉业有限责任公司